法の国際化と民法

藤岡康宏

法の国際化と民法

信山社

はしがき――「法の国際化」における日本の民法

本書は、一〇年前に公刊した『損害賠償法の構造』（成文堂、二〇〇二年）につづく論文集である。前書は不法行為法の構造の礎を築くことを目的としていたが、本書は問題意識を広げて「民法の国際化」に関する論考をまとめ、民法のあらたな発展の基礎にしようとするものである。西欧法の継受にはじまる民法一〇〇年のあゆみを踏まえ、われわれがめざすものは「法の国際化」による民法の再構築である。

市民の法としての民法は、常にそのときどきの市民社会が抱える問題と向き合い、その解決に取り組まなければならない。しかしながら、このような重要な課題も「法の国際化」という観点の下で論じられるべき時代が到来しつつある。それはまた、民法の法伝統を確立すべき時代でもある。「法の国際化」と法伝統。これらの緊張関係は、民法のさらなる発展に通じる道である。本書はあらたな第一歩を踏み出すべく、「民法の国際化」について論じるものである。

「法の国際化」はローマ法にはじまる。しかし、ローマ法は、現代のわれわれが獲得した比較法の知見を知らない。その意味では、われわれにとって「法の国際化」とは、ローマ法にはじまり、ローマ法を超えることである。

本書が取りあげるのは、民法の基本問題である「法と権利」に関する問題および「法の国際化」を実現する法的仕組みに関する問題である。

まず、「法と権利」に関する問題であるが、これは普遍的な問題であるとしても、従来、それが論じられる際にしばしばなされたように、一般的・抽象的な形で議論されるのでは、誰もがその議論に容易に加わることはできない。そこで、本書はこれを「権利(論)の法実現」の問題と捉え、権利保護の具体的な法的仕組み(不法行為法など)に関連させて論じるものである。

すなわち、権利は一方で民法の構成上の問題(民法総論)であるとともに、他方では権利が侵害された場合の権利保護の問題(不法行為法)として現れる。この二つの課題を結びつけるものが「権利の法実現」という構想であり、この「権利の法実現」の基礎理論にあたるものがいわゆる権利論である。本書で詳論するところであるが、「権利の法実現」という発想は、民法の出発点であると同時に最終目標をも表すものとして、民法の柱を身近に引き寄せる拠点となりうる。

また、「法の国際化」はいまに始まることではないが、われわれの課題は法理論創造にあるといわれる。その意味するところが問われなければならない。

法理論は、もちろんそれ自体として価値のあるものであるが、法実践との関係を構築することにより具体的問題の解決にはたらきかけることができる。これまで「理論と実務(の架橋)」といわれた問題はこのことに関係する。しかし、橋を架けなければならないのは当然のことであるから、どのような橋を架けるべきかを問うことこそが重要である。本書はこれを「法理論と法実践の相互連関」に関する構造理解の問題と捉え、三層構造として再構築をはかるべきものと考える。これを具体的な法的判断の構造に応用すると、われわれの法的判断は三段階からなる階層的構造の中で行われるべきことになる。すなわち、①現実問題対応型、②

基礎理論対応型、および③制度的基礎対応型の判断の三層構造である。なるほど、法的判断は最終的には裁判官にゆだねられる。しかし、われわれも法的判断を行うことにより法の継続形成に加わることができるのである。法的判断が行われる仕組みに関するかぎり、裁判官であれ、われわれであれ、両者の間に隔たりがあるわけではない。

本書は以上の「法理論と法実践の相互連関」に関する三層構造(論)を民法の継続的法発展のための法的仕組み、すなわち「法の国際化」の戦略的装置と位置づけるものである。

さらに、「法の国際化」について考察するためには、その前提として、わが国の民法の立ち位置をまず明確にする必要があるが、本書はこれを「混合法としての民法」と捉えるものである。これまで日本民法は、主としてフランス民法やドイツ民法の継受を通じて発展を遂げてきた。そのことが事実であるとしても、民法を特徴づけるものはこのような系譜的つながりに限られない。われわれは広くさまざまな国の法を学び、啓発されてきたのである。「法の国際化」にとって必要なことは、比較法に学びながらも、われわれ自身が民法の法伝統を確立することにある。その意味で、本書は、「法の国際化」のパイオニアになりうるのは「混合法としての民法」たる日本民法であると考えるものである（以上は民法が大陸法系に属することを否定するものではない。その財産を継承しながらも、それを超えることが「法の国際化」の課題である)。

本書の基本構想は一五年間にわたる早稲田大学での研究・教育活動の中で生まれ、形をなしたものである。「法の国際化」と「法理論と法実践の相互連関」はいずれも大学院法学研究科の共同研究に基づいて具体化したものであるが、後者の構想は、かつて法学部に付設されていた「法職課程教室」(旧司法試験時代の教育施設。法職〔ほうしょく〕の名で親しまれていた）での経験に端を発する。わたくしには法職課程教室に携わった時期があり、その間、同僚とともに、法学教育・法学研究・法曹養成の関係はいかにあるべきか、その答えを模索する格闘の日々がつづいた。そうした法職課程教室における数年間の経験がなければ三層構造（論）に到達することができなかったことだけは確かである。

このように、（広い意味での）法学教育の現場に由来する「法理論と法実践の相互連関」に関する構想を法的仕組みとしてまとめあげること自体が、わたくしにとっては「一つの法実践」でもあった。

さまざまな刺激を与えてくださった早稲田大学の教員および学生各位、ならびに「法の国際化」に目を開かせていただいた比較法研究所と二一世紀COE・GCOE総合研究所の関係各位には、本書の刊行をもってお礼に代えさせていただきたいと思う。

読者にはあらかじめご了解をいただきたいことがある。構成に関することであるが、本書には論文や講演のほか、法学研究科における講義の記録（「契約法と不法行為法」〔第4部〕）も収められている。これは、この講義が、法学研究の基礎教育のあり方を考えるにあたって三層構造論がこれに対しどのような示唆を与えることができるかという問題にも言及していることによるものである。巻末に掲載されている〈参考〉『環境と法』と民法」は「権利論の現代的展開」（第3部）を補完する共同研究である。また、論文集として内容上の統一を図るため、加筆や補正を施した箇所がある。誤記も改めた。

本書は「民法の国際化」に関する基礎研究である。次の課題はこれを具体化することであるが、これについては『民法講義』（全六巻）（信山社、二〇一二年夏季刊行）においてまとめる予定である。三層構造論にあてはめると、本書が基礎理論対応型の研究であるとするならば、『民法講義』は現実問題対応型の教科書である。あわせてお読みいただければ幸いである。

さいごになるが、本書の出版にあたっては信山社に格別のご尽力を賜った。袖山貴氏、稲葉文子氏および今井守氏（編集担当）をはじめ、支えて下さった皆様にこころからお礼を申し上げる。なお、根本尚徳氏（北海道大学大学院法学研究科准教授）にもご協力をいただいた。同氏にも感謝の意を表することをお許しいただきたい。

平成二三（二〇一一）年一一月三日

文化の日に

藤岡康宏

〈目　次〉

目　次

◆第4部◆　契約法と不法行為法

法の国際化と民法

第 1 部
法の国際化と法理論の創造

第一章　法の国際化と民法
――戦略的装置の必要性（法的判断の三層構造）

一　はじめに

(1)　法の国際化は二〇〇〇年前のローマ法に遡ることができる。わが国の民法典が大陸法を継受して一〇〇年、われわれはさまざまな国の法を学んできたが、さらなる発展のために課せられるのは、法の国際化におけるあらたな法理論の創造である。法の発展は法理論と法実践の相互連関なしには達成することができないが、本章はこの相互連関の基本枠組み（法的判断の三層構造）について検討し、あらたなあゆみの礎とするものである。

もっとも、法理論の創造が問われなければならないのは法の国際化に限られるわけではない。その理由としてさしあたり以下の事情をあげることができる。第一は、法の継続形成を支える原動力としての法理論の重要性である。社会の変動に随伴するものであるだけでなく社会の変革に対応する法理論が求められているのではないか、ということである。

第二は、先述の法の国際化に対応する法理論の必要性である。法の国際化にとっては国際的な視座とともに、それぞれの国の法伝統の視点も重要である。わが国であればわが国の法モデルを確立することが法の国際化につながると考えることもできよう。そのための法理論の必要性である。

第三は、法実務を担う法曹養成機関としてのロースクールの創設である。ロースクールは専門職大学院として、大学院レベルで設立されたため、従来の研究大学院との関係が問題となる。ロースクールは法曹養成を目的とするものであるため、法実践、すなわち法実務の動態的把握に関心が寄せられることになるが、そうすると研究大学院における法学研究にとって法実践はどのような意義をもつのであろうか。法理論と法実践との関係についてあらたな検討が必要とされることになろう。それだけではない。そこにもう一つ法学研究の担い手の問題が加わる。法的問題の多様化に伴い、法学研究の担い手は「法学研究者」の共同体に限られる必要はなくなった。多様な形態の法学研究が求められているのであり、法曹、立法担当者など法実務家を含め、均一の研究者像を想定することはもはや不可能である。これはしかし法の国際化、法理論の創造にとって歓迎すべき事柄である。法理論と法実践についてあらたな関係が構築される必要がある所以である。

(2)　以上の問題意識から、本章は、民法を中心として、法理論と法実践の相互連関について検討を試みるものであるが、相互連関を考察するためには、法実践の場、法的舞台の位置付けに触れておかなければならない。以下、二において、法モデルの形成問題としての国際性と法伝統の緊張関係について検討したのち、三において、法理論と法実践の相互連関、すなわち三層構造論を取り上げ、法学研究・法学教育・法曹養成、さらには法実践の原動力となる基本枠組について検討する。つづいて、四では、混合法系としての日本法を取り上げ、それを受けて、五では、発想源としての比較法について検討する。以上の考察に基づき、六では、研究者養成の制度的仕組みについてまとめておくこととする。

◈二◈　法の国際化と民法

(1)　国際性と法伝統

民法がそうであるように、わが国の近代法制は西欧法の継受にはじまる。民法は比較法の所産（穂積陳重）とされるが、出発点において既に国際性を持たざるをえなかったことからわかるように、わが国にとって法の国際化はグローバル化の時代に始まるわけではない。問題は国際性として何を理解するかということに尽きる。この問題を抱えつつ、法の伝統との緊張関係のなかで法発展を遂げてきたことが日本法の特徴といえるが、ここでは、法モデル形成の実験場として、契約と不法行為の協働と不法行為の特殊日本的な発展を取り上げてみよう。

(2)　契約と不法行為の協働

(a)　民法は法典の形式としてはパンデクテン・システム（ドイツ民法）を採用しているが、物権と債権を峻別するこの法システムは、契約と不法行為は債権発生原因として共通するものがあるとの理解を前提とする。契約の不履行は債務の不履行として処理される。ところが、近年、債権債務の問題に還元することなく、契約上の合意を履行しなかった、そのこと自体を問題とすべきだとの理解が提示されている。契約は守られるべし。契約の尊重が重視されることになるが、これに従うと、債務不履行における帰責事由は実質的には約束を履行しなかったことそれ自体のなかに解消されることになる。契約の尊重を重視すると、契約的合意を前提としない、一般第三者間の関係を規律する不法行為との役割分担の違いは明確になってこよう。

取引法の領域では、ルールの平準化という点から国際性が重要となるが、不法行為では、社会的負の現象への対応が問われることから、契約におけるものとは違う意味で、わが国の法発展との間の緊張関係と向き合う必要が生じる。

(b)　より具体的に損害賠償法としての契約と不法行為の協働関係を取りあげてみよう。損害賠償の範囲について不法行為には明文の規定がないため、相当因果関係（ドイツ法）という概念を介在させることにより、債務不履行に関するルール（民法四一六条）（イギリス法、フランス法）の不法行為への類推適用が正当化されてきた。ドイツ法には債務不履行と不法行為に共通する損害賠償法原理として相当因果関係論があるが、民法四一六条が相当因果関係を具体化したものと解すると、同条は論理必然的に不法行為にも適用される。

ところが、このような伝統的理論に対して、同条のルールは予見可能性によって損害賠償の範囲を制限するものであるため（同条二項）、当事者の合意を前提としない不法行為に適用するのは妥当でないとの批判が生じた。この批判の根底には、相当因果関係は完全賠償主義に立脚するもので、制限賠償主義に拠る民法四一六条とは、損害賠償の原理を異にする、といった損害賠償法の基礎理論・制度的基礎を踏まえた判断がある。

(3)　不法行為の法発展

(a)　不法行為では契約が介在しないため、紛争解決の出発点となるのは、どのような損害が生じたのか、あるいは、どのような権利・利益が侵害されたのか、といった性質決定(包摂)の問題である。不法行為の最も重要な基本ルールは民法七〇九条であるが、「権利侵害」によって損害が発生することが要求されていたところ、「権利」侵害の意味を狭く解する考え方（ドイツ法）が生じたため、不法行為法で保護されるべき対象は広い範囲に及ぶことを正当化できる理論が求められた。これに先鞭をつけたのは法実務、すなわち最上級審の一つの判断であった。大審院大正一四年一一月二八日判決（民集四巻六七〇頁（大学湯事件））は法律上保護される一つの利益の侵害も「権利」侵害の対象となる、として柔軟な解釈を示したが、判例による法形成の道を開いたものとしてその先例的価値は高い。

ところで、法の継続形成を考えると、これで満足することなく理論的な基礎付けを与えるべきだとの考え方もありうるであろう。法理論の要請である。その役割を担うことになるのは、あらたな理論、すなわち、損害の発生が違法な行為によるものであると判断できるのであれば、「権利」の侵害があったことは必要ではない、とする違法性理論である（ドイツ法）[1]。違法性ということばは七〇九条には存在しない。それにもかかわらず、違法性理論はドイツ経由のものとしてではなく、わが国独特の意味内容を込められた基本的な法概念として、不法行為法(学)に定着した（「権利侵害から違法性へ」）。

(b)　ところが、そこに劇的な地殻変動が生じた。違法性理論に対して根本的批判が提起されたのである。違法性概念はドイツ法から輸入されたものであって、不法行為法の対象とすべき範囲は広汎にわたることが確認されたそのときに、違法性理論の役割は終わる。わが国は、わが国の不法行為法(学)を構築すべきであり、基本とすべきは「過失」という七〇九条に根拠をもつ法概念ではないか、との主張である。これまで築き上げられた損害賠償法の構造の転換を迫るものであり、範とすべきものとして英米法とフランス法があげられていることが注目される[2]。

もちろん問題がこれで解決したわけではない。過失の判断が利益衡量の枠組に委ねられると、ほんらい保護されてしかるべき権利が十分に保護されない事態が生じかねない。広大無辺の対象を取り込むことと、権利保護の規準をひとまず設けておくことは相互に対立するものではない。そこにもう一度、損害賠償法の構造を転換させる余地がある。民法の基礎理論として、権利論にも正当な位置を与えることはできないかという問題である。(3) これはもはや比較法に依拠するだけでは解決できない問題ではないかと思われる。不法行為の法システムをどのように構築するか、わが国の法学の力量が問われる問題であり、課題とすべきは「比較法に学び、比較法を越える」態度決定である。(4)

(c) ところで、不法行為法が「違法性から過失へ」、「ドイツ法から英米法・フランス法へ」と基本構造の転換を迫られることによって事態が必ずしも好転したわけではないと思われる。ここでも法発展の原動力となるのは国際性と法伝統の緊張関係ではなかったかと思われるのである。振り返ると、過失については、主観説（意思の緊張を欠く心理状態）と客観説（客観的行為義務違反）の対立を経て、過失の客観化が定着した。この対立は立法段階においてすでに、主観的理解（ドイツ法）と客観的理解（フランス法）の対立として顕在化していたものであるが、過失の客観化（行為義務違反構成）では、行為義務違反を判断する要素・基準が問題とならざるをえない。危険便益比較方式の判断枠組（法と経済学）を活用すべきであるとの提案が存在することは周知のところである。

しかしながら、このような提案の基礎となるものはわが国にとって決して新しいものではなかったともいわれる。明治期、アメリカの招聘教授によってその原型が持ち込まれ、過失責任主義の理念・政策が問われた大阪アルカリ事件大審院判決（大判大正五年一二月二二日民録二二輯二四七四頁）に影響を与えたとされる。(5) ここで問題とされたのは国際性のある視座設定の必要性であるが、わが国の法発展に基づく法判断が要請されることも少なくはなかった。公害の被害者保護、企業責任など、過失の行為義務違反構成を前提としながらも、実質的には過失の主観的理解（予見可能性の重視）を基礎とする立場があるのはその証である。(6) 以上は一瞥にすぎないとしても、それによっても、法の国際性は一義的に定まるわけではないことが理解されよう。国際性と法伝統。その緊張関係を通じて獲得されるものが法発展の原動力となることはいうまでもない。

(1)　末川博『権利侵害論』（弘文堂、一九三〇年）。
(2)　平井宜雄『損害賠償法の理論』（東京大学出版会、一九七一年）。
(3)　この問題については、藤岡康宏「日本型権利論の法実現と民法理論」同編『民法理論と企業法制』（日本評論社、二〇〇九年）五頁〔本書第二章所収〕。なお、二〇〇四年民法改正による七〇九条新規定では、権利の侵害と法律上保護される利益の侵害が併記された。
(4)　権利論の意義については、契約と不法行為の関係や役割分担を含めた総合的検討が必要である。法律学方法論として斉合説的正当化が優勢になっているとされるが、斉合説的正当化とは「個々の理論が孤立的に、何らかの確実な基礎に基づいて正当化されるのではなく、理論の全体システムを構成する各理論が正当化の連関において相互依存的な蜘蛛の巣状のネットワークを形成するという考え方である」。亀本洋『法的思考』（有斐閣、二〇〇六年）二九六頁、二九七頁。
(5)　瀬川信久「危険便益比較による過失判断——テリー教授から、ハンドの定式と大阪アルカリ事件まで」星野英一先生古稀記念『日本民法学の形成と課題　下巻』（有斐閣、一九九六年）八三五頁以下、八四六〜八四七頁。
(6)　藤岡康宏『損害賠償法の構造』（成文堂、二〇〇二年）五八頁以下参照。

◈三◈　法理論と法実践の相互連関——法実務・法理論・基礎法学の統合と課題

(1)　基本枠組みとしての「三層構造論」[7]

ところで、法理論については、学説の役割とか、理論と実務の架橋とか、そうした問題が検討の対象になることがある。ローマ法に関して言われているように、法学は法実践のなかから誕生し発展するものである。そうして、法理論は法実務を動かすものである必要がある。従来、理論と実務の架橋として論じられてきた問題を、もう少し枠を広げ、法理論と法実践の相互連関を階層的に把握することで、法理論創造の原動力とすることができないか。このような問題意識を一つの基礎として、右に述べたような法理論と法実践の間における相互連関の階層的把握を可能にする理論として本書が提唱するものこそ、次のような「三層構造論」である。すなわち、この理論は、法理論と法実践がある問題の解決に向けて相互に連携すべき場合を次の三つに分けた上で、それらを段階的に捉えようとする。

①第一段階は、現実問題対応型の相互連関が行われる段階である。これは実践的な問題処理の手法を重視する段階であり、たとえば、具体的な問題あるいは新しい問題を突きつけられたときに、既存の判例、学説からある法理を導き出して、これに適用する。あるいは、適当な法理がないときには比較法を参照する。たとえば、アメリカではこうだから、それを持ち込むという手法がとられる段階である。

②第二段階は、基礎理論対応型の相互連関がなされる場合である。これは第一段階の問題処理を相対化ないし一般化するものである。第一段階の議論が説得力を増すために必要とされるプロセスであり、いわば普遍性のある問題処理をめざす手順である。

③第三段階は、制度的基礎（法制度の基礎）対応型の相互連関が図られる場合である。従来の議論の枠組みでは対応できない場合、もう一つ掘り下げた議論が必要とされるが、その際に問題となっているのはどういう制度で、その制度的基礎は何かを探究する作業を行うのがこの段階である。これは法制度の存在根拠を問うことに繋がるもので、このような第三段階の議論は、第一段階、第二段階の議論を深め、その変革を可能とする。

以上要するに、法理論と法実践との関係をめぐる問題の核心は、その間に橋を架けるべきか否か、ということではないと思われる。橋が架けられることを当然のこととして、いつ、どこに、どのような橋を架けるべきかという問題、すなわち、重層的に把握すべき問題ではないかということである。もっとも、このようにまとめると、どのような研究であれ、法学研究というものは右の①②③をすべて織り込んでなされるもので、判例研究一つとってもそうだ、との反論が寄せられるかもしれない。もちろん、その通りかもしれないが、法学研究ないし法学(理論)教育には、重点の置き方に違いがあるのではないか。①を中心としたもの、②を中心としたもの、さらには、もっぱら③に焦点を当てたものもありえよう。そのように考えると、相互連関のあり方を三層構造と捉えてそれぞれをひとまず区別し、それを前提とした基本枠組を提示しておく必要があると思われる。

ところで、三層構造に関連するものとして、基礎法と実定法の架橋という問題がある。これは両者の間には距離がある、だから橋を架ける必要があるとの議論に近いものであるが、基礎法学は第三段階に対応するものであり、法実践との間には距離がある、との固定観念に捉われる必要はない。

たしかに基礎法は第一段階の問題処理とは離れている。しかし、基礎法は第三段階だけに関わりがあるものではない。第一段階、第二段階それぞれに繋がりを持ちうるものと考えることはできないであろうか。法学の歴史からして法実践と関わりのない法理論というものは存在しえないのではないか。このことは基礎法についても当てはまると思われる。民法の瑕疵担保責任における短期の請求期間制限について、ローマ法では品質保証期間と解されていたとの指摘[(8)]は、現代の実践的問題の解決にとっても示唆に富む。すなわち、第一段階に対するローマ法学の問い掛けと理解することもできよう。

さらに、三層構造が問題となる場合、法実践の場の違いに応じて（司法〔法の解釈・適用〕、立法、行政実務その他）、相互連関のあり方を考察する必要がある。ここで取り上げているのはその具体的検討に入る前の段階、すなわち「法理論と法実践の相互連関」と、その「三層構造」的理解の基本枠組である。

⑵ 法理論の創造と国立景観権訴訟

法理論と法実践の相互連関を考えるうえで、興味深い事件が起こった。いわゆる国立景観権訴訟である（最判平成一八年三月三〇日民集六〇巻三号九四八頁）。国立市の大学通りが景観を誇っていたところ、高層マンションの建設により自らの景観権（景観利益）が侵害されたとして、大学通り周辺の住民らにより上層階撤去の差止請求がなされた事件である。ここでは二つの問題があらたに提起された。

第一は、景観利益の侵害は不法行為法上の保護の対象になりうるのか、という問題である。

第二は、これを肯定できるとしても、差止という救済方法を行使することができるか、という問題。民法には差止を認める一般的根拠規定がないため、この点が問題となった。

まず、景観利益の要保護性について、第一審は肯定的に解しながらも、それは土地所有権から派生するものであるとして、伝統的な所有権の概念に制約されたアプローチを採用したが、最高裁は、より積極的に、良好な景観の恵沢を享受する利益は法律上保護に値するものとして、従来の法概念にこだわることなく景観利益を法認した。ところが、本件では差止請求を認める前提としての景観利益の侵害について、違法な侵害はなかったとして、違法性の判断について厳しい判断が下された。このような違法判断は是認しうるものであろうか。

景観利益に新たな保護の形式を付与したという点で評価できるとしても、差止要件がなぜ厳しくなるのかとの説明が必要となってくるのではないか。その点において、最高裁の判断は、差止とはいかなる制度であるのか。このような制度理解に関する考察を経ることなく、伝統的な思考枠組みに従った判断、すなわち、法理論と法実践の相互連関に関する第一段階の現実問題対応型の処理にとどまるものではないかとの見方が生じうる。法理論の創造に前向きな態度を見せながら結果的には門戸を閉ざしかねない結論を最高裁が出さざるを得なかったのは、差止請求権に関する基礎理論の構築が十分でなかったためである（つまり、前記第二の問題が障害となった）と考えることもできる。もしそうであるとすると、最高裁の判断をさらに進展させるためには、景観という利益はどのような性質をもつ保護法益であるのか、についてより深く考察するとともに、差止制度の目的や根拠をどのように理解すべきであるのかについて、さらに検討する必要があると思われる。すなわち、どちらに関しても第二段階、第三段階の議論を深めなければならない。

(3)　法実践と制度的基礎対応型の法理論

それでは、どのような権利・利益が、どのように保護されるべきであるのか。民法典がおのずと語るところであれば、問題処理の拠点を探すのはそれほど難しいことではない。しかしながら、民法典が社会の現実を反映していないとすると、民法典の体系を解体し、再構築を図る必要が生じる。

パンデクテン・システムを採用する民法典は物権と債権の峻別を柱とするものであるため、人格権に正当な位置が与えられていない。この問題にどう対応すべきであろうか。社会の観察に基づき、財貨の秩序（財貨の帰属と移転）と人格の秩序（人格権）を（実質的意義における）民法の根幹に据え、それぞれの秩序の外郭に競争秩序（競争利益）と生活利益秩序（生活利益）を配置する構想があるが、これは民法典の実質的な組み替えを最終目標とするものであると考えることができよう(9)。

これによると、最高裁のいう景観利益は、人格権に包摂できない、その外側にある利益であることを窺わせる。この構想は民法の制度的基礎に変革を迫るものとして第三段階からの問題提起と理解できるが、景観利益が新たな利益であるため、第三段階からの考察も必要とされるのである。ちなみに、この構想は法社会学的観察に基づくとされていることから、基礎法との架橋が問題意識として存在していると考えられる(10)。パンデクテン・システムとの対比でいえば、フランス民法との近さを読み取ることもできよう。

第二段階、第三段階からの考察の必要性は差止請求についてもあてはまる。差止めは損害賠償とならぶ不法行為の救済方法と解すべきものであるのか、それとも不法行為の損害賠償制度とは異なる制度、すなわち差止請求制度として理解すべきであるのか、という問題である。(11) いずれにせよ、国立景観権訴訟は法理論と法実践の相互連関とはどのような関係であるのかを考えるうえで、重要な意義をもつ事件であることは確かである。

(7) 三層構造論をはじめて取り上げたのは、藤岡康宏「法理論創造時代における研究者養成――教育内容を中心として」早稲田大学大学院法学研究科「魅力ある大学院教育」イニシアティブ編集委員会『〔シンポジウム報告書〕法学理論教育と研究者養成――課題と実践』(二〇〇七年)一八~二〇頁〔本書第一三章参照〕においてであるが、具体的な論述として、同「競争秩序と差止論」(日本私法学会シンポジウム資料「競争秩序と民法」報告Ⅲ)NBL八六三号(二〇〇七年)六〇頁〔本書第七章所収〕、同・前掲注(3)二四頁以下がある。

(8) 小川浩三「瑕疵担保責任の請求期限について」桐蔭法学一二巻二号(二〇〇六年)一二三~一二六頁。

(9) 広中俊雄『民法綱要 第一巻 総論 上』(創文社、一九八九年)一~二一頁。なお、基本構想に変わりないが、同『新版 民法綱要 第一巻 総論』(創文社、二〇〇六年)も参照。

(10) 広中俊雄「主題(個人の尊厳と人間の尊厳)に関するおぼえがき」民法研究四号(二〇〇四年)七五頁、七七頁注(10)。

(11) この問題について、根本尚徳『差止請求権の理論』(有斐閣、二〇一一年)参照。

◆四◆ 混合法系としての日本法

(1) 混合法系からの問題提起

(a) 法理論と法実践の相互連関が三層構造として理解できるものであるとして、それでは法の国際化においてわが国はどのような役割を担うことができるであろうか。そのためには比較法の課題を理解しておく必要があろう。

従来、比較法の到達点と目されていたのは法系論と機能的比較法である。各国それぞれに異なるかに見える法制度も制度の実際の機能に着目すると、それほど違いがあるわけではない、と考えるのが機能的比較法である。この方法論が比較法を大きく前進させたことは間違いないとしても、法系論は社会主義法の消滅、大陸法と英米法の接近などでかつての影響力を失いつつある。法系論に代わって登場したのが法の継受、混合法系、ヨーロッパ私法の統一である(12)。

これは従来の比較法にあらたな観点を加えるものであるが、とりわけ注目されるのは混合法系が比較法の表舞台に引き上げられたことであろう。混合法系の問題とも関連するが、ヨーロッパでは比較法の狭い領域にとどまることなく、法の歴史との連携を図る試み、すなわち比較法とローマ法の連結・統合があらたな課題となってきたことが重要である。このヨーロッパからの問い掛けをどのように理解し、どのようにすればわれわれの法発展に結び付けることができるのか。これはひとり基礎法に委ねられてよい問題ではない。法実務・法理論・基礎法が三位一体、協働して取り組むべき課題である。

(b) ヨーロッパにおいて混合法系として議論の対象となったのは南アフリカの法とスコットランドの法で

ある。[13] そこでは大陸のシヴィル・ローとイングランドのコモン・ローの混合を見て取ることができる。両者の緊張関係と相互作用からあらたな法発展が産み出されたが、それを可能にしたのはローマの法伝統である。南アフリカとスコットランドが混合法系として脚光を浴びるようになるのはシヴィル・ローとコモン・ローを結び付ける要素としてローマの法伝統がそこに探り当てられたからである。

しかしながら、混合法の問題はもう少し広く解することもできよう。混合法が複数の法の混合体であるとすると、法の継受に関係があることは明らかである。そうすると、日本法は近代法制の誕生の経緯からして混合法としての特色が「際立つ」[14] といっても過言ではない。日本民法典は比較法の所産（穂積陳重）[15] とされ、われわれはゼロから出発して実に多くのことを学んできた。フランス法やドイツ法をはじめとするヨーロッパの法伝統にとどまるものではない。英米法も学習の対象であったし、それもイギリス法に限られたわけではなかった。アメリカ法からも学んできたのである。[16] このような特徴をもつわが国において混合法系に注目する比較法の新たな動向はどのような意義をもつのであろうか。

(c) ここで問われるのは、ローマ法への関心はヨーロッパ法の統一に関連があるのかどうかである。それにとどまることなく、法のさらなる国際化が意識されているのかどうか。すなわち、ローマ法はヨーロッパを越えて、広く法を改革する原動力になりうるのかどうかである。比較法とローマ法の統合を目指すツィマーマンの『ローマ法・現代法・ヨーロッパ法』（二〇〇一年）[17] からは主要な関心はヨーロッパにあることが窺われないことはない。しかしながら、その一方で、ローマ法の世界的意義について語ったイェーリングが引き合いに出されていることからすると、[18] ローマ法の世界規模の影響が基礎に据えられているようにも思われる。しかし、それでは何故、どのような方法で影響を及ぶすことができるのであろうか。比較法とローマ法の統合の構想、その「真の問題」はこの点にあるように思われる。

(2) ローマ法とヨーロッパ法

この問題に立ち向かうには、ローマの法伝統を一瞥しておく必要がある。ツィマーマンによると、ヨーロッパの法伝統を世界の他の法伝統と比較して特徴づけるメルクマールはローマ法の影響によるものであるが[19]、では、ローマ法とは何か。ローマ法には定冠詞付きのローマ法は存在しないとされる[20]。ザ・ローマ法と呼ぶべきものは存在しないということは、ローマ法はその時代、その社会に対応して、形を変え、内容を改めてきたことを意味するが、それにもかかわらず、ローマの法伝統は、終始一貫、連綿として、ヨーロッパに影響を与えるものであった。それはイングランドのコモン・ローにも及ぶものであった[21]。以上がローマ法とヨーロッパ法の関係に関するツィマーマンの全体的理解であるが、ローマ法が現代の法を語るうえで重要な役割を演じうることを確認するために、その特徴を取り上げておこう。

ツィマーマンによると、古代ローマ私法はかなりの程度まで法曹法であった。そうして包括的な法律によって体系的に整序されることはなかった。実務で活動する法律家によって適用され、形成発展が担われたのである。ローマ法の高い具象性、現実生活への近さはそこから説明することができるし、法的問題の判断をめぐって論争が多かったとされる[22]。ヨーロッパの法伝統の特殊性を規定するものは ius commune（普通法）であり、その主要部分はローマ法に基礎をもつ。ローマ法は ratio scripta（書かれた理性）と目されるものであった。理性的な、人間理性に適合する法のモデルであった。ローマ法は、法の合理性と学問性、知的首尾一貫性と体系を追求する営為の表現であり基盤であった。このようなローマ法源の特性が、体系の硬直性、すなわち、それが静的なものであることを妨げた。ヨーロッパ法には、ある種の特別な発展能力が備わっている。ヨーロッパ法は恒常的変化に服しているのである。さまざまな需要が新たに生じ、状況の変化に反応することができ、驚くべき統合能力をもっている。これを繰り返し実証してきたのがヨーロッパ法であり、「ローマ法を通してローマ法を超えた」（ルードルフ・フォン・イェーリング）のである。[23]

(3) 民法の法創造

ところで、わが国にはヨーロッパにおける法の統一に対応する問題はない。そのため、ヨーロッパと同列に論じることはできないが、それでも、西欧法の継受を通じてローマ法と繋がりがあるという事実は重要である。ＥＵは比較法の「壮大な実験場」であるといわれる。[24] 壮大な実験場であることはわが国も同じである。混合法系に属するわが国は、法の国際化において、わが国の法伝統をもって国際舞台に立てるはずである。

法の国際化は既にローマ法にはじまる。民法の継続的発展にとってわれわれにも学ぶべきことがある。すなわち、ローマの法伝統、従ってヨーロッパの法伝統の特徴は多様性と一体性の緊張関係にあるとされるが、[25] ヨーロッパ法の発展能力の原動力がローマ法源の特性、すなわち体系を硬直したものであることを妨げる特性であるとすると、ローマの法伝統に積み上げることができるのもヨーロッパにおける法学的営為に限られるわけではない。わが国の法学的営為をそこに加えることも、ローマの法伝統にかなうことになろう。一〇〇年の法伝統とはいえ、比較法的継受の先進国として、わが国の経験は貴重である。[26]

ローマの法伝統として法実践の重要性をあげることができる。わが国の法学教育・法学研究に地殻変動をもたらしたものはロースクールの登場であるが、これによって法実践と法理論の関係が改めて問い直される必要が生じた。両者の繋がりを階層的に把握する前述の三層構造論は、法学教育と法学研究、さらには法実務に携わるための法的装置として提案されたものであるが、これはわが国にとってローマの法伝統の継承を意味すると考えることもできる。現実問題の解決に直ちに結び付くことはないかもしれない。しかし、長い目で見れば法実務を動かすことのできる理論、そのような基礎理論の構築にも取り組む必要があるのではないか。それは法実務を動かす戦略的装置としての法学（法理論）の法実務に対する新たな関係を表わすものである。

法の国際化に関連する問題として、さらに民法の改正をあげることができる。法の継続的発展にとって必要な法学的営為はどのようなものであろうか。法典編纂に関心がなかったといわれるサヴィニー（一七七九〜一八六一年）の構想は、制定法と離れたところで、あるべき民法の基盤を構想するものであるが[27]、そうした態度決定から学ぶべきことも少なくない。

民法改正は、どのような問題がどのような議論を通じて検討されるのか。法実践と法理論の相互連関に関する三層構造論は、法実務としての立法作業にも当てはめることができる。現実問題に対応する解決を迫られている法改正であるのか（第一段階）、それとも基礎理論を必要とする改正問題であるのか（第二段階）。進んでは法制度の基礎に変革を迫る構想が問題とされるのか（第三段階）。どの段階の議論が求められるのか、改正問題の振り分けが課題となる[28]。もう一つは、国際的視点に立つ改正論議の必要性である。サヴィニーの問題提起に当てはめると、サヴィニーがわが国に求めるものがあるとすれば、それは、混合法系として格闘したわが国の法モデルの検証ではないかと思われる。民法改正にとって必要なのは法の継続形成を担った法モデルを総括し、その発展能力を将来の法発展につなげることであると思われる[29]。民法の法創造にとってはわが国が、その法モデルを提示することの意義は大きい。サヴィニーが観察できなかった世界であるだけに、取引法の国際協調に合わせるだけでは十分でない。比較法の壮大な実験場として、「際立つ」特徴を有する法の国際化にとって導きの星にもなりうるものである。二一世紀のサヴィニーは日本から出てもおかしくはない。

(12) この問題については、早稲田大学比較法研究所連続講演会における五十嵐清「比較法はどこへ行く?——ひとつの中間報告」に示唆を得た。同報告とコメント（藤岡康宏）は早稲田大学比較法研究所編『比較法と法律学——新世紀を展望して』（成文堂、二〇一〇年）〔コメントは本書第一〇章参照〕所収。なお、五十嵐清『比較法ハンドブック』（勁草書房、二〇一一年）二九〇頁以下参照。

(13) ラインハルト・ツィンマーマン（佐々木有司訳）『ローマ法・現代法・ヨーロッパ法』（信山社、二〇〇八年）一二六頁以下。

(14) 石部雅亮「明治期の日本法学の国際的ネットワーク——穂積陳重・岡松参太郎とヨーゼフ・コーラー」早稲田大学比較法研究所編『日本法の国際的水脈——西欧・アジアとの連鎖』（成文堂、二〇〇五年）一〇二頁。

(15) 民法は法典編纂期の当初から比較法の洗礼を受け、穂積の「系統的比較法」は法系論の試みとして、「国際的な法移転現象を先取りした卓見」とされる。石部・前掲注(14)九二頁、九三頁。なお、石部雅亮「穂積陳重と比較法学」大木雅夫先生古稀記念『比較法学の課題と展望』（信山社、二〇〇二年）一〇七頁も参照。

(16) イギリスは自国法中心であるが、ドイツは比較法が盛んであるとされ、穂積の留学当時（一八七六年にイギリスに、一八七九年にドイツに留学）、イギリスはパンデクテン法学に範を求めたとされるのも、わが国がパンデクテン体系の民法典を有することを考えると、興味深い一コマである。石部・前掲注(14)九三頁、九四頁。

(17) ツィンマーマン・前掲注(13)参照。

(18) Zimmermann, Römisches Recht und europäische Kultur, JZ 2007, S.12.

(19) Zimmermann, a.a.O.10f.

(20) Zimmermann, a.a.O. S.2.

(21) ツィンマーマン・前掲注(13)一二八頁以下、一五一頁以下。

(22) Zimmermann, a.a.O.10f. による。

(23) Zimmermann, a.a.O. S.10.

(24) 滝沢正「比較法学からみた日本法のアイデンティティ」・前掲注(14)『日本法の国際的水脈』一八六頁。

(25) Zimmermann, a.a.O. S.2. 9f.

(26) 共通の問題意識が窺えるものとして、西村重雄＝児玉寛編『日本民法典と西欧法伝統』（九州大学出版会、二〇〇〇年）。

(27)　藤岡・前掲注(3)一六〜一七頁参照。
(28)　民法改正の全体像については、民法(債権法)改正検討委員会編『債権法改正の基本方針』(商事法務、二〇〇九年)、民法改正研究会(代表 加藤雅信)『民法改正と世界の民法典』(信山社、二〇〇九年)、椿寿夫＝新美育文＝平野裕之＝河野玄逸編『民法改正を考える(法律時報増刊)』(日本評論社、二〇〇八年)など参照。
(29)　広中俊雄＝星野英一編『民法典の百年 I〜IV』(有斐閣、一九九八年)。なお、不法行為に関するが、法の継続形成・基礎理論・法構造の統合を目指したものとして藤岡・前掲注(6)がある。その「はしがき」参照。

◆五◆　発想源としての比較法

ところで、わが国が比較法の実験場であるとすると、比較法研究の関心対象が法の継受にのみ制約される必要はないと思われる。わが国には混合法系として比較法研究の豊かな蓄積があり、これをさらに発展・継続させる必要がある。比較法は法創造の源泉であるとともに、教育面ではわが国の法を相対化させるという長所がある。

その一方で、比較法研究には釈明が求められることがある。なぜ、ドイツ法なのか、あるいは、フランス法、アメリカ法なのかと。そうした問いが発せられることは少なくない。従来の比較法研究では法継受との関連が重視されてきたが、法の継受と直接には結びつかない比較法研究にも関心が寄せられている。「法の継受を超える比較法」の重要性である。

フランス民法に関するものであるが、比較法研究には三つの型があるとされる[30]。すなわち、直結型、逆照射型、発想源型の三類型である。直結型は、日本の特定の規定・制度についてフランス法ではこうだから日本もこうすべきだという研究であり、逆照射型は、フランス法の規定・制度が前提としている事情を明らかにすることによって、日本の同じような規定・制度について、日本法を逆から、フランス側から照らし出す研究である。もう一つ、発想源型では、フランス法が選択される必然性が語られることはない。フランス法が間接的な発想源として利用されているにとどまる、とされる。

いずれも重要な方法であるが、直結型や逆照射型が従来の研究の延長線上にあるものとして、系譜関係を考慮し、日本法の伝統的基盤に拠りながら時代適合的なものに発展させるものであるのに対し、発想源型には法理論の創造に直接に繋がる可能性を見出すことができるのではないか。法の国際化における国際性と法伝統、それらの緊張関係から法理論が創造される。比較法研究がわが国にとって緊張関係をもたらすことがあるのは、発想源としての比較法が持ち込まれるときではないかと考えられる。日本法と外国法との、そのような状況における衝突は、法の継続的発展にとって必要なことであると思われるのである。

法の継受を前提とする伝統的な比較法。これをより強固にするとともに、発想源としての比較法も重視する。当然のことながら、アジア法の比重も高まり、法整備支援との関連も生じてこよう。比較法研究の相互連関、国際的連帯の問題である。このような比較法研究の質的転換は、基礎理論を強固にし、法制度の転換をもたらす点において、法理論と法実践の相互連関にとっても重要な課題である。

(30)　小粥太郎「日本の民法学におけるフランス法研究」民商法雑誌一三一巻四＝五号（二〇〇五年）五六一〜五八八頁〔同『日本の民法学』（日本評論社、二〇一一年）所収〕。

◆六◆　おわりに

(1)　法の国際化と法理論の創造を法学研究の制度的仕組みの視点からまとめておこう。法学研究の担い手、研究者像ないし研究者養成の問題である。法理論と法実践の相互連関、その三層構造は法学研究、法学教育の体制についても関連があると思われる。研究大学院におけるＭＤ一貫型、すなわち修士・博士一貫の五年教育体制では、第二段階、第三段階に強い研究者が育つと思われる。というよりもそれを目標とすべきではないか。それに対し、ロースクール経由型、つまりはロースクール修了後に研究大学院の博士課程に入る場合、第一段階に強い研究者が育つ可能性がある。この点について、ロースクール経由型の博士課程においては、第二段階、第三段階に比重を置いたもの、法学理論教育を重視すべきであると思われるが、目標とされるべきは法実務・法理論・基礎法の統合である。

付言すると、早稲田大学では五年一貫の研究大学院とロースクールが組織的に分離されている。理念型としては、研究大学院では（純粋型）研究者の養成が目指され、第二段階、第三段階に強い研究者が育つ制度的措置といえる。その一方で、法実践との関連を抜きにした法理論はありえないと考えるならば、法理論と法実践の相互連関を図る体制も課題となってこよう。法理論と法実践の関係について、法理論の側からアプローチを試みるのが「法理論と法実践の相互連関」の枠組みであるとすると、法実践からアプローチする立場、「法実践と法理論の相互連関」の枠組みの設定も可能であると思われる。ロースクール経由の研究者を後者の枠組から捉えると、あらたな研究者像を想定することもできる。二つの枠組みの協働はこれからの大学院にとって共通の課題である。(31)

(2) 法学的伝統の淵源を訪ねる旅はローマの法伝統にはじまる。[32] 売買は賃貸者を破るとの法原則がある。物権は債権に優先する。このドグマから導かれる当然の帰結ともされるが、これはローマの経済社会の現実を前提としてはじめて形を付与された法理にすぎない。[33] 法理論と法実践の相互連関、すなわち法実務の原動力としての法理論と、法理論を鍛えるものとしての法実践、その相互連関の原点はここにあると思われる。このような相互連関は国際性をもつものでなければならない。国際性とは法伝統との緊張関係に立つものであり、そこから日本の法モデルが立ち上がる。そのための課題が法理論の創造と、その原動力としての三層構造論であった。法理論と法実践に関する階層的理解が法学研究を進める一助になればと願うものである。ローマの法伝統が道標となることはわが国においても変りないのである。

(31) ロースクールの経験から、法学研究の課題を検討するものとして、下森定「『ロースクール民法』を追求して――大学教員生活最後五年間の総括」成蹊法学七〇号（二〇〇九年）一一四頁、一二八～一三〇頁（同『法学教育とともに』（信山社、二〇一〇年）所収）は貴重である。
(32) 河上正二(訳)『歴史の中の民法――ローマ法との対話』（日本評論社、二〇〇一年）参照。
(33) 星野英一「不動産賃貸借法の淵源――原題『不動産賃貸借法の歴史と理論』」同『民法論集第三巻』（有斐閣、一九七二年）三一一～三一三頁、三三六頁。

第二章　民法規範の創造と権利論

一　はじめに

民法は社会の基本法といわれる。市民社会における一般的取引および民事責任を規律する民法は企業社会においても重要な役割を担うが、市民社会の構成要素が個人を基本とするものであるかぎり、企業社会がどのような変容を遂げようとも、個人に帰属する権利の生成・確立・保護の問題はますます重要な課題となるであろう。本章は、この課題を「権利論の法実現」の問題と理解し、その視座から民法の現代的役割を論じるものである。

ところで、民法は「権利の体系」と呼ばれる。どのような権利がどのような役割を担うことができるのか、それを実質的に論じるのが権利論であるが、課題設定を明確にするために、社会の実際生活に即したところから始めることにしよう。ひとが権利の問題を意識するのは、自己の権利が侵害され損害が発生したとか、権利が侵害されるおそれがあるときであるが、このような当事者にとって切迫した状況に対応するため、民法には二つの法制度が用意されている。物権的請求権と不法行為損害賠償請求権である。権利論の出発点をなすのはこの二つの法制度である。

あるひとの土地が権限なくして他人に占拠されているとき、所有権に基づいて妨害排除請求権を行使することができる。所有権（物権）には違法な侵害状態を排除する排他的ないし絶対的効力があると解されているためであるが、被害者に現実に損害が生じたときは、加害者の故意または過失を要件として、損害賠償請求権が付与される。これが不法行為損害賠償制度である。物権的請求権は、差止請求権を基礎づける法制度としてその拡大適用が議論され、この点に関する判例、学説が蓄積されているが、法の継続形成を促進するためには差止請求権それ自体について基礎理論を構築することが必要とされる。(1) これはそれ自体独立に論じられるべき課題と考えることもでき、本章では不法行為に焦点を絞ることにしたい。権利論からみると、権利の法実現の舞台、これが不法行為法である。

そのような不法行為(法)を契約と対比すると、救済規範としては共通の性格をもつが、重要な違いもある。契約（責任）は当事者の合意を基礎とするため個別的救済規範にとどまるが、(2) 不法行為は一般第三者間に生じる広汎な法現象を対象とせざるをえない。最終的包括的救済規範といわれるゆえんである。最終的には、契約が存在しないとき、あるいは契約は存在しても契約規範では救済できないとき、不法行為の救済が必要とされるということであり、この役割を果たすためには民法の全体に視座を広げる必要がある。最終的な救済が包括的なものであるためには、さらに民法を超えた視座、法制度の全体から権利の生成、発展を考察することも要請されよう。権利論のあらたな課題である。

ところで、民法の骨という言葉がある。(3) 本章は民法の礎としての権利の問題を取り上げるものであるが、それでも、いま、なぜ、権利論なのか、という問題は残るかもしれない。近年、権利論が民法の重要課題となっていることもあるが、さらなる理由として、そこに次のような時代認識を加えることもできよう。すなわち、現代は変革の時代とされるが、民法にもその時期が到来していると思われる(4)。そうして、民法の変革を図る際には、それが現実の問題に対応しうるものであることは当然として、それに合わせて、マクロの視点を持つことが重要である。本章が権利侵害における被害者の救済という具体的問題解決の手法にとどまらず、この手法を動かす原動力を取り上げるのもこの点にその理由がある。以下、第二節では、権利論の法実現と民法、第三節では法理論と法実践の相互連関についてそれぞれ検討するが、第二節は権利論の課題、第三節はその方法論にあたるものである。

(1)　最近の研究として、根本尚徳「差止請求権の発生根拠に関する理論的考察(1)〜(9)(未完)——差止請求権の基礎理論序説」早稲田法学八〇巻二号(二〇〇五年)一〇九頁、同八〇巻四号二〇九頁、同八一巻一号(二〇〇六年)一二五頁、同八一巻四号三三一頁、同八二巻一号(二〇〇六年)一六五頁、同八二巻三号(二〇〇七年)一六七頁、同八三巻二号(二〇〇八年)九三頁、同八三巻四号(二〇〇八年)一〇九頁、同八四巻一号(二〇〇八年)八一頁(なお、同『差止請求権の理論』(有斐閣、二〇一一年)参照)。

(2)　契約の役割については、内田貴『契約の再生』(弘文堂、一九九〇年)。

(3)　小野梓『民法之骨』(東洋館書店、一八八四年)参照。

(4)　藤岡康宏『損害賠償法の構造』(成文堂、二〇〇二年)「はしがき」参照。

◈二◈ 権利論の発展と権利の法実現

(1) 権利論の全体像

(a) 法の継続形成

権利論に入る前に、判例による法発展とその課題について一瞥しておこう。不法行為の被侵害利益は財産権と人格権・人格的利益に大別されるが、権利の問題が論じられるとき、まず対象とされるのは所有権であり、物権の絶対的保護がどこまで貫徹されるかが主要な問題関心とされた。債権は相対権として物権の保護に劣後するものとされたが、対第三者との関係においては物権と債権の違いを本質的なものと理解すべきではないとして、債権侵害論の転換が提唱された(5)。これは財産権保護の強化につながる法発展である。他方、人格権は生命、身体、健康等の身体的側面と、名誉、プライバシー等の精神的側面に分けることができるが、それにとどまるものではない。公害、生活妨害、環境侵害の人格権的救済が論じられ（比較法的にみて特徴ある法発展）、さらには、自己決定権、人の存在・生活の平穏に関する利益その他、民法に規定が存在しないにもかかわらず人格権の内容は拡張傾向にある。競争利益や生活利益など、個人に排他的に帰属するとはとらえがたい利益も不法行為の保護法益として重要な部分を占めつつあるが、その他、社会生活の進展とともに、保護法益のあらたな登場と退場が繰り返される。

このような法発展を動かす原動力となるもの、それが権利論であるが、従来、権利の問題は土地所有権の保護、（精神的側面を中心とする）人格権概念の発展および公害、環境法における人格権的保護など、対象が限定されていた。しかし、法の継続形成を進めるためには、その対象を拡大する必要がある(6)。求められるのは民法の全体像、法制度の全体像を踏まえた権利論であり、権利論における部分から全体への転換である。[(7)]不法行為が最終的包括的救済規範であることを考えると、部分的権利論に加えて全体的権利論も要請される。権利論の転換については(2)で検討することにし、そこにいたるまでの特徴的発展をまとめておこう。

(b)　権利論前史

どのような権利がどのような役割を担うことになるのか。権利論の最初の手掛かりは民法典の構成である。民法典の編別は、総則（第一編）、物権（第二編）、債権（第三編）、親族（第四編）、相続（第五編）とされ、債権の発生原因として、契約、事務管理、不当利得、不法行為（七〇九条〜七二四条）が順に規律されている。

不法行為に関する包括的規定である民法七〇九条原始規定（二〇〇四年に現代語化される以前の条文）では過失責任主義が採用されるとともに、被侵害利益について、他人の権利を侵害することが必要であるとの定めがあった。民法典の編別が権利の体系を表すものとすると、七〇九条はその法実現の舞台として位置づけることができるが、被侵害利益としては権利の概念が選択されていること、権利の体系といいながら、人格権に正当な位置が与えられていないことがわかる。

(1)　法実践の課題——被侵害利益の拡大

民法七〇九条の立法趣旨によると、権利侵害の範囲は広く解されるべきものであった。これは、損害が生じた場合にすべて損害賠償請求ができるとすると、歯止めがなくなることが憂慮されたためである。たしかに、競争者が現れたことにより営業上の利益が減少したとしても、営業利益の侵害があったとしてただちに損害賠償の請求を認めることはできない。それゆえ、歯止めが必要なことはたしかであるが、民法典施行後ほどなくしてこのような立法趣旨に反するような法解釈、すなわち権利侵害は厳格に、制限的に解釈すべきであるとの考え方が立ちはだかった。法理論としてはそのような選択肢も許されないことはないとしても、社会の発展に柔軟に対応しなければならない不法行為の制度目的からすると、法実践としては、受け入れ難いものである。過失責任を採用したといいながら、わが国では被侵害利益の拡大そのものが、法理論の主要課題とされたのである。

判例は、いわゆる大学湯事件（大判大正一四年一一月二八日民集四巻六七〇頁）において具体的権利とならんで「法律上保護セラルル一ノ利益」（権利侵害の要件は「法規違反ノ行為ニ出デ他人ヲ侵害シタル」というような広い意味である）も保護対象たりうるとして実践的要請に対応したのであるが、法の継続形成のためには、法理論による基礎づけが必要とされた。

⑵　法理論（古典学説）の成立（権利侵害から違法性へ）

法の継続形成の基礎の構築は「権利侵害論」(8)に始まる。

民法七〇九条の権利侵害の要件は、違法な行為の表れにすぎない。権利侵害があったかどうかではなく、違法な行為が行われたか否かによって不法行為の成否が決まるとするこの考え方は、権利侵害がないときにも不法行為が成立しうることを肯定する。違法性の概念の導入を通じて不法行為の門戸が開かれたが、違法な行為には権利侵害と権利侵害を伴わないその他の不法行為があることが示唆されている。この二つの領域を包摂する理論として違法性論が提唱されている点において、権利（侵害）論は違法性論と密接に関連し、これと対立するものではないことが窺える。

違法性論は、ローマ法以来の法伝統を踏まえ、ひとつの理論として成立したものである(9)。共同生活においては秩序が要求される。この秩序を保障するために法律が存在するが、権利は個人本位の観点から脱却し、法律秩序の部分的な現れとして客観化された形で理解される。法律秩序（「法律の実現によって与えられる秩序」）違反、すなわち違法な行為は、権利侵害という形をとるもの以外にも存在しうる。違法な行為には、法律秩序の部分的形態（顕現的法規）に反する場合（権利侵害および命令的法規違反）と、法律秩序全体を示す公序良俗に反する場合（公序良俗違反）とがある。権利侵害は違法な行為の徴表たるにとどまるのであるが、七〇九条でこの法概念が選択されたのは、権利侵害が最も大きな部分を占めるからである。[10]社会の中で形成されるルールが不法行為の実体をなすとすると、違法性論には「社会の共同生活」の中の「法律秩序」の内容を適切に把握し表現する役割を認めることもできよう。[11]

とはいえ、違法性論が現実の問題に対応できるためには、この理論に実用的性格を付与する必要があろう。法理論と法実践の相互連関の必要性であるが、これを実用法学の見地から受け止め、違法な行為の判断基準として提案されたのが相関関係説である。[12]被侵害利益の種類と加害行為の態様との相関的衡量により違法性が定まる。被侵害利益は所有権のような絶対権である必要はない。具体的な権利とはいえない弱い利益であっても、侵害の不法性の度合が強いときは、違法な行為があったと判断することもできる。このように相関関係説は違法な行為の判断を利益衡量に委ねるものであるが、「権利侵害論」が違法性論の基礎理論であるとすると、相関関係説はその応用編、現実問題対応型の法理論である。そのゆえにこそ、違法性論（相関関係説）は判例、通説として圧倒的な影響力をもった。このことは、相関関係説においては、被侵害利益を拡大するといういわば違法性論のもつ法技術的側面が継承されたことを意味する。違法性という用語ないし要件は七〇九条に明記されていないとはいえ、違法性が不法行為の要件として独立の位置を与えられたのである。これによって違法性（客観的要件）に過失（主観的要件）を対置させる不法行為要件の構造ができあがった。

(3)　法理論の変革（古典学説の革新）

違法性論に揺らぎが生じたのは、社会生活における危険の増加に伴う不可避的な事故（被害者）に対しどのような措置を取るべきかという社会発展の必然的な課題が現実化することになったからである。危険を統御するためには、被侵害利益ではなく、過失の概念に注目する必要がある。危険統御の要請から過失が客観化されると（客観的行為義務違反）、違法な行為の評価と、過失ある行為の評価との区別が困難となる恐れが生じる。違法性と過失の融合という法現象である。この事態を法理論としてどのように評価すべきか、困難な局面を迎えることとなった。

ひとつの徹底した考え方は、違法性論との対峙を貫き、ドイツ法由来の法理論に拠るのではなく、七〇九条に明記された過失の概念を重視し、これに違法性を一元化すべきであるとの提案である。過失は政策的価値判断を含むことができる包括的概念であることが前提とされていることから、違法性と過失に関する従来の議論を統合する点にこの見解の狙いがあると考えると、これは過失統合説と理解すべきものである。違法性概念が不要とされている点において古典学説に対する革新性は明らかである。

そのような過失統合の先導的学説によると、過失を規定する因子には三つの要素がある。すなわち、①被告の行為から生ずる損害発生の危険の程度ないし蓋然性の大きさ、②被侵害利益の重大さ、③損害回避義務を負わせることによって犠牲にされる利益の三つである。これらのうち、①②の因子と③の因子の間では比較衡量がなされることを要するが、①②の因子のみによって損害回避義務の有無が決せられるとは限らない場合も少なくない、とされる(13)。被侵害利益は過失判断の一要素とされているが、この学説によると、過失とともに併記された権利侵害の要件（民法七〇九条原始規定）の意味が損なわれる恐れが生じないであろうか。社会生活の複雑多様化にかんがみると、被侵害利益はそれ自体独立の評価を要する重要な問題ではないかと考えられるのである(14)。

もっとも、過失統合説においては違法性論に対する否定的評価を通じて、（ドイツ民法学からの）自立が促されていると考えることもできる。これはしかし、もはや学ぶべきものはなにもないということではなかろう。このメッセージから読み取れるものは、「比較法的所産」の内在化の必要性、そうしてそれを可能とする自律的判断の重さである。革新性の真髄はここにあると解することもできよう。(15)

(2) 権利論の転換（部分から全体へ）

(1)(a)で前述したように、権利論は部分から全体へ、その展開領域を広げる必要があるが、以下で検討するのは権利論の転換とその課題である。

(a) 法実現の舞台――基本型不法行為(民法七〇九条)の保護法益

(1) 民法典の現代語化（二〇〇四年）――権利保護のあらたな仕組み

権利論の法実現の舞台は不法行為法であるが、最も重要な基本型不法行為（民法七〇九条）の保護法益について、民法典の現代語化にあわせて条文の改正が行われた。旧七〇九条では「他人の権利の侵害」による損害の発生という形で、すなわち権利侵害という単一の法概念により規定されていたところ、新七〇九条はこれを改め、「権利の侵害」または「法律上保護される利益の侵害」として、権利とともに利益、すなわち二つの法概念が併記されることとなった。

このような改正の意味については二つの考え方がある。

第一は、内容的にみて旧規定を変更するものではない。法律上保護される利益にも保護が及ぶことは確立された判例準則（通説）であり、このことを明記したものにすぎない、とする考え方である。改正の趣旨がそこにあったであろうことは容易に推測がつくが、その一方で、別の考え方が出てくる可能性を否定することはできない。権利侵害と法律上保護される利益の侵害との違いについて説明を要するからである。すなわち、――

第二に、文理解釈をしなければならないとすると、そこにはおのずと問題処理のための実質判断が入り込む余地が生じる。権利の侵害を重視した違法判断と、権利の侵害よりも侵害の態様、加害者の行為態様を重視した違法判断の違いである。行為態様の重視は、新しい利益や弱い利益であっても、侵害態様の非難可能性が大であれば、違法な行為として、不法行為上の保護を広げることができる。救済の門戸の拡がりは、「権利形成機能」ないし「法規範創造的機能」(「事実上の利益」から「法律上保護される利益」へ、さらには「法律上保護される利益」から「権利」へ、という展開を可能にする(責任)法システムの構築)といった不法行為法の重要課題に理論的な道筋を付けることもできよう。[16]

(2) 形式と実質の協働

権利保護のあらたな仕組みの意味を探ってゆくと、ひとつの興味深い事件にたどり着く。氏名を正確に呼称される利益の侵害が問題となった七〇九条旧規定下の判例である(最判昭和六三年二月一六日民集四二巻二号二七頁)。在日韓国人牧師が、テレビのニュース番組において、あらかじめ表明していた意思に反して、自分の名前が母国語読みではなく、漢字の日本語読みによって放送されたことに対し、基本的人権としての人格権の侵害があったとして、謝罪広告、慰謝料の支払(わずか一円)などを求めた。この事件は差別撤廃というほど「切迫した」問題ではないが、最高裁は本件を人格権侵害ととらえたうえで、人格権の内容と、保護のあり方とを区別して論じた。すなわち、氏名を「人格権の一内容」と理解しながらも、他方で、「他人からその氏名を正確に呼称されること」は、「不法行為法上の保護を受けうる人格的な利益」ではあるが、「氏名を他人に冒用されない権利・利益」と違い、その性質上、不法行為法上の利益としてかならずしも十分に強固なものではない。それゆえ、その侵害が直ちに不法行為となるものではないが(特段の事情がなければ違法性がない）、侵害行為の態様によっては、不法行為となる可能性がある、としたのである。

氏名権に関するものとはいえ、人格権としてその内容を区別し、保護のあり方について実質判断を行う判旨は、被侵害利益について二つの法概念を併記する七〇九条新規定の解釈にとって示唆的である。七〇九条には形式面と実質面の二つの意味が含まれているのではないか、ということである。形式面では、権利と利益という二つの法概念が併記されている以上、保護法益をひとまずは区分する必要があること、それとともに、実質面では、保護のされ方において、二つの類型があることが指示されていると考えることもできよう。二つの類型とは、すなわち権利の侵害を重視した違法判断によって保護されるべき類型と、権利の侵害そのものよりも、侵害の態様、行為態様を重視した違法判断の下で保護されるべき類型である。

たとえば、人格権は社会構成原理として、形式面においては基本的な保護法益として「権利」に位置づけられるべきものと考えられるが、これは形式面の区別であって、「権利」性の付与によって保護のあり方がただちに規定されるわけではない。人格権の侵害がどのように保護されるべきかは、それとは別の問題であり、同じ人格権の侵害においても、実質面に関するかぎり、権利性が重視される場合と侵害行為の態様が重視される場合とがある、ということである。財産権についても同じことがいえるであろう。

その一方で、はじめから「法律上保護される利益」に位置づけられるべきものはもちろん存在する。景観利益（「良好な景観の恵沢を享受する利益」）はそのようなものと解するのが最高裁の考え方である（「国立景観権訴訟」最判平成一八年三月三〇日民集六〇巻三号九四八頁）。景観利益に対する違法な侵害があったといえるためには、「刑罰法規や行政法規の規制に違反するものであったり、公序良俗違反や権利の濫用に該当するものであるなど、侵害行為の態様や程度の面において社会的に容認された行為としての相当性を欠くことが求められる」。侵害行為の態様を重視した違法判断であるが、法の継続形成を考えると、景観利益が景観権としていわば格上げされた上で、その違法な侵害の成否に関する判断が権利性を重視した判断に移行することもありえないわけではない。これが権利形成機能ないし法規範創造的機能とよばれる問題である[17]。

以上のように二〇〇四年民法改正の意味を実質的にとらえることができるとすると、そこに前記古典学説とのつながりを読み取ることもできよう。権利と法律上保護される利益との区別は、違法判断において二つの類型を提示する「権利侵害論」（違法性論）の構想を想起させるものであり（形式面）、法律上保護される利益の侵害においては行為態様が重視されるとの違法判断基準は、相関関係説との近似性を窺わせる（実質面）。

(3)　人格権の拡大的性格（拡大的人格権）

ところで、民法七〇九条の権利は、所有権のように権利の割当内容が明確である必要があるとの考え方がある。人格権は、生命、身体、名誉といったような伝統的にそれに含まれるものとされてきた法益についてはともかく、内容的に曖昧な部分が残ることはたしかであり、これを権利の概念に包摂することに否定的な考え方が生じる余地がある[18]。しかしながら、人格的利益の多様性を考えると、外延が明確でないのはむしろ当然で、そこにこそ人格権概念の特徴があると解することもできる。人格権の拡大的性格である。外延が明確でないからこそ、核となる本体、人格権の概念を確立する必要性が生じる。人格権の拡大的性格に照らして、ここでは拡大的人格権と呼んでおこう[19]。

人格的利益の内容が明確でないときは実質的な違法判断で対応するというように（侵害行為の態様重視）、拡大的人格権は人格的利益の法実現に明確な指示を与えることができよう。このことは人格権の保護は所有権の保護と同様には扱いえない場合があることを意味する。すなわち、人格権には権利内容を画定するに必要な外延の明確性は存在しない。人格権について、「個々の人間」が、「生命、身体、自由、名誉その他その確保が各人の生存および人格性の条件であるような人格的利益の帰属主体として観念され」、そのように「扱われる仕組み」を「人格秩序」と構想し、「もろもろの人格的利益の帰属主体たる地位」を「人格権」と解する立場から窺えるのは多様な人格的利益を包摂するものとしての人格権、人格権の拡大的性格である。[20]この拡大的性格に対応する保護のあり方が問われるのである。

(b)　内的体系と外的体系

(1)　ところで、民法の解釈、運用を柔軟に行うための手法として、内的体系という考え方がある。ドイツの法学方法論であるが、法典ないし法律の条文が外的体系であるとすると、概念体系を柔軟にし、新しいものを作るのが内的体系である。法は固体ではない。さまざまな力の協働の結果が法であるが、法を動かす力は法事実ではなく法規範ないしその要件自体のなかに見出される。[21]法規の文言からは離れながらも、法秩序の全体との整合性を保つためには、法秩序のなかにある評価を抽象化させ、再編成していくことが必要であり、法解釈および法の継続的発展の新しい方法として、内的体系の構想が要請される。立法者意思の探究についても、事実として立法者が下した決断ではなく、それを規範化・抽象化させた評価が問題となる（評価法学）[22]とされる。

このような内的体系の構想は前述の七〇九条新規定の理解（形式面と実質面の二つのアプローチ）にとっても示唆的であるが、ドイツと日本では議論の前提に違いがあることに注意を要する。両者は民法典の編成方式（パンデクテン・システム）を共通にしながらも、内容を異にする。ドイツ法では、制定法が重視され、立法者意思が尊重される。欠缺補充のために法学方法論が必要とされ、豊かな法理論の蓄積がある。わが国の民法は、骨はドイツ、肉はフランスから、といわれることがあるように、柔軟な体系をもつ。内的体系の方法論が日本法にそのまま妥当するわけではないが、解釈、適用を事態適合的に柔軟に行う方法として、とりわけ七〇九条の包括的条項においては法規範の創造に委ねられる領域が広いだけに、内的体系の構想に学ぶこともあるであろう。とくに権利論は、権利の具体的な法実現を動かす原動力を論じるものとして、マクロの法理論という性格をもつが、そのような議論の必要性はこれからますます高まるものと思われる[23]。

(2)　権利論に関してしばしば論及されるサヴィニー（一七七九〜一八六一年）についても、このようなマクロのとらえ方をする必要があるのではなかろうか[24]。サヴィニーは法律学の課題を技術的な問題と理解し、法主体間の自由の領域の確定にあるとし、そこからいわゆる（古典的と称される）権利論が展開される。このような権利論は示唆に富むものであるとしても、われわれが汲み取るべきはこうしたサヴィニーの権利論そのものではない。むしろサヴィニーの体系は当時の現行法の理論ではないこと、当時の現行法からは独立した性格をもつというそのことでないかと考えられる。立法者がすぐに変えられるような具体的な法規定から出発しているのではないということ。他方で、法規が変っても残るものがあるということ。サヴィニーが問い掛けるものは、いまの時代に合う権利論の樹立、立ち位置を明確にし、課題の再発見に努めることと受け止めることもできよう。

われわれの課題は時代精神を体現する権利論の展開である。社会的接触の複雑多様化を考えると、違法判断の規準は明確である必要がある。七〇九条新規定における二つの法概念の併記は、保護法益には、社会の構成原理として基本的なものと、そうでないものがあることを窺わせる。権利保護のあらたな仕組みの意味は積極的に評価されるべきであると思われる。

(3)　権利論の多元的アプローチ

権利の法実現の舞台が不法行為法（損害賠償法）であるとすると、どのような権利がどのように保護されるべきか、個々の権利・利益の法実現を動かす力を担うのが権利論である。以下、権利論と民法（権利論その一）、憲法的価値実現と権利論（権利論その二）および損害賠償法の構造と権利論という三つの問題を取り上げる。

(a)　権利論と民法（権利論その一）

(1)　民法の構成──社会の現実との乖離、実質的組み替え

権利の具体的な法実現は不法行為法の判断に委ねられるにしても、それをどのように実践してゆくべきか。この最も重要な課題に対応するのが法理論としての権利論と考えられるが、なによりも民法の全体的仕組みを踏まえて構築される必要がある。権利論における民法総論の課題である。

民法は総則(総論)、物権、債権、親族、相続編で構成されるが、この構成が社会の現実と乖離しているとすると、この構成の実質的組み替えが問題となる。社会の現実をどのように把握することができるのか。困難な課題であるが、ひとつの理論的な拠点として、法社会学的観察がある。不法行為は社会的な負の部分に対応しなければならない領域であるから、この法領域の観察を通して社会の構成原理を明らかにすることが考えられる。その結果が民法の構成と合わないとすると、民法の実質的組み替えが必要となる。このような立場に基づくひとつの構想を取り上げてみる。

(2)　市民社会の仕組み──ひとつの読み方

この理論は市民社会に成立する基本的諸秩序から権利の体系の実質的役割を構想するものである。核として重視されているのが、「財貨秩序」と「人格秩序」であり、財産権と並んで人格権の問題が中核に捉えられているところに民法の構成との際立つ違いがある。

はじめに、「財貨秩序」およびその外郭秩序について。「財貨秩序」には財貨の帰属に関する「財貨帰属秩

序」と、帰属主体の意思に基づく移転に関する「財貨移転秩序」がある。財貨帰属秩序は、財貨移転秩序が商品交換という社会過程に関するものであるのに対し、それの起点をなす商品の私的所有に関するものである。この財貨帰属秩序にあっては、財貨帰属が侵害されないことのなかに「秩序」が観念される、すなわち財貨帰属が侵害されれば、その状態はただちに「秩序」に反するものと評価される(25)。

財貨秩序に対し外郭秩序たる性質をもつものとして「競争秩序」がある（財貨獲得に関する競争の秩序）。競争秩序において問題となるこの競争は「財貨の帰属主体に財貨移転の意思を形成させることをめぐる競争としておこなわれる」。競争秩序を外郭秩序と呼ぶことに対応して財貨秩序を根幹秩序と呼ぶこともできる、とされる(26)。

競争秩序においては、財貨帰属秩序において問題となるような帰属は問題とならない。財貨帰属秩序における帰属主体の地位（例、所有権者たる地位）のようなものについて語る余地はない。競争が可能となっている経済環境から個別主体（個々の経済主体）が――事業者としてであれ一般消費者としてであれ――享受しうる利益（「競争利益」）を競争秩序に反する行為によって害された者がある場合、故意または過失のある行為者は、被害者に対し、損害の賠償をなすべき責任（不法行為責任）を負う(27)。

次に、「人格秩序」およびその外郭秩序について。「個々の人間は、生命、身体、自由、名誉その他その確保が各人の生存および人格性の条件であるような人格的利益の帰属主体として観念される」のであるが、「このような社会的意識に結実しているものとしての、個々の人間がすべて人格的利益の帰属主体として扱われる仕組み」が人格秩序であり、財貨秩序と併せて市民社会の根本的秩序（根幹秩序）ともいうべきものである(28)。もろもろの人格的利益の帰属主体たる地位を、包括的に人格権と呼ぶ場合、人格的利益の種別に応じて観念される個別的人格権には時代の推移に伴う多様化の傾向が認められるが、人格秩序にあっては、人格的利益の帰属が侵害されないことのなかに「秩序」が観念されるのであり、人格的利益の帰属が侵害されれば（財貨帰属秩序において重要な「割当的帰属」の侵害というものはありえない）、そのことはただちに「秩序」に反するものと評価される(29)。

人格秩序に対しても、競争秩序と同様に外郭秩序たる性格をもつものとして、「生活利益秩序」（環境からの生活利益の享受）が観念される。生活利益秩序は「人間がある生活環境から『人格秩序』の要請たる健康な生活の確保（生命・身体の安全の確保）に加えて享受しうる利益に関するもの」であり、環境からの生活利益の享受が問題となるのであって、人格秩序で問題となるような帰属が問題となるのではないとされる(30)。

(3)　民法総論の重要性

市民社会の仕組みに関するこのような構想を民法の構成と対比すると、民法の基本的構成要素である財産権(財貨秩序)に加えて、人格権(人格秩序)に重要な位置が付与されていることがわかる。社会的意識に結実しているものとしての、人格秩序の立ち上げである。

財貨秩序と人格秩序は根幹秩序とされるが、このような基本的秩序にだけ焦点が合わされているわけではない。基本を明確にすることはおのずとそのまわりにも目配りをすることを意味する。基本秩序の外郭にある秩序という、あらたな発想である。競争秩序を財貨秩序の外郭秩序として、生活利益秩序を人格秩序の外郭秩序として位置づける構想は、個々人に帰属する権利と、個々人が（競争および生活）環境から享受する利益との性格の違いを指摘することにおいて、有用な視点を提供する。

市民社会の仕組みに関するこのような構想に基づいて権利の問題が展開されるわけであるが、このことは、具体的権利の法実現にあたっては、法実現を動かす原動力ともいうべき権利論が、不法行為法とは独立に論じられるべき必要性を示すものと理解することができる。どのような権利がどのように保護されるべきかを考察する上での、民法の全体を把握する民法総論の役割の再認識である。これは、法実現の舞台としての不法行為法と、それを動かす基礎理論としての権利論との間に役割分担と緊密な相互連関を確立する必要性、いわば民法におけるヨコのつながりを重視する必要性を認識させる構想として貴重である。(31)

(b)　権利の法実現と憲法（権利論その二）

(1)　憲法的価値実現と権利論

新たな問題の登場に対して現実的な法的処理が迫られるとき、伝統的な手法だけでは十分に対応できないことがある。そのような場合に言及されることが少なくないのは憲法的な価値判断による下支えの必要性である。民法ではすでに個人の尊厳と両性の本質的平等が解釈の基準とされており（民法二条）、憲法の側にも基本権の私人間効力という問題がある。ところが、このような伝統的な手法に対して、そのようなアプローチは超えられるべきだとする議論がはじまっている。すなわち、憲法と民法とをより直接に結びつけるべきであるとの主張が唱えられているのである。

不法行為法でいえば、基本権の価値判断は民法七〇九条を通じて直接に実現されるべきものであり、七〇九条の権利は憲法の基本権を直接に体現すべきものと解する立場である。このことが憲法の側ではなく民法から提案されていることが興味深いが、不法行為法が最終的包括的救済規範であることを考えると、法制度の全体を見据えた判断が要請されることの帰結として、とりわけ憲法との連関は権利論にとって重要課題であることは間違いない（憲法九八条参照）。

(2)　基本権保護義務論と民法――ひとつの提案

憲法と民法の関係それ自体は措くとして、国家に基本権保護義務を認め（憲法一三条参照）、それを直接に実現する役割を担うものとして不法行為の役割を規定する構想がある。(32)この提案は従来の法理論を突き破る問題提起であるため、これにどのように対応すべきであるのか。構想の内容はもちろんのこと、どのように議論を進めるべきか、進め方自体についても検討が必要となってこよう。この問題提起の根本にあるのは国家の基本権保護義務であるが、これを憲法の側でどのように受け止めるかという課題も立ちはだかってこよう。具体的な権利の法実現の問題でありながら、間接的には憲法に対する問題提起という意味を併せもつのである。(33)

民法の問題としても、考えておかねばならないことがある。この構想においては、国家の基本権保護義務に基づき、基本権を侵害された者、すなわち民法七〇九条の権利を侵害された被害者の救済の万全を図る、といった制度目的の実現が目指されているわけではない。被害者の基本権の保護とともに、行為者の側の基本権（活動の自由）も保護されなければならない。被害者の基本権保護と加害者の基本権保護の調整が要請され、憲法の原理による調整が行われる。ここには民法はそのような役割を担うことができるか、あるいは担うべきであるのか、という基本問題が横たわる。

とはいえ、基本権保護義務論から学ぶべきことは少なくはない。権利論におけるヨコの広がりを支えるのが民法総論であるとすると、タテの相互連関を認識させるのが基本権保護義務論である。基本権保護義務論をめぐってはさまざまな立場がありうるであろう。しかしながら、権利の法実現を補完するものとしての権利論、憲法的価値の重要性（ここでも自己決定権など、人格権が重要な役割を担う）を認識させる権利論として、その実質、すなわち、基本権保護義務を通じて実現される価値判断の実質それ自体（基本権保護義務論そのものではない）は、法実現を動かす力のひとつとして、制度目的とのつながりをもつ構想と位置づけることができる。

(c) 損害賠償法の構造と権利論

(1) 歴史的法発展と国際的立ち位置

不法行為法は差止請求との役割分担からいえばその実質は損害賠償法であるが、損害賠償法の構造からみると、権利論の法発展にはいくつかの特徴をあげることができる。差止請求についてはこれを認める民法上の根拠規定が存在しないが、そのこともあって、権利論は損害賠償にかぎらず、差止請求と損害賠償の二つの側面から論じられてきた。わけても根拠規定を欠く差止請求においては切実な問題でありつづけたが、ここでは物権的請求権を基礎として差止請求の拡大的適用を図るために、一方では物権類似の権利的構成が要請されるとともに、他方では権利の概念に基づかない拡大適用の可能性が検討された（不法行為説、違法侵害説など）。ところが、損害賠償では柔軟な法適用が至上課題とされ、被侵害利益の拡大を図ることが先決とされたため、権利の概念からの解放が要請されたのである。

権利論が実践的課題を担うものとして再評価されることになるのは、所有権侵害など絶対権侵害が問題となる領域において利益衡量的違法判断（受忍限度論）が有力になったことに伴い、それに対する対抗軸として呼び戻されたからであり、さらには人格的利益を保護する拠点としての人格権概念、進んでは、環境秩序ないし競争秩序における私法的救済の手段としての権利論が必要とされたためであった（ここでは不法行為の権利形成機能が重視されるとともに、他方では、権利の概念にこだわらなくてもよいという意味での広い意味の権利論も必要とされる〔生活利益、競争利益など〕）。被侵害利益論からみたときの権利論の有する二面性がここに現れている）。憲法とのつながりでは、表現の自由の対抗軸として人格権の概念の確立が焦眉の課題であった。

権利論が転機を迎えることとなったのは、過失の客観化（客観的行為義務違反説）に伴う違法性と過失の混淆現象を前にして、この事態の抜本的解決の必要性から、違法性（したがって、権利論）に替わる基本概念として過失の概念を選択し、損害賠償法の構造を過失概念を基本として再構築すべしとの法理論が登場したことによる。ここでは被侵害利益の問題、すなわち従来型の権利論が埋没してしまうことが憂慮されたのである。(34)

このいわば切迫した状況においてはじめて、わが国の権利論はその建て直しという課題を突きつけられたといっても過言でない。建て直しの方法として考えられるのは、最終的で包括的な救済規範であるとの、損害賠償法の原点に立ち戻ることである。そこから発せられるのは不法行為法、したがって損害賠償法は、多種多様な保護法益を取り込まざるをえない制度目的を礎としていること、この現実的課題に向き合うための、過失に統合することのできない権利論の必要性である。保護法益をまとめあげるためには、権利論も従来型の部分的展開から全体的権利論に転換しなければならない。このような転換を通じて損害賠償法の構造、そうしてその国際的立ち位置も明確になると思われる。

(2)　民法内発型権利論と民法外発型権利論

ところで、本章で検討した二つのアプローチは、一方が権利論を展開する前提として社会の基本的諸秩序を取り上げているため、「権利（の重視）か秩序（の重視）か」として対立するもののごとく受け取られるおそれがある。しかし、これはアプローチの違いにすぎず、権利の法実現の進め方を論じる立論であることにおいて両者に違いはないと考えられる。(35)すなわち、——

権利論その一（不法行為と民法総論）が権利の侵害を不法行為法だけでなく、民法全体の問題として理解すべきことを示唆する点において、「民法内発型権利論」であるとすると、権利論その二（憲法と民法）は、そこにどのような価値判断を持ち込むことができるかを論じるものである。それは間違いなく必要な作業であるが、この理論の特徴は、不法行為の制度目的に憲法的価値判断を直接に持ち込むことにある。民法内発型権利論が民法の内部から発せられた問題提起だとすると、後者は「民法外発型権利論」という性格をもつ。(36)したがって民法の問題としてはこれを内在化する必要が生じよう。とはいえ、両者に通底するのは権利の法実現を進める基礎理論の提示である。不法行為法は社会的負の現象にいかに対応するか、その社会のあり方が問われる領域、いわば法発展の最前線にある法制度であることを考えると、タテ、ヨコ、二つのアプローチ、さらには多元的アプローチが必要と考えられる。このような道すじにどのような内容を盛り込むことができるか、それがこれからの課題である。

(5) 本格的研究として、吉田邦彦『債権侵害論再考』(有斐閣、一九九一年)に詳しい。
(6) 権利論の実質的嚆矢として、原島重義「わが国における権利論の推移」法の科学四号(一九七六年)五四頁(同『市民法の理論』(創文社、二〇一一年)所収)。
(7) 民法の全体像については、小粥太郎「民法の全体像」同『民法の世界』(商事法務、二〇〇七年)一頁以下、同「憲法と民法」同書一一頁以下。
(8) 末川博『権利侵害論』(弘文堂書房、一九三〇年)。
(9) 「権利侵害論」の学説史的意義については、中村哲也「末川博『権利侵害論』」加藤雅信編集代表『民法学説百年史』(三省堂、一九九九年)五八三頁に負う。
(10) 中村・前掲注(9)五八三~五八六頁。
(11) 中村・前掲注(9)五八七頁。なお、中村解説によると「社会の共同生活」「法律秩序」などの概念は、社会学的規定をうけたものではなく、論理の前提としておかれたものであるという性格をもつ、とされる。
(12) 我妻栄「債権法(不法行為)」末弘厳太郎編集代表『現代法学全集・三七巻』(日本評論社、一九三一年)四一五~四一八頁。四四四~四四九頁。
(13) 平井宜雄『損害賠償法の理論』(東京大学出版会、一九七一年)四〇三~四〇八頁。同『債権各論Ⅱ』(弘文堂、一九九二年)二七~三〇頁。なお、瀬川信久「民法七〇九条(不法行為の一般的成立要件)」広中俊雄=星野英一編『民法典の百年Ⅲ』（有斐閣、一九九八年）六二五～六二八頁参照。
(14) 森島昭夫『不法行為法講義』（有斐閣、一九八七年）二五一～二五二頁。
(15) 学説史については、前田陽一「不法行為における権利侵害・違法性論の系譜と判例理論の展開に関する覚書」平井宜雄先生古稀記念『民法学における法と政策』（有斐閣、二〇〇七年）四四五頁。
(16) なお、樫見由美子「権利保護と損害賠償制度について――『権利又は法律上保護される利益の侵害』要件に関する考察を通して」前掲注(15)平井古稀・四八五頁参照。
(17) この点に関連して、景観権の可能性にも触れる以下の判旨は注目に値する。「もっとも、この景観利益の内容は、景観の性質、態様等によって異なり得るものであるし、社会の変化に伴って変化する可能性のあるものでもあるところ、現時点においては、私法上の権利といい得るような明確な実体を有するものとは認められず、景観利益を超えて『景観権』という権利性を有するものを認めることはできない」。最高裁が留保した問題について、藤岡康宏＝須加憲子「環境利益の救済法理について――景観権確立に関する一考察」牛山積先生古稀記念『環境・公害法の理論と実践』（日本評論社、二〇〇四年）二三頁（本書巻末〈参考〉）参照。なお、藤岡康宏「権利濫用に関する一覚書――生活妨害(公害)における法規範創造的機能を中心として」北大法学論集二六巻二号（一九七五年）一頁〔藤岡・前掲注(4)二一八頁以下所収〕。
(18) 権利概念の法技術的側面については、藤岡康宏「差止の訴に関する研究序説――その法的根拠と権利（絶対権）について」北大法学論集二一巻一号（一九七〇年）一〇八頁〔藤岡・前掲注(4)三三四頁以下所収〕。
(19) 人格権の内容については、五十嵐清『人格権法概説』（有斐閣、二〇〇三年）、大塚直「保護法益としての人身と人格」ジュリスト一一二六号（一九九八年）三六頁。なお、木村和成「わが国における人格権概念の特質――その再定位の試み（1）（2・完）」摂南法学三四号（二〇〇五年）八五頁、同三五号（二〇〇六年）六九頁参照。
(20) 広中俊雄『新版　民法綱要　第一巻　総論』（創文社　二〇〇六年）［七］［八］。なお、同『民法綱要　第一巻　総論　上』（創文社　一九八九年）も同旨。
(21) 内的体系については、藤原正則「法ドグマーティクの伝統と発展――ドイツ法学方法論覚え書き」瀬川信久編『私法学の再構築』（北海道大学図書刊行会、一九九九年）三五頁以下、五二頁に負う。
(22) 藤原・前掲注(21)六二頁。

(23)　藤原・前掲注(21)六七頁。
(24)　藤原・前掲注(21)四三頁、四四頁参照。
(25)　広中・前掲注(20)『新版 民法綱要』四頁、五頁。
(26)　広中・前掲注(20)『新版 民法綱要』八頁。
(27)　広中・前掲注(20)『新版 民法綱要』一一頁。
(28)　広中・前掲注(20)『新版 民法綱要』一三頁、一四頁。
(29)　広中・前掲注(20)『新版 民法綱要』一五頁、一六頁。
(30)　広中・前掲注(20)『新版 民法綱要』一九頁。
(31)　この問題について、吉田克己「現代不法行為法学の課題――被侵害利益の公共化をめぐって」法の科学三五号（二〇〇五年）一四三頁参照。なお、先端的問題として、同「市場秩序と民法・消費者」現代消費者法一号（創刊号）（二〇〇八年）六七頁。
(32)　山本敬三「基本権の保護と不法行為法の役割」民法研究五号（二〇〇八年）七七頁。これは応用編というべきもので、基礎編にあたるものとして、同「不法行為法学の再検討と新たな展望――権利論の視点から」法学論叢一五四巻四＝五＝六号（二〇〇四年）二九二頁がある。後者に応接するものとして、藤岡康宏「不法行為と権利論――権利論の二元的構成に関する一考察」早稲田法学八〇巻三号（二〇〇五年）一五九頁〔本書第三章所収〕。
(33)　権利論を重視するものとして、潮見佳男『不法行為法』（信山社、一九九九年〔なお、同『不法行為法Ⅰ（第二版）』（信山社、二〇〇九年）、『不法行為法Ⅱ（第二版）』（信山社、二〇一一年）参照〕）。
(34)　藤岡康宏「私法上の責任――不法行為責任を中心として」芦部信喜ほか編『基本法学５　責任』（岩波書店、一九八四年）（藤岡・前掲注(４)四二頁所収）。権利論の系譜に関するひとつの見方として、山本顕治「現代不法行為法学における『厚生』対『権利』――不法行為法の目的論のために」民商法雑誌一三三巻六号（二〇〇六年）八七五頁参照。
(35)　二つのアプローチについては、藤岡康宏「不法行為の全体像」同・前掲注(４)一一頁以下参照。
(36)　民法と憲法の関係について、水林彪「近代民法の本源的性格――全法体系の根本法としての Code civil」民法研究五号（二〇〇八年）一頁が興味深い。なお、高橋和之「現代人権論の基本構造」ジュリスト一二八八号（二〇〇五年）一一〇頁参照。

◈三◈　法理論と法実践の相互連関

(1)　相互連関の三層構造

ところで、理論と実務の架橋という問題がある。従来からいわれていたことであるが、ロースクール設立のあとそれが頻繁に論じられることとなったのは、この問題が法実務の指針にとどまらず、法学教育や法曹養成、さらには法学研究にもかかわりをもつからである。

しかしながら、法学の実践的性格を考えると、理論と実務との間につながりが必要なことは当然のことであり、理論と実務の架橋にあらためて言及するまでもないということもできる。両者の間の橋渡しの必要性はいわば当然の前提として、問題はどこにどのような橋を架けるかということにあるのではないか。この問題は階層的に把握することが必要と考え、以下において、「法理論と法実践の相互連関」とその「三層構造」について述べておこう。このような三層構造は「権利論の法実現」にとっても有用な視点になると考えられる。三層構造の構成要素は、現実問題対応型、基礎理論対応型および制度的基礎対応型の相互連関である[37]。

なお、前述の「権利論の法実現」について付言すると、ここにいう権利論とは権利侵害など権利の具体的な保護が問題となる場合の基礎となる理論のことである。このような議論は一般理論にとどまらず、具体的な権利保護の場面で応用できるものでなければならないが、その応用を図ることをここでは「権利論の法実現」と呼ぶことにする。

権利論から見ると、不法行為法は「権利の法実現の法」であるが、これを不法行為法の制度目的として具体的な法文の形で明記したものが民法七〇九条である(「権利」侵害または「法律上保護される利益」の侵害がある場合の権利保護の規定)。すなわち、同条にもとづく制度目的の実現の拠りどころとなる基礎理論が権利論である。以下に述べるのはこのような権利保護に関する基礎理論を具体的な問題の解決に結びつけるための法的仕組みについてである。

まず、①第一段階として、現実問題対応型の相互連関を設定してみよう。

たとえば具体的問題を突きつけられたとする。それが新しい問題であるとすると、判例、学説を検討し、そこにある法理を見つけ、それを適用する。適切な法理が見出しえないときには、比較法に足がかりを求める。たとえばアメリカではこうなっているから、それを持ち込むことを考える。このような現実的な問題に即応する法的処理を、ここでは第一段階の対応と呼んでおこう。

次に、②第二段階として、基礎理論対応型の相互連関がある。

第一段階の現実問題対応型では十分に説得的な議論が展開できないとき、説得力を高める作業が必要とされる。なぜ、第一段階の結論が妥当であるのか、あるいはなぜアメリカの制度が参考となるのか、そうした疑問に対して説得力を高めるためには結論を相対化し、あるいは普遍化することが必要となってこよう。このような議論を展開する場として第二段階を設ける必要があるのではないか。もっとも、それで十分かというと、問題によっては従来の議論あるいは議論の枠組みでは対応できない場合が生じる。そうすると、もうひとつ掘り下げた議論も必要だということになる。これが次の第三段階の議論である。

③第三段階は、制度的基礎(法制度の基礎)対応型の相互連関である。いま問題となっているのはどういう制度で、その制度的基礎は何かを探究する作業である。たとえば、不法行為の制度的基礎とか、時効の制度的基礎などであるが、もう少し具体的に、時効ならば時効の援用に対象を限定し、その制度的基礎を問う

こともありうる。法制度の基礎は、法制度の存在根拠の問題でもあるが、そのような問題を議論するためには、実定法に限らず基礎法からの問題提起もありうるし、さまざまな角度からの議論が必要となってこよう。そうした議論を可能にする場をあらかじめ用意しておく必要があると考えられる。これが第三段階の相互連関である。

以上が三層構造の内容であるが、すでに述べたように、理論と実務の架橋という周知の問題は、橋を架けるべきだという問い掛けではないように思われる。橋渡しが必要なことは当然として、どこに、どのような橋を架けるべきか、という問題、すなわち、階層的に把握すべき問題ではないかということである。法学の学び方についていえば、ロースクールでは第一段階の相互連関が中心になるであろうが、学部教育においては法学教育の基礎として三層構造の全体的仕組みを学んでおくことが大切になると思われる。学部教育と法曹養成の連携である。

法学研究にあてはめると、法学のどのような研究であれ、①②③すべてが織り込まれているのであり、判例研究ひとつにしてもそうではないか、といわれかねない。しかし、仮にそうであるとしても、重点の置き方に違いがあるのではなかろうか。法学の研究に限らず、法学の学び方（法学教育、法曹養成）についてもそのことがあてはまるのではないか。①を中心としたもの、②を中心としたもの、さらには、もっぱら③に焦点を当てたものもありうるであろう。そのように考えると、法理論と法実践の相互連関を三層構造として段階的にとらえ、それぞれをひとまず区別し、それを前提とした全体的仕組みを提示しておくことも必要である。

ところで、理論と実務の架橋のほかに、基礎法と実定法の橋渡しが問題とされることもある。これは、両者の間には距離があるとの認識に基づくものと解されるが、三層構造に関連させていえば、基礎法は第三段階に対応するもの、法実践との間には距離がある、といった考え方に基づくものであるとすると、そのような固定観念にとらわれる必要はないように思われる。基礎法は第一段階の問題処理とは離れているとしても、第三段階とだけかかわりをもつ、と考える必要はない。第一段階や第二段階の議論ともつながりをもつことができると考えることはできないであろうか。法学の歴史からして、法実践とかかわりのない法理論というものは存在しうるものではない。このことは基礎法にも当てはまることである。

三層構造を本章の主題にあてはめると、権利の法実現において直接に問題となるのは「現実問題対応型」の相互連関（第一段階）であるが、権利論における二つのアプローチは「基礎理論対応型」（第二段階）ないし「制度的基礎対応型」（第三段階）の相互連関に対応するものと考えることができる。わけても、基本権の法実現をめざす「権利論その二」は第三段階の性格をもつものであるが、その段階の議論が、第一段階の議論を直接に動かすことができるという実践的性格をもつものとして提案された、と位置づけることもできよう。

(2) 三層構造と法学方法論

ところで、このような法理論と法実践の階層的連関は法学方法論として論じられてきた問題ともつながりをもつことができる。権利論（違法性論）の古典学説と称すべき相関関係説が受容されたのは利益衡量的判断枠組みの柔軟性にあったと考えられるが、わが国で有力な方法論として利益衡量論がある。(38)

利益衡量論は柔軟な法解釈、事態適合的な紛争解決を可能とする。わが国で作り出された貴重な方法論であるが、柔軟な法的処理を実現することにおいて、利益衡量論は社会の変動に対応する法理論であるとすると、社会の変革に対応する法理論が権利論であるということもできる。役割分担からみれば、利益衡量論が現実問題対応型の方法論であるとすると、法を動かす力の源泉、第二段階、第三段階からの問題提起が権利論の役割である。両者あいまって「権利論の法実現」、日本型の権利論を実践的な課題として前進させることができるのではないか。法学方法論においても多元的アプローチが必要とされるゆえんである。

(37)　三層構造については、藤岡康宏「競争秩序と差止論」NBL八六三号（二〇〇七年）五六頁〔本書第七章所収〕。なお、本文は以下の資料をまとめたものである。藤岡康宏「法理論と法実践の相互連関――ローマ法（学）からの問い掛け――小川報告へのコメント」早稲田大学比較法研究所編『比較と歴史のなかの日本法学』（成文堂、二〇〇八年）八五頁〔本書第一二章所収〕、同「日本における法律学の発展と研究者養成（2）」早稲田大学法学学術院国際シンポジウム記録『グローバル化時代における法理論創造』（二〇〇八年）一三頁、同「法理論創造時代における研究者養成――教育内容を中心として」早稲田大学大学院法学研究科「魅力ある大学院教育」イニシアティブ編集委員会『［シンポジウム報告書］法学理論教育と研究者養成――課題と実践』（二〇〇七年）一七頁。

(38)　星野英一「民法解釈論序説（法の解釈と運用）」法哲学年報一九六七（一九六八年）七七頁（同『民法論集 第一巻』〔有斐閣、一九七〇年〕に所収）。

四　おわりに

以上の検討結果をまとめると、「権利論の法実現」がここでの主題であるが、具体的な提案を行うというよりも、従来の議論をまとめ、前進させるための「枠組」の設定に重きを置くものである。日本型の権利論とされているのも、わが国の特徴を明確にし、国際的立ち位置を確立する必要があると考えたからにほかならない。その原動力となるものは法の国際化における法理論の創造という課題である。二では、「権利の法実現」と権利論を区別して論じる必要があること、法実現の場としての不法行為法においては最終的包括的救済規範という視点が重要であることについて検討し、四では、主題に関する議論の進め方と法学方法論が検討の対象であった。

民法は権利の体系といわれるように、権利の問題は民法の礎であり、礎であるからには民法の構造、本章の主題に関していえば「損害賠償法の構造」と密接な関連をもたざるをえない。損害賠償法の構造はわが国の歴史的法発展のなかで確立されるものであり、権利論もこのような法発展を抜きにしては語りえないものである。部分から全体へ、という権利論の転換も法発展の結果としての必然性があったからである。その意味でタテ、ヨコ、両面からのアプローチは貴重な問題提起であったといえよう。

日本型権利論の特徴として、権利論は損害賠償と差止めの二つの領域で展開されてきたこと、損害賠償については権利論は違法性論でもあること、過失統合論を経てあらためて権利論が注目されていること、そうして、権利論が法制度の全体的仕組みを背景として展開されるようになってきたことをあげることができる。このような権利論の変遷は損害賠償法の法実践からの要請によるものであり、法理論と法実践の緊張関係が続いたことが、権利論における特徴的な法発展を可能としたものと思われるのである(39)。

もう一つの課題は権利の問題についての議論の進め方である。本章は権利が侵害されたとき、すなわち被侵害利益の視点から権利論を取り上げることになったが、「権利論の法実現」は、具体的な「権利の法実現」と、その法実現を動かす力、基礎理論としての権利論を区別して検討することを提案するものである。

「権利の法実現」を支えるものとして、権利論はおのずと実践的課題を担うことになるが、このような観点から取り上げたのが理論と実務の関係であり、両者の関係を階層的に把握すべきである、と考えるものである。これが「法理論と法実践の相互連関」における「三層構造論」である。この三層構造論は法実務においてはもちろん、法学教育、さらには法学研究においても拠りどころとなるのではないか。詳細はこれからの課題とさせていただくことにして、ひとまず民法理論の一側面についての考察を終えることにする(40)。

(39) 権利論は不法行為の被侵害利益に焦点をあてて議論されることが多いが、より広い視座から検討するものとして、藤岡康宏「日本型不法行為法モデルの提唱——新時代の展望」法律時報七八巻八号（二〇〇六年）二八頁〔本書第四章所収〕。

(40) 三層構造論の具体的な展開については、藤岡康宏『民法講義Ⅳ 不法行為』（信山社、二〇一二年夏季刊行）参照。

第 2 部
権利の法実現と民法

第三章　不法行為法と権利論
――憲法理論と民法

一　はじめに

1　はじめに

(1)　契約と不法行為は私的自治に基礎をおく基本的な法制度であるが、不利益を被る者が生じたときの救済については、両者の間には大きな違いがある。契約関係が認められると契約的合意の趣旨、内容が重要となるけれども、そのような特定の法的関係が設定されていなかった場合、被害者の救済は不法行為法に委ねられる。不法行為法は最終的で、包括的な救済規範とされ、社会生活において負の現象が生じた場合の救済の受け皿を提供するのがこの法制度である。もっとも、損害を被ったと認識する者の全てが救済を請求することができるわけではない。そこには一定の歯止めが必要とされており、この点に関するかぎり、比較法的にも共通の理解があるといってよいであろう。

わが国では、不法行為法の一般条項である民法七〇九条において過失責任主義が選択されるとともに、同条の旧規定では加害者が損害賠償責任を負うには他人の権利を侵害したことにより生じた損害であることが必要とされた。この「権利」の侵害は民法の改正（「民法の一部を改正する法律」〔平成一六年法律第一四七号〕）により「権利」または「法律上保護される利益」〔以下、「法益」とよぶこともある〕を侵害した者というように改正されるに至ったが、改正規定は判例、学説による法形成を条文化したものにすぎず、実質的な変更はないものとされている。不法行為の対象となる被侵害利益を表すのに二つの概念を併用することの意味は決して小さくはないと考えられるのであるが、いずれにしろ被侵害利益をどのように把握するかは、わが国では過失責任主義に劣らず不法行為法の重要な課題であった。

この被侵害利益、すなわち権利侵害（旧七〇九条）の問題について、権利論の視点から切り込み、不法行為法学に新たな展望を拓こうとする論文が現れた。山本敬三「不法行為法学の再検討と新たな展望――権利論の視点から」（法学論叢一五四巻四・五・六号二九二頁〔二〇〇四年〕）である。七〇九条の「権利侵害」について振り返ると、不法行為法上の救済を権利侵害のある場合に制限すると被害者の救済が狭隘になることが憂慮されたこともあって、権利侵害を違法性に代えるべきだとする説が提唱され、通説的地位を占めた。これによると、違法な行為があったかどうかが重要な判断要素とされ、その限りで不法行為法に柔軟な性格が付与されることになったが、その一方で、権利侵害の要件が重視されなくなるおそれも生じた。被侵害利益に独立の要件としての地位が与えられなければ保護に値する利益が正当な評価の機会を得ることなく、不法行為法から放逐されてしまうと考えられるからである[1]。このように権利侵害の要件をどう解するかは、七〇九条それ自体に委ねられるべき解釈問題であるはずである。それをより深く権利論の問題として取り上げてみたいというのがここで提唱されているアプローチである。

(2)　ここで権利論とされているのは、個人の権利を保障することに他の社会的な目標の実現に優先する価値を認める立場である。[2] これによると、不法行為制度は個人の基本権を保護するための制度として位置づけられることとなるが、このような考え方の基礎には憲法と民法の関係に関する一つの態度決定が存在する。基本権が他の私人によって侵害された場合、憲法はどのようなかかわりをもちうるのか。国家の基本権保護義務を肯定しうるとすれば、国家は個人の基本権を他人による侵害から保護する義務を負う。国家はこの義務をはたすために私法を定立し、解釈しなければならないのであり、不法行為制度とて同じである。不法行為制度も国家がこのような基本権保護義務をはたすための手段として位置づけられるもので、そこには不法行為制度の趣旨、要件・効果の意味についても「大きな転換」をもたらす可能性が秘められている、[3] とされる。

不法行為法は最終的、包括的救済規範であることからいえば、被侵害利益についても法秩序の全体、したがって憲法とのかかわり方が重要な課題となることそれ自体は異論のないところであろう。[4] 問題はそのような議論をこれからどのように展開してゆくかということであると考えられる。山本論文で提唱されているのは、「憲法と民法」の関係に関する明確な態度決定と、その決定に基づく不法行為制度の運用のあり方であり、そうして、制度運用の基本に据えられるべきものとされているのが前記論文にいう権利論の視点である。このような問題提起をどのように受け止めるべきであろうか。「憲法と民法」についてはさまざまな立場があるであろうし、不法行為制度の存在意義についても一義的に決まってくるというものでもないであろう。議論をより豊かなものにするためには、もう一つ別の視座を設定しておく必要はないであろうか。憲法からの問題提起を受け止める民法(学)の遺産、民法の伝統的な枠組みの確認であり、民法からのアプローチ、「民法と憲法」という問題設定の必要性である。

(3)　民法の伝統的な枠組みからすると、権利の概念をめぐって議論が積み上げられてきたのは七〇九条の損害賠償請求権についてというよりも、差止請求の問題に関してであった。損害賠償請求では権利侵害の要件が違法性に代えられたことで救済の門戸はとりあえずは広げられることになった。ところが、差止請求についてはは不法行為法にはこれを根拠づける明文の規定は用意されていない。差止的救済を実現するためにはそれを認めることに異論のない物権的請求権に頼らざるをえない事情があり、物権的請求権との関係で、物権ないし物権に類似する権利に具備されている特別の性質が注目されることとなった。

不法行為法が救済規範であることからすると、損害賠償という事後的な救済よりも、違法な行為の差止めが許されるならばそれこそが最適な方法だという場合があるであろう。差止めと損害賠償は救済法(規範)の構想において統合的に扱われるべき問題と考えられるが、そうすると、不法行為法における権利論の問題も予防的救済制度を取り込む必要があるともいえる。損害賠償と差止請求は救済法の柱であるが、両者の関連をどのように考えるか、その制度的結合あるいは分離の問題について十分に論じられているわけではない。権利論は予防的救済制度とより密接な関連があるともいえるのであり、差止請求についても従来の議論を整理しておく必要がある。

(4)　不法行為法(学)において権利論が取り上げられたのは、主として、いわゆる古典的権利論との関係においてであった。不法行為が権利侵害から離れて違法評価に委ねられる、あるいは差止請求において権利的構成から受忍限度的判断へと重点の移行がすすむと、権利の概念が本質的に備える特質が失われ、本来保護されるべき法益がその性質に照らして十分に保護されなくなるおそれがある。違法な侵害からの保護が利益衡量的な判断に委ねられることから生じる懸念から、権利概念のもともとの意味を見極め、その限界と有用性を探るべきである、とする考え方である。そこで立ち返るべき原点としてしばしば取り上げられてきたのがサヴィニーをはじめとする古典的権利論と呼ばれる権利論であった(5)。ここには、保護に値する法益はその法的性質に則した保護の形式を付与されるべきであり、利益衡量的な判断に委ねるべきでない法益もあるはずだ、とする考え方が、わが国の不法行為法(学)の問題として提唱されているといえるが、このような権利論の系譜から何を継承すべきであろうか。不法行為法(学)の展望を語るには、このような系譜についてもその位置づけを確かめる必要があるのではないか。展望の足がかりをつかむための準備作業の一つである。

(5)　以上、「憲法と民法」の関係、国家による基本権保護義務論の観点から発せられる問題提起をわが国の不法行為法(学)はどのように受け止めるべきか。前述のように二〇〇四年の民法改正では、七〇九条の被侵害利益の表記が変更され、二つの概念が併記されることになった。これは不法行為において侵害の対象(被侵害利益)が重視されたものと理解することもできるが、そうであればこそ、このような問題提起を回避することは許されることではない。改正規定をまつまでもなく、被侵害利益の把握はこれからの不法行為法(学)の重要課題であったが(6)、このような時期に権利論の視点からの問題提起が登場したことの意義は小さくない。本章はこの問題提起を取り上げつつ、権利論には多様なアプローチが必要であること、損害賠償と差止めを合わせて検討する必要のあることを指摘し、わが国の損害賠償法の構造に関する理解が深まることを願うものである。

(1)　人格権について、大塚直「保護法益としての人身と人格」ジュリスト一一二六号（一九九八年）三六頁、包括的には、潮見佳男『不法行為法』（信山社、一九九九年（Ⅰ〈第二版〉、Ⅱ〈第二版〉〔二〇〇九年、二〇一一年〕））四九頁以下。

(2) 山本敬三「不法行為法学の再検討と新たな展望――権利論の視点から」法学論叢一五四巻四＝五＝六号（二〇〇四年）二九四頁。
(3) 山本・前掲注(2)二九五頁。
(4) 藤岡康宏『損害賠償法の構造』（成文堂、二〇〇二年）一五頁。
(5) 原島重義「権利論とその限界――ひとつの覚え書き」法政研究四二巻二＝三号（一九七五年）四一一頁、同「民法理論の古典的体系とその限界」山中康雄教授還暦記念『近代法と現代法』（法律文化社、一九七三年）一一九頁以下（いずれも同『市民法の理論』〔創文社、二〇一一年〕所収）など参照。
(6) 藤岡・前掲注(4)九頁。

◆二◆ 損害賠償と権利論

(1) 不法行為法は、パンデクテン・システムを採用する日本民法典において、第三編債権の第五章に配置されているが、わずか一六ヶ条から成る本章の冒頭に置かれているのが七〇九条である。「不法行為」という題号は旧民法財産編第二部第一章第三節の題号「不正ノ損害即チ犯罪及ヒ準犯罪」を改めたものである。プロイセン、ザクセン、ババリア等、範例とした諸法典からみて、法の許さない行為、すなわち違法な行為を「不法行為」と解したものといわれる。(7)

(2) 民法七〇九条では旧民法にはなかった権利侵害の要件が加えられた。損害の発生だけでは不法行為の成立範囲が広がりすぎる、垣根がなくなると考えられたためであり、旧民法の不明瞭な点を明確にするためであった。権利の種別としては、財産権や生命、身体、自由のほか、ドイツ法と違い、債権、名誉も含まれるというように広く解されたが、権利侵害は主に「間接に損害を掛ける」場合を念頭に置き、その場合の不法行為の成立範囲を限定するものであった。[8]「権利侵害」が挿入されたのはドイツ法の影響によるものとされているが、問題の実質をみると、権利侵害を要件とすることは当時のヨーロッパ不法行為法に共通していたとする見方もあることに注意しておきたい（条文上権利侵害の文言をもたないフランス民法一三八二条も同じだとされる）。そうして、権利侵害もまた過失の要件と同じく活動の自由を確保するためのものであった。[9]

(3)　ところで、権利侵害の解釈については、二つの重要な判決がある。ひとつは、レコードに吹き込まれた浪曲・音楽のレコードの無断複製者に対する損害賠償請求において、浪曲の演奏に著作権があるかが問題とされたが、「確乎タル旋律ニ拠ラサル即興的音楽ノ演奏ハ蓄音機ニ写調シテ之ヲ形態化スルモ之カ為メ著作権ヲ発生スルコトナシ」として民法七〇九条による不法行為法上の救済が拒絶された雲右衛門事件（大判大正三年七月四日刑録二〇輯一三六〇頁）である。同条に基づく救済はその利益が民法七〇九条の外で権利とされているかどうかにより定まる、すなわち「不法行為ト云フノハ……既ニアリマスル権利ヲ保護スル法デアリマス是ニ依ツテ新タニ権利ヲ創設スルノデナイ」（穂積起草委員）との起草者見解に連なるメッセージが発したものと考えられる。[10]このような理解は権利侵害の意義に忠実であるとしても、最終的、包括的な救済規範としての不法行為制度の目的からすると、桎梏になるものであることは間違いない。謙抑的な見方の転換を委ねられたのが大学湯事件（大判大正一四年一一月二八日民集四巻六七〇頁）である。大学湯事件で「権利」の意味は広く解されることになった。所有権、地上権、債権、無体財産権、名誉権等の「具体的権利」と同じ程度に厳密な意味でまだ「権利」といえなくても、「法律上保護セラルル一ノ利益」――「吾人ノ法律観念上其ノ侵害ニ対シ不法行為ニ基ク救済ヲ与フルコトヲ必要トスト思惟スル一ノ利益」――であれば足りる。これに対応して、「不法行為」の意味についても、一つの考え方が示された。不法な行為とは「法規ノ命スルトコロ若ハ禁スルトコロニ違反スル行為」をいい「法規違反ノ行為ヨリ生シタル悪結果ヲ除去スル為被害者ニ損害賠償請求権ヲ与フルコトカ吾人ノ法律観念ニ照シテ必要ナリト思惟セラルル場合」をいう。[11] 七〇九条に対するこのような理解は不法行為法に柔軟な性格を与えることになるが、大学湯事件は不法行為法という二次規範（救済規範）では裁判所による法形成が重要であることを宣明したものである。[12] 雲右衛門事件のメッセージとの対比でいえば、権利侵害の意味内容は民法七〇九条の外ですでに定まっているものではない。民法七〇九条それ自体の解釈問題である、こういうメッセージが込められていると解することもできる。

(4)　こうして、不法行為法の門戸は広く解放されることになった。この法発展を促進する理論的な基盤を構築すること、これが学説の課題であった。権利侵害に代えて違法性を要件とすべきだとするいわゆる違法性理論がそれであるが、通説的地位を占めたのは違法性の判断基準について被侵害利益の強弱と侵害行為の態様との相関関係的衡量を重視する考え方であった。ところが、もう一つの要件である過失の客観化にともない違法性と過失の融合が生じたため、違法性の役割を考え直す必要が生じるとともに、「権利保護の相対化」[13] も懸念されるようになった。保護に値する利益がしかるべく保護されなくなっている状況が生じつつあるのではないか、という反省である。このような推移のなかで、民法七〇九条の法文にもういちど立ち返る必要はないのか、同条では被侵害利益（旧規定では権利侵害）の要件が独立して規定されているのであるから、その意義をあらためて問うてみる必要はないのか。そういう問い掛けが起こりつつある。不法行為法（学）の発展の一側面を切り取ると、こういうことになるであろう。

(5)　山本論文は、以上の不法行為法(学)の発展について、不法行為法の制度目的を前面に押し出し、そこからより根底的にこれまでの歩みを跡づけ、あらたな展望を試みるものである。その意図は、山本論文にいう権利論──個人の権利を保障することに他の社会的な目標の実現に優先する価値を認める立場(14)──を不法行為法において実現しようとするところにあると考えられる。この構想に従うと、起草者が不法行為法をどのような制度として考えていたのかが一つの鍵になるが、この意味の権利論はすでにそこに現われていたとするのが、前記論文の理解であり、「権利論への回帰」(三四六頁)が主題とされる所以もそこにあり、違法性理論は権利論と対峙する立場として位置づけられる。以下では、本章の目的に必要な範囲でその主張の骨子をまとめておくことにしよう。

(a)　不法行為制度は「各人が有する権利を保護するための制度として構想された」ものであるが、それと同時に、七〇九条は「故意又は過失」を要件とする。これは各人の行動の自由を保障する。ただし、右の二つの趣旨──権利の保障と行動の自由の保障──は、衝突する。「各人それぞれが権利や自由をもつことを前提として、それを保護するためには、それぞれの権利や自由を調整することが避けられない」。その「調整原理」として起草者が選んだのが過失責任主義（「故意又ハ過失」）である。要するに、七〇九条は、〈権利・自由の保護とその調整〉という考え方に従って構想されたのであり（二九八〜三〇〇頁）、不法行為制度の目的からいえば、七〇九条はこのように理解されるべきものだとされるのである。

ところで、過失責任主義が行動の自由を保障するものであることに異論を挟む者はいない（過失なければ不法なし）。これは過失責任主義の消極的側面を表すものであるが、過失責任には過失があるものに賠償義務を負わせる、というもうひとつの積極的な側面もある、といってよいであろう(15)。権利侵害についても活動の自由を保障するものとの理解があることは既述のとおりであるが（権利侵害なくして違法なし）、これは権利侵害の消極的な側面を捉えたものである。このような考え方と対比すると、不法行為制度を権利保護制度と規定する見解は、「権利侵害」要件の積極的な側面を正面に据えたものといえるかもしれない。個人の権利の侵害があれば十分に保護されなければならない。権利保護、これが不法行為制度の目的であり、七〇九条にはそのような問題意識が法文の形で表されているのである、と。これはあらたな不法行為法(学)を構想する上で重要な視点であると考えられる。もっとも、現行民法典の起草者は不法行為の成立範囲が拡がりすぎることを恐れて、歯止として権利侵害の要件を取り込んだ――いずれの国においても歯止めが必要――とも解されており、そのことを考えると、権利保護の要請という権利侵害の積極面（権利保護の要請と被害者救済の要請は必ずしも一致するわけではない）にそれほど強い関心を抱いていたわけではない、といえる余地もあろう。

(b) ともあれ、山本論文によると、不法行為制度は〈権利・自由の保護とその調整〉という考え方に従って構想されたのであって、この構想に異質なものを持ち込むことになったのが違法性理論であり、その影響は今に至るも続いている。違法性理論との連続性を断ち切る必要がある。これが権利論への回帰として提唱される構想の骨格である。

違法性理論は、いうまでもなく末川博博士にはじまる。この論の特徴は「法律秩序」の理解から説き起こされることにある。「権利」は「普遍的な法規の特殊な主体に対する関係において与えられるもの」であり、「法規の主観的発現形態」である。「権利侵害」とは、法律秩序を破ること、法律の是認しないところであり、その意味で「権利の侵害はそれ自体違法であると評価される」。もっとも、「違法」と評価されるのは、権利の侵害にかぎられるわけではない。命令的法規にも、法律秩序の評価があらわれている。命令的法規の違反を違法と評価することは可能であり、顕現的法規が欠けている場合にも公序良俗に反し、法律秩序を破るものとして違法と評価することができる（三〇三頁）。

このような末川理論の核心は、「権利侵害」を「法律秩序を破ること」と捉え、それを「違法性の徴憑」と位置づけ、七〇九条の要件を「権利侵害」から「違法性」に置き換えたことにある（三〇四頁）。違法性理論の登場は、伝統的には不法行為法上の救済範囲を拡大するもの、「権利侵害」要件の制約からの解放に肯定的な意義を認めるものであったが、山本教授は、末川理論の形成過程において法律秩序を破ることを権利侵害と捉えた点に注目し、そこに違法性理論の真骨頂があった、と受け取ろうとするものと解される。この点に関する山本論文の態度決定は明確である。不法行為制度の目的は「法律秩序」を維持ないし回復するところにあるとすると、もはや起草者の構想していたような、権利を保護するための制度とはいえなくなるのではないか、と。ここには「権利本位」の法律観から「社会本位」の法律観へという基本姿勢が表れており、つまるところ違法性理論は「不法行為法において権利本位の法律観からの転換をはかろうとしたものであるところに特徴がある」（三〇五頁）。

違法性理論を引き継ぎ、実用法学的な仕上げを行なったのが我妻栄博士の相関関係理論である。我妻理論は、不法行為制度の指導原理の変遷から議論をはじめる。不法行為制度の指導原理は、「個人の自由活動の最小限度の制限たる思想から、人類社会に於ける損失の公平妥当なる分配の思想へ」と推移してきたとしたうえ（三〇六頁）、違法性の判断方法として、相関関係理論を提示した。「権利侵害」という要件は「加害行為の違法性」を意味する。違法性の有無は超法規的価値判断の問題であり、「違法性決定について一応の準縄を定める必要がある」。これが、被侵害利益と行為の態様との相関において違法性が判断されるべきであるとする相関関係理論の枠組みである（三〇七頁）。

相関関係理論は今日にいたるまで圧倒的な支持を受けるものであったが、山本論文で注目されているのはその点ではない。我妻理論では「権利本位の法律観から社会本位の法律観への変遷」という思潮が末川理論より「いっそう鮮明」になった。「権利侵害から違法性へ」の展開は、「単なる技術的な要件の読み替え」に尽きるものではない。個人主義の思想からの脱却、「社会協同生活の全体的向上」を理想とする思想への転換がそこにみられるのであって、「損害の公平妥当なる負担分配」は〈権利・自由の保護とその調整〉という範疇におさまるものではない。相関関係理論にしても、違法性判断に関する技術的な枠組みという性格が強いけれども、そこで重視されているのは、法秩序の要請に反する程度にほかならない（三〇八頁）。

以上が、末川博、我妻栄両博士により創始、確立された違法性理論の性格である。山本論文の構想において軸とされているのは違法性理論に対するこのような見方であり、立法者の構想と違うものが不法行為制度に取り込まれることになったのではないか、との指摘であるといって過言ではない。

(c)　違法性理論の「受容と通俗化」（三〇九頁）に続いて取りあげられているのが不法行為法学の「混迷」[16]である。違法性理論は判例、学説の受容するところとなったが、過失の客観化にともない、違法性と過失の融合ないし混淆というあらたな現象が生ずるにいたる。違法性と過失の対置を軸とする旧来の範型に替わるものが樹立されねばならないのであるが、それをめざしたさまざまなアプローチが並立する状況が続いている。これが不法行為法(学)の「混迷」とよばれる問題であるが、もっとも徹底した考え方として、違法性の概念はわが国の不法行為法から実質的に排除すべきである、との提案も現われた。山本論文では、このような違法性に対する徹底した拒絶反応にもかかわらず、ほとんどの学説に違法性理論との連続性が読み取れるとされる。権利論の不法行為法上の位置づけを確認しておきたいという本章の目的に関係する範囲であらましを取り上げておこう。

(d)　違法性理論を批判し、議論の枠組を規定したのは、平井宜雄教授である（三一三頁）。違法性理論を不要とする過失一元論の提唱者であるが、違法性理論との断絶性とともに違法性理論との連続性もあるとされる。過失判断の枠組みは――権利論と対比される――功利主義的立場を基礎とし、政策的な観点から権利・自由を相対化する可能性を積極的に認めるものであり、〈権利・自由の保護とその調整〉という当初の構想からは離れている（三二〇頁）。

違法性理論は被侵害利益の拡大にとどまらず、過失と対置されることによって不法行為要件としての体系的な位置づけを付与されることがある。違法・有責構成とよぶこともできるが、いうまでもなくこのような構成の淵源はドイツ民法にある。山本論文によると、違法・有責構成は加害者に対する帰責において行為に対する一般的・客観的非難（「違法性」）、行為者に対する個人的・主観的非難（「有責性」）という二段階の非難可能性を必要とするもので（三二一頁）、その意味では「秩序思考――法の目的を秩序の形成と維持に求め、秩序に反する行為や事態を是正するところに法の主たる役割があるとする考え方――がいわば強化されているところに特徴がある」。「違法・有責構成は、決して中立的な判断枠組みではない。それは、前述したように、不法行為制度の目的を〈法秩序の維持・回復〉に求めるという考え方を背景とするものであり、それ自体、一つの立場決定にもとづくものである。違法・有責構成論は、日本法のもとでそうした立場決定をおこなう理由があることを示す必要がある。平井が問題視したのは、この点にほかならない」（三二六～三二七頁）。

(e)　つづいて、違法・有責構成からの転換として「違法性」一元論と、権利侵害と故意・過失の二元的構成が検討される。前者は、過失を加害行為の態様と解したうえ、違法・有責の区別をせず、「権利侵害」と「故意・過失」を統合した要件として「違法性」要件を定立する。「権利侵害＝違法性」ではなく、「注意義務違反＝違法性」とみるわけである（三二七～三二九頁）。その限りで、違法・有責構成からは離脱しているけれども、違法性の判断枠組み(「加害者側の事情」と「被害者側の事情」との比較衡量)が相関関係理論の枠組みと対応していること、さらに法秩序との関係において、「末川のそれと通ずる。ここでもまた、法秩序が破られた場合に、その維持・回復をはかるために不法行為責任が認められるという考え方がその基礎に置かれている」とされている点において、違法性理論との連続性があるとされる(三三〇〜三三一頁)。後者の二元的構成では、七〇九条の構成に立ち戻っているところに特徴がある。ドイツ型の違法・有責構成を排除しようとしていることは間違いないとしても、ここでも、また、相関関係理論の枠組みに対応するものがあること、過失判断において「政策的な観点から権利・自由を相対化する可能性を認めている」し、「〈権利・自由の保護とその調整〉という当初の構想から離れていることに変わりない」。ここにも違法性理論との連続性がみてとれるとされるのである(三三三〜三三四頁)。

(f) さいごに取り上げられるのが〈権利・自由の保護とその調整〉という当初構成への回帰を志向するものとしての潮見構想[17]である。ここでは、不法行為の要件としては「権利侵害」と「故意・過失」があげられ、「権利侵害」には権利の保護と権利範囲の画定の役割が与えられる。「不法行為制度の最大の意義」は「個人の権利の保障」にあり、民法典が「権利侵害」という要件を採用したのはこのような理解を示すものとされる(三四三頁)。そうして、権利範囲の確定作業は憲法の基本権保護要請の射程を探る作業として位置づけられる。これに対して、行動の自由の保障とその規制を担うのが故意・過失である。ここで問題となるのは行為規範の設定、「被害者の権利保護への要請」と「加害者への行動自由の保障への要請との間の調整」——「加害者・被害者間での相対的な私人間調整」——である。このように潮見構想は「権利論への回帰を意識した」「画期的」なものと評されるが、それにもかかわらず、法秩序による行為統制、客観的価値秩序としての憲法秩序という理解において、この構想においても違法性理論との接続性があるとされる(三四五〜三四七頁)。それは基本権保護要請＝リベラリズムという図式におさまるものではなく、末川・我妻が追求しようとした「社会本位の法律観」との連続性がうかがわれる。「はたしてそれで、本当に権利論の存在意義を維持できるのかという疑問が残るところである」(三四八頁)。

このような問い掛けによって本論文は閉じられる。これは重い問い掛けであるには違いない。しかし、これは、ひとり潮見構想に対して向けられたものではないであろう。民法と憲法の関係、とりわけ不法行為の被侵害利益と憲法上の基本権の関係、さらには不法行為の制度目的、そうした不法行為の将来像に関心を抱くすべてのひとに発せられた問題提起であると考えられる。

(6)　不法行為法(学)に新たな展望を切り拓くこと、これが山本論文の意図であるが、その構想の軸に据えられているのが権利論、それもみずからが規定する権利論――個人の権利を保障することに他の社会的な目標の実現に優先する価値を認める立場――である。この立場は民法典の構想に遡ることができるのであるが、違法性理論により民法典の構想は転換した。このような転換はそれ自体としてはいまにいたるも承継されているのであり、新たな展開の可能性を探るなら、権利論への回帰を図る必要がある。これが本論文の狙いとするところであるが、具体的には国家の基本権保護義務を不法行為法において実現させたい、ということにあると考えられる。

(a)　このような憲法と民法との直接的な連関を構想する提案をどのように受け止めるべきであろうか。この提案は民法七〇九条の要件、(旧規定下の)権利侵害ないし過失の問題に不法行為の制度目的から迫るところに新しさがあることはいうまでもない。しかし、この基本権保護義務の直接的な実現を構想するアプローチに対しては、重要な問題提起であるだけに、さまざまな観点からの検討が必要とされるのではないか（山本説は、特定の憲法的価値の民法による実現を目指すのではなく、（没価値的な）国家の基本権（自由）保護義務の実現を企図するものと思われる）。その作業の一つは、不法行為の被侵害利益に関する伝統的な議論の系譜の再確認である。権利侵害に独立の要件としての地位を付与すべきだとする考え方は既に存在していた。その中には、被侵害利益の側面から不法行為責任の成立を限界づけるための概念として、違法性はなお一定の有用性をもつとして、違法性概念との調整を図りつつ新しい問題状況に対処しようとする試みもあった。ここには権利侵害の要件において起草者が考えていた評価とかなり近いものがあるとされるが、人格権侵害ないし人格的利益の侵害を中心として、「権利侵害」要件の再生を説く見解もこのような系譜につながるものであろう。

(18)

(19)

(20)

(b) 権利論の視点は、このような議論の展開を不法行為の制度目的から再構成しようとするものである。民法典の構想が論者のいう権利論に対応するものであるかは措くとして、山本教授の言われる権利論においてもっとも特徴的なことは違法性理論がもっぱら法秩序の維持・回復の観点から取り上げられていることであろう。この点は従来必ずしも十分に認識されてこなかったところである。

伝統的な議論においては被侵害利益を拡大する役割を担うものであることに確かな役割があったわけだが、違法性理論において重要なのは違法判断の規準、被侵害利益の保護のあり方である。この点においてわが国に二つの系譜が存在していたことは貴重である。すなわち、違法性理論を創始、確立した二つの理論における違法性判断の質的な違いである。末川違法性徴表論においては、権利侵害はそれ自体ですでに違法性を徴表するものと判断されるので、権利侵害とその他の法益の侵害とでは違法判断に服するという点では同じでありながら、被侵害利益の保護のあり方としては両者には違いがあることが定型として提示されていると考えることもできる。ところが、我妻相関関係理論では、被侵害利益の種類・性質と加害者の行為態様とが相

(21)

関係的に衡量されるわけであるから、そこでなされるのは利益衡量的な判断であり、強い権利に強い保護が与えられることが定型的に定まっているわけではない。

このように違法性徴表論と相関関係理論は被侵害利益の保護について基本的な発想を異にするものといえるが、この二つの潮流のどちらにこれからの不法行為法の発展を委ねるべきであろうか。不法行為法が最終的、包括的な救済規範であるとすると、不法行為法にとっての中心的課題は被侵害利益として何を、どのように救済すべきであるか、ということであろう。不法行為法で保護されるべき利益には社会構成原理として「基本的なものとそうでないもの」[22]があるのではないか。そのような考え方を重視するならば、前者の系譜もこれからの選択肢の一つと考えることもできる。このような伝統的な議論を踏まえることが、基本権の実現の局面においても意味を持つことになると言えないであろうか。山本論文で展開されている権利論においても、以上のような従来型の権利論の系譜との架橋を図る必要があるのではないか。それを一つの問題として提起しておくことにしたい。

(c)　ところで、このたびの民法改正では、七〇九条の被侵害利益について権利侵害から「権利」または「法律上保護される利益」（法益）の侵害へと表記が改正されることになった。判例による法形成を条文化したものにすぎず、実質的な変更はないとされている。事実そのとおりであろうが、日本不法行為法リステイトメント七〇九条では「法律上保護されるべき他人の利益」とされていたのが[23]、権利侵害と法益侵害に区別されることになったわけで、なぜそのように二つの概念の併用が必要とされるのか、その違いを明らかにする課題を背負わされたともいえるのである。[24]七〇九条の新規定はさきほどの二つの潮流からいえば違法性徴表論の系譜とより親和的であるといえなくもない。不法行為法上の救済は「基本的なものとそうでないもの」を軸として体系化されるべきではないかとの発想である。いずれにしろ、民法改正によってわれわれは改正の趣旨を超えた難問を突きつけられたことに変わりなく、このような問題に対し山本権利論はどのような関わりをもつことになるのか、その射程範囲を見定める必要があるように思われる。

（7）前田達明『不法行為帰責論』（創文社、一九七八年）一九五頁。
（8）瀬川信久「民法七〇九条（不法行為の一般的成立要件）」広中俊雄＝星野英一編『民法典の百年Ⅲ 個別的観察（2）債権編』（有斐閣、一九九八年）五六二頁。
（9）瀬川・前掲注（8）五六三〜五六四頁。
（10）瀬川・前掲注（8）六〇一頁。
（11）山本・前掲注（2）三〇一頁。
（12）瀬川・前掲注（8）六〇一頁。
（13）錦織成史「違法性と過失」星野英一編集代表『民法講座六 事務管理・不当利得・不法行為』（有斐閣、一九八五年）一八八頁参照。
（14）山本・前掲注（2）二九四頁（以下、同論文の引用は本文中に頁数で示す）。
（15）窪田充見「過失責任主義・自己責任の原則」法学セミナー五五六号（二〇〇一年）一八頁、藤岡・前掲注（4）四三〜四四頁等参照。
（16）沢井裕「不法行為法学の混迷と展望――違法性と過失」法学セミナー二九六号（一九七九年）七二頁。
（17）潮見・前掲注（1）。同書については、藤岡康宏「書評・潮見佳男『不法行為法』（信山社、一九九九年）」早稲田法学七八巻二号（二〇〇三年）四〇五頁参照。
（18）森島昭夫『不法行為法講義』（有斐閣、一九八七年）二五二頁。
（19）錦織・前掲注（13）一八八頁。
（20）大塚・前掲注（1）三八頁参照。
（21）藤岡・前掲注（4）二二頁。
（22）藤岡・前掲注（4）二二頁。

(23)　不法行為法研究会『日本不法行為法リステイトメント』(有斐閣、一九八八年)一六八頁。

(24)　判例による法形成につき、民法七〇九条に――論理的にはその規定を類推する形で――「故意又ハ過失ニ因リテ違法ニ他人ノ利益ヲ侵害シタル者亦同シ」という後段を附加した、というふうに総括されるべきであろう、との指摘がなされていたことに注目しておきたい。広中俊雄『民法綱要 第一巻 総論 上』(創文社、一九八九年)八三頁注(1)。なお、広中俊雄『民法解釈方法に関する十二講』(有斐閣、一九九七年)九頁以下参照。

◆三◆ 差止請求と権利論

(1)　権利論ないし権利の概念の意義について論じられることが多かったのは、不法行為損害賠償制度というよりも、予防的権利保護制度(差止請求)との関連においてであった。公害・生活妨害、名誉・プライバシーの侵害など、差止による救済が実効的な意義をもつ場合は多いが、それに限られるわけではない。広く競争秩序や生活利益秩序に対する違反など、差止請求が重要な役割を担うであろう領域は広がってきた。差止請求が身近な存在になってきたことは、週刊文春差止請求事件(東京高決平成一六年三月三一日判時一八六五号一二頁)や国立景観差止請求訴訟[25](東京地判平成一四年一二月一八日判時一八二九号三六頁)(本書巻末〈参考〉参照)などが耳目を集めたことからも明らかである。さらには消費者団体訴訟など、立法的措置が必要な場合もあろう(この点については、二〇〇六年に一定の行為に対する差止請求権をいわゆる適格消費者団体に付与する立法(消費者契約法一二条以下の改正)が行われ、さらに、二〇〇八年にはこれと同様の制度が景表法と特定商取引法のそれぞれにも導入された)。このような状況にかんがみると、差止は損害賠償とならんで民事救済の二つの柱になりつつある、ということもできる。

(a) ところが、民法第三編第五章不法行為の七〇九条以下には差止請求権を基礎づける明示の条項は存在しない。その一方で、物権の侵害については予防的（妨害排除的）権利保護制度として物権的請求権が用意されている（なお、一九九条参照）。このことに異論を挟む者はいないし、視野を民法の外に転ずれば、差止請求権が規定されている特別法は少なくはない。新制度としては独禁法二四条があるが、従来のものとして商標権（商標法三六条）、特許権（特許法一〇〇条）、実用新案権（実用新案法二七条）、意匠権（意匠法三七条）等に基づく差止請求権、不正競売防止法上の差止請求権（三条）、著作権法上の差止請求権（一一二条）などがある。特別法をみるかぎり、権利保護制度の性格をもつものと、行為規制に向けられたものがあるが[26]、特別の法規が存在しない場合、いかにして予防的権利保護制度を構築することができるか、その基礎理論の開拓が必要とされている。

(b) 違法な行為を差し止める。これはある意味ではわれわれに与えられた当然の権利であるともいえる。そうでなければ法秩序の維持は困難であろう[27]。ところが、この当然のことを理論的に基礎づけることは、それほど容易なことではない。英米法では、衡平法として発展したものであるし、フランス法では民法一三八二条（不法行為の一般条項）に拠るものとされている。わが国で論じられる差止請求権の問題はドイツ法では一般的予防的不作為の訴えにあたるが、これは判例により法形成されたものである。一般的不作為の訴えについて判例が「正義の命じるところ」を実質的な根拠とするのも興味深いし[28]、わが国でかつて差止請求について「衡平法的見地から考究し、新たに積極的に統一理論を樹立する」（末弘）として衡平法が引き合いに出されているのも、いい得て妙な感懐である[29]。

以下では、権利論あるいは権利論からの離脱の問題にかかわりのある範囲で、差止請求権の法的根拠の問題を取り上げることにする。本章の問題関心は権利論の帰趨であるから、権利論が展開される場としての民法典の構成、パンデクテン・システムの意味についても考えておく必要がある。パンデクテン・システムの母法であるドイツ法と比較し、問題の所在を示すことにしたい。

(2)　差止請求は、わが国では主に公害・生活妨害および名誉・プライバシー侵害など人格権侵害の領域で問題とされた。生活妨害はほんらい土地所有権の利用の衝突から生じる紛争類型であり、物権法上の処理に委ねられてよい問題であるが、わが国では被侵害利益を人格的に把握する法理が発展し、比較法的にも際立つ特徴をもつものとなった。差止請求の要件、効果にも対象領域に応じた法形成が必要とされるが、予防的権利保護制度ないし権利論を検討するためには、差止請求権の法的構成（法的根拠）それ自体を一般論として取り上げることも必要であろう。

(a)　差止請求権を論じる契機となる判例は、一つは、生活妨害において人格権に基づく差止請求権を肯定的に解した大阪国際空港事件の控訴審判決[30]（大阪高判昭和五〇年一一月二七日判時七九七号三六頁。なお、最大判昭和五六年一二月一六日民集三五巻一〇号一三六九頁参照）であり、もう一つは、人格権としての名誉権に基づいて差止請求権を根拠づけた最高裁の大法廷判決（最大判昭和六一年六月一一日民集四〇巻四号八七二頁〔北方ジャーナル事件〕）である。[31]差止請求権の基礎理論の構築にとって、このような判断の基礎にあるものは何か、そこから継承すべきものがあればそれは何か、その足がかりをつかむのは学説の課題である。

差止請求権については、すでに相当の蓄積を見出すことができる。公害・生活妨害が主要な関心事であったことから、議論の端緒となったのは物権的請求権であった。差止請求権が問題となる対象領域に対応した個別的な提案もあるが、その検討はひとまず措き、ここでは法的構成の理念型に基づいて検討をすすめることにする[32]。差止請求権の一般条項を欠くわが国では、基礎理論を開拓する必要があり、そのためには従来の議論を理念型として取り上げ、相互の違いを明らかにしておく必要があるからである。法的構成は、大別して、権利的構成と、不法行為説ないし違法侵害説にわかれるが、それに加えて、権利的構成と、不法行為説ないし違法侵害説との接合を図る考え方もある。

(b) 権利的構成は、差止請求権の発生根拠を私人の「排他的支配権」たる「権利」に求める考え方であり、このような特質を有する「権利」が侵害された場合に差止請求権が発生すると構成するものである（物権的請求権、人格権説、環境権説など）。排他的権利の侵害（のおそれ）に対する予防的救済が課題とされるわけであるから、権利的構成の趣旨に従う限り、客観的に違法な侵害があればそれだけで差止請求権が発生すると考えざるをえず、侵害者の主観的事情や利益衡量の可能性は理論的には排除されることになる。権利的構成の最重要課題はそこで想定されている「権利」の内容であるが、足がかりとされているのはサヴィニー（一七七九〜一八六一）以来ドイツにおいて伝統的に受け継がれてきた古典的権利論と称される権利論である[33]。

(c) 不法行為説とは、差止請求権の発生根拠を「不法行為法」、特に民法七〇九条に求める法律構成であり、同条は過去に対する損害賠償請求権とともに、将来の侵害を防止するために差止請求権の発生を認めていると解するものである。七〇九条の被侵害利益は違法性理論の導入により拡大されたので、この説によると、一般的予防的差止請求権が認められるに等しいことになるが、この構成に忠実である限り、原則的には故意、過失が要求されることになる。これが差止請求の趣旨にかなうのかどうかの実質的な問題のほかに、法文上は損害賠償請求権しか定められていないことが障害になる。

(d) 違法侵害説は、違法な侵害（のおそれ）があること、差止請求においてはそのことが重要であると考え、それを法的構成の柱に据えようとするものである。すなわち、差止請求において、法的保護に値する私人の権利ないし利益が違法に侵害され、予防的救済が必要と判断される場合に、違法な侵害からの法益保護の必要性そのものを直接的な根拠として差止請求権を付与しようとする考え方である。被侵害利益の範囲を拡大してきた不法行為損害賠償法の成果を取り込むものである点では不法行為説と目的を同じくするところがあり、違法侵害説が不法行為説の一類型として位置づけられることもある。しかし、違法な侵害という枠組みを構築するものであることにおいて、物権的請求権と繋がりをもつ考え方であり、原状回復的救済と予防的救済との構造的な違いを明確にするためには、不法行為説から切り離し、理念型としては独立させて議論すべきものである。

違法侵害説は、不法行為法、物権的請求権それぞれの法発展を取り込み、その成果の統合を図るものであるが、独立に値するためには、統合を基礎づける理論が開拓される必要がある。物権的請求権がなぜ認められるのかという問いに遡らざるをえないが、物権という権利の本質に由来するというよりも物権を保護するための（政策的な）手段と構成することができれば(34)、そのような保護は物権に限られる必要はないから、違法侵害説は枠組みとしては存在しうるものであることは確かである。

(e)　そうすると、基本類型としては三つの理念型が並立することになるが、そのほかに、権利的構成を他の構成が補完する型を考えることもできる。権利的構成と違法侵害説、権利的構成と不法行為説の併用(35)である。前者は違法な侵害が問題とされていることにおいて理論的な基盤を同じくするものの併用が考えられているのに対し、後者は法的根拠の異なるものの並存を認めるもの、と解しえないわけではない。以上、法的構成として想定できる理念型をまとめると、大きくは権利的構成、不法行為説、違法侵害説、さらに、折衷的なものとして、権利的構成プラス違法侵害説および権利的構成プラス不法行為説がある、ということになる。

理念型としていずれが差止的救済制度の確立にとって適合的であるか。前記「北方ジャーナル事件最高裁大法廷判決」からは判例は権利的構成を採用しているかにみえるが、それが事態適合的な解決策であるかは疑わしい。権利侵害があるとはいえない場合でも、違法な行為の差止が事後的な救済よりも重要な役割を担わされることがあるからである。いずれの道が選択されるべきであるのか。権利論とのつながりからすると、少なくとも、権利保護制度として、原状回復的救済と予防的救済に構造的違いがあるのかどうか、パンデクテン・システムとの接合をどのように考えてゆけばよいのか。これは制度の構築にとって避けて通れない問題であるように思われる。

(3)　ドイツの一般的予防的不作為の訴えは判例により確立されたものであるが、その理論的基礎づけについては格闘が続いたといって過言ではない。それほどにこの課題は難問であった。[36] ライヒ裁判所は二〇世紀に入り物権的請求権（BGB一〇〇四条一項）類推の構成を確立し、これがそれ以後の判例理論となったが、それ以前の判例は不法行為法に依拠するものであった。以下、赤松論文に従って一瞥しておこう。

(a)　まず、禁止規範的構成があげられる。不法行為規定は不法行為に対し損害賠償義務を課しているにすぎないとしても、その前提としては、法は、当然に不法行為の不作為義務を予定している。不法行為は禁じられるべきものであるからこそ、これに損害賠償義務が課せられているのであり、この意味において不法行為規定は禁止規範である。義務の存するところ必ずこれに対応する請求権がある。不法行為が継続するおそれがあるときは、不法行為規定に基づき、その不作為請求権が認められる。このように考えるのが禁止規範的構成だとされる（九六頁）。不法行為法的構成として、はほかにも原状回復的構成があるが、判例の受け容れるところとならなかった。損害賠償請求権と予防的不作為請求権との間には本質的な差異がある。損害賠償請求権はすでに生じた損害の塡補をめざすものであるのに対し、予防的不作為請求権は将来まさに生じんとする侵害を予防するものであって、後者を前者に吸収することはできない、というのがその理由とされる（一〇八頁）。

このように不法行為法的構成はドイツでは破綻した。もっとも、破綻した事情についてはさまざまなことが考えられるであろう。われわれにとって興味深いのは、不法行為法的構成が破綻した「真の実際上の理由」はドイツ不法行為法が「違法―有責という二段階の評価を厳格に維持している」ことにある、とする見方があることである。違法・有責構成の下では、侵害の予防とは相いれない有責性の要件を排除することはできないであろう。「ここに、ドイツの判例・学説が、不法行為法に侵害予防機能を付与しなかった真の理由があると思われる」（一〇八頁）とされるのである。

(b)　ところが、この有責性要件は物権的請求権（一〇〇四条一項）類推の構成では免れることができる。物権に認められる侵害予防の訴えは、侵害者の過責を要件とするものではないからである。このようにして物権的請求権の類推構成は、判例の採用するところとなったが、なぜ、かかる構成で一般的な不作為の訴えが認められるのか、判例は明らかにしてこなかったし、現在もそうである（一一三頁）、ともいわれる。物権的請求権類推の構成に問題があるとすると、それは、一〇〇四条一項に基づく不作為の訴えは所有権という法律上明確な支配領域をもつ権利がそのような権利であるがゆえに認められた保護手段であり、類推が認められるのはせいぜい、所有権に類似した、法律上明確な支配領域が割り当てられている権利あるいは絶対権でなければならないことである（一二六～一二八頁）。その難点を克服するために予防的不作為の訴えを訴訟法上の保護形態として説明する考えも現われたが（一三一～一三二頁）、不法行為法への再接近をめざす考え方もある。ドイツ民法一〇〇四条は権利保護手段であって一般的予防的不作為の訴えとは本質を異にする。

一般的予防的不作為請求権は差し迫った違法な行為を阻止するということをその本質とするものであり、むしろ不法行為法に接近する（一四〇頁）。もっとも、ドイツ不法行為法は違法性のほかに、有責性を必要とすることから、侵害予防とは異質な有責性要件を排除するためには、立法上の措置が必要であるともいわれる。[37]

(4)　以上のドイツの法発展から学ぶべきものがあるであろうか。ドイツでは一般的不作為の訴えの法的根拠について、不法行為説から物権的請求権類推説を経て、不法行為法への再接近の動きもあるとされている。こうした動きが生じるのは物権的請求権類推説では一般的不作為の訴えの適用範囲が狭められるおそれがあるからである。この難点は不法行為説では克服できるかにみえるが、その不法行為法では（伝統的に）違法＝有責の峻別構成が採用されていることに注意を要する。権利侵害の予防的救済においては違法な行為があるから差し止める必要が生じるのであって、有責性を問題にする余地はない。このような判断を前提とするかぎり、不法行為法に依拠するとしても、違法＝有責構成を維持するかぎり、立法的解決にゆだねるほか道は残されていないことになる。しかし、それはもはや理念型としての不法行為説ではありえない。不法行為法に接近するといいながらも、立法に期待されているのは、理念型としては違法侵害説にあたるものと考えられる。

ドイツの法発展をこのように理解すると、ドイツではわが国の違法侵害説にあたるものが法的根拠の問題としては展開されてこなかったことに気づかされる。これはドイツでは物権的請求権が厳格に解されてきたことによるものと思われるが（類推にも限界がある）、わが国では物権的請求権の拡張ないし理論的根拠について柔軟に解する動きがあったことが注目される。不法行為法における被侵害利益の拡大、違法判断における相関関係説、そうしたものと同様の考え方に物権的請求権も従うべきだとされるのである。[38] このことはわが国では、差止請求権の基礎づけについて物権的請求権類推説か不法行為説かという二つの選択肢のほかにもう一つのアプローチが用意されていることを意味する。これは違法侵害説の原型ともいうべき考え方であるが、違法侵害説からドイツの法発展を検証すると、ドイツ法から学ぶべきことは複数の選択肢の優劣にあるのではないことがわかる。伝統的な体系に従うかぎり、一般的不作為の訴えには受容しがたいものが含まれている。不法行為と物権的請求権という二つの基本的な法制度の基軸となっているのは、(ドイツ民法では)伝統的な権利の概念ないし絶対権の概念である。一般的不作為の訴えを認めることは絶対権侵害がない場合でも、法益の侵害があれば(一般的に)差止請求が認められる可能性が生じたことを意味する。この考え方に徹すると、絶対権が侵害されたからといって、そのことだけで(ア・プリオリに)特別の効果が付与されるということはなくなる。絶対権の侵害は目安にはなるとしても、違法な侵害があったかどうかは他の法益と同様実質的な衡量問題にゆだねられる。このような視点からみると、一般的不作為の訴えには違法侵害説と問題意識を共有するところがあるように思われるのである。[39] いずれにしろ、一般的不作為の訴えは物権的請求権の趣旨を継承しつつ、不法行為法的に柔軟な性格を付与されたものとして、損害賠償と差止めの制度的差異(の有無)を論じるさいの一助になるものであろう。権利論からみると、予防的救済制度においても、古典的権利論から出発しながらも、権利の概念に固有の意味を付与するという制約が絶対的なものでないことを示唆するものといえよう。

(25) この事件について藤岡康宏=須加憲子「環境利益の救済法理について――景観権確立に関する一考察」牛山積先生古稀記念論文集『環境・公害法の理論と実践』(日本評論社、二〇〇四年)二三頁〔本書巻末〈参考〉〕参照。

(26) 赤松美登里「独禁法違反と差止め請求権」F・K・バイヤー教授古稀記念日本版論文集『知的財産と競争法の理論』(第一法規出版、一九九六年)五六三頁。

(27) たとえば、市民社会の基本的秩序(「財貨秩序」「人格秩序」)や外郭秩序を基礎として民法の体系を論じる広中理論においては(この場合の秩序は法社会学的考察に基づくものである)、秩序に対する違反が重要な関心事とされているが、秩序違反の救済としては差止と損害賠償というように、最初に取り上げられるのが差止めの問題であることが注目される。広中・前掲注(24)『民法綱要』五、一〇、一七、二〇頁など参照。

(28) 赤松・前掲注(26)五六四頁、同「ドイツにおける一般的予防的不作為の訴え――その法的構成を中心として」同志社法学三六巻三号(一九八四年)一一四頁参照。

(29) 末弘厳太郎「物権的請求権理論の再検討」同『民法雑記帳』(日本評論社、一九四〇年)二三一頁。

(30) この問題について詳しくは、藤岡・前掲注(4)四一四頁以下参照。

(31) 広中・前掲注(24)『民法綱要』七一頁では、名誉権に基づく差止請求権の承認は「条理」による公然欠缺の補充とみるべきであるとされるとともに、「憲法への適合」という指針の重要性が指摘されている。

(32) 差止請求権の法的根拠については、根本尚徳「差止請求権の発生根拠に関する理論的考察(1)――差止請求権の基礎理論序説」早稲田法学八〇巻二号(二〇〇五年)一〇九頁以下〔同『差止請求権の理論』(有斐閣、二〇一一年)所収〕が示唆に富む。理念型については本論文から教示を得た。

(33) 詳細は別稿にゆずるが、この問題については、児玉寛「サヴィニーにおける古典的民法理論」法政研究五〇巻三＝四号(一九八四年)三七五頁以下、和田真一「ドイツの不法行為法における権利論の発展(一)(二)(三・完)」立命館法学二〇四号(一九八九年)一七八頁以下、二〇七号(一九八九年)五九三頁、二〇八号(一九八九年)七一九頁など参照。

(34) 藤岡・前掲注(4)二九頁、於保不二雄「物権的請求権の本質」法学論叢七〇巻二号(一九六一年)一頁以下〔同『民法著作集I 財産法』(新青出版、二〇〇〇年)所収〕参照。

(35) 併用(型)の表記については須加憲子准教授(専修大学)のご教示を得た。

(36) 赤松・前掲注(28)(以下、本文での引用は頁数で示す)。そのほか、藤岡・後掲注(39)参照。

(37) 赤松・前掲注(28)一四〇～一四一頁。客観的に違法な侵害のおそれに対する、かつそれで足りるところの一般的予防的不作為の訴えを不法行為法の中に組み入れるべきであるとの提案(フォン・バール)は、一方で、一般的予防的不作為の訴えの本質をみつつ、他方で、違法――有責の二段階評価をとるドイツ不法行為体系そのものを維持する、ものと評される。

(38) 舟橋諄一『物権法』(有斐閣、一九六〇年)二七頁、特に三六頁以下。

(39) 藤岡康宏「差止の訴に関する研究序説――その法的根拠と権利(絶対権)について」北大法学論集二一巻一号(一九七〇年)一〇八頁〔同・前掲注(4)三二六頁以下所収〕。

四 おわりに

(1) 不法行為法には被害者の権利保護機能(新七〇九条では「権利」ないし「法律上保護される利益」の保護)があることは間違いないとしても、ここにいう権利保護機能はどのような役割を担うものであるのか。本章で検討したのは、国家の基本権保護義務を肯定する立場からの権利論、すなわち基本権の民法(不法行為法)における直接的な実現を図る構想である。このような問題提起を不法行為法(学)はどのように受け止め、これからの発展につなげることができるのか、本稿はそのような問題意識から権利論に関する従来の枠組みを整理し、問題点の指摘を試みた。

権利論ないし権利の概念の意義について、不法行為法には二つの系譜があることがわかる。ひとつは不法行為損害賠償にかかわる七〇九条の権利侵害であり、他は、差止請求との関連で取り上げられる権利論である。前者ではもともと権利侵害が広く解されていたこともあり、権利の概念の意味が厳密に検証されてこなかったきらいがある。それを後押ししたのが違法性論であるが、権利保護の相対化が憂慮されたことから、不法行為要件としての権利侵害に、法文に従って独立の地位が与えられるべきだとの主張が現われてきた。それは権利侵害要件の重視にとどまるもので、いわゆる権利論、権利内容の構成ないし価値づけを踏まえた原理的な観点からの問題提起ではない。このような状況に対して不法行為法の制度目的からその再構築を迫るのが、本章で検討した権利論である。これに反し、差止請求においては、違法な侵害に対する権利の反発力が問題となるため、排他性のある権利はどのようなものであるとか、権利の概念を厳密に規定するところから議論がはじまる。

このように権利の概念の意義に関する二つの系譜は問題関心の出発点を異にしているが、差止的救済も一般的な制度として基礎づけられるにこしたことはない。「差止的救済の保護の対象」のレベルで（古典的）「権利論」にこだわることは差止めの適用範囲に制約を課すことにつながる。「一般的差止請求権」を定着させるためには、被侵害利益の面で柔軟な枠組みを設定する必要がある。被侵害利益の拡大に努めてきたのは不法行為損害賠償法（七〇九条）であり、その成果の差止制度への転用を担うのが不法行為説ないし違法侵害説であるといえなくもない。しかし、違法侵害説には不法行為説と同列に扱い得ないもう一つの問題提起が含まれているようにも思われる。物権的請求権に繋がるものであるため、差止請求は不法行為とは構造的に違いがある制度ではないかという問題を考えさせる契機となる可能性がある。これは原状回復的権利保護（不法行為）と予防的権利保護（差止請求）の制度的結合あるいは分離の問題[40]である。救済の目的、手段が違うわけであるから、両者はたんなる要件、効果の違いをこえて制度的に異質なものと考えられるけれども、「一般的差止請求権」の確立のためには上記の二つの制度の関係が明らかにされる必要があり、これはパンデクテン・システムをもつわが民法学に課せられた課題といってよいものである。

(2)　以上から、被侵害利益の拡大が差止めについても認めることができるとすると、被侵害利益に関する限り、損害賠償と差止請求との間には本質的な違いはないことになろう。そこで問われるのはどのような法益がどのように保護されるべきであるかである。この点不法行為で伝統的に目安とされてきたのは絶対権とその他の法益という区別であるが、その基礎にあるのが「基本的なものとそうでないもの」という概念であるとすると、このような観念の必要性は法律構成の問題に限られる必要はない。社会構成原理としてなにが重要であるのか、こうした視点から法益保護のあり方を組み立てることも必要となるであろう。「財貨秩序」ないし「人格秩序」という枠組みを援用すると、社会構成原理として基本となるべきものは伝統的には「財貨秩序」であった。しかし、これからは「人格秩序」にそれに並ぶ位置が与えられるべきであろう。否、「財貨秩序」を支えるのは権利の主体、人そのものであるとすると、救済法としてはじめに取り上げられるべきものは「人格秩序」、すなわち人格権、より広くは「人の救済」(「人の法」としての不法行為法[41]) の問題でなければならないともいえる (改正民法三条参照)。財貨秩序では財貨の帰属はもちろんのこと、ますます重要となるのは契約の保護の問題であろう。法益保護のあり方について近年重要な転換を促したものが契約の保護の問題であったことは、不法行為法の発展にとっても象徴的な出来事であった[42]。

法益保護のあり方についてこのように考えると、損害賠償 (七〇九条) と差止めとで権利論を二元的に考える (権利論の二元的構成) 必要はないといえるかもしれない。しかしながら、差止請求ではもともとは古典的な権利の概念が注目されていながらも、その一方で(法)秩序違反による差止めを認めるべきとの主張さえ起こっているのである[43]。損害賠償では権利の古典的な理解 (保護法益の意思による支配、支配領域の明確性、排他性など) にとらわれる必要がないことは明らかであり、秩序違反は必ずしも損害賠償に結びつくわけではないから、損害賠償と差止請求では権利論の扱い方に違いが残るといわざるをえない。差止請求においては侵害行為の態様もさりながら、どのような法益が侵害されるのか、という被害法益の把握が重要になると考えられる。

(3)　戦後の不法行為法(学)の発展を顧みると、その法構造の理解についてさまざまな見解が対立することもあったが、不法行為が救済規範であることを考えると、社会生活の複雑化、多様化に対応してますます重要になってくるのが被侵害利益の問題である。不法行為は救済規範としては最終的で包括的な救済規範という性格をもつが、このような不法行為の役割をまっとうするためには、不法行為の構造や制度目的についても法秩序の構造ないし法規範の階層的構造といった法秩序の全体像を視野に入れた考察が必要とされよう(44)。このような課題を実体法レベルで担うのが民法七〇九条の被侵害利益の把握の問題である。しかし、不法行為法が救済法としての完結をみるには差止めによる救済も重要であるから、不法行為において権利論が問われる場合、損害賠償と差止めの両翼において問題にせざるをえないのである。

本章で取り上げたのは国家の基本権保護義務を肯定し、不法行為法(民法七〇九条)との直接的な連関を図るかにみえる構想である。名誉毀損やプライバシー侵害など不法行為の成否において憲法上の価値が重要な判断因子になることがあるのはいうまでもないが、この構想は権利論の立場から不法行為の「権利侵害」を再検討し、憲法上の「基本権」と民法上の「基本権」との直接的な関係を構想するものである。本章が検討したのは、このような直接的な関係から示唆を得つつも、この構想をどのように受け止めるべきか、その予備的作業として、損害賠償と差止めにおける権利論ないし権利の概念の意義について伝統的な議論の系譜を確認し、課題を提示するものであった。この、基本権保護義務論にもとづく問題提起に対しては伝統的権利論との摺り合わせが必要と考えられるのである。権利論の二元的構成ということからいえば、権利論には山本論文が主張する権利論とは異なるもう一つの伝統的権利論の蓄積があったのであり、損害賠償と差止めについても系譜の異なる権利論があったのである。このような二元的構成が融合することはありえないわけではない。しかし、不法行為法のあらたな前進がはじまろうとするこの時期においてこそ、もういちど二元的構成に立ち返り、その意義を確認しておくことも必要とされるのではなかろうか。

ところで、山本論文では、不法行為制度は〈権利・自由の保護とその調整〉という権利論にもとづいて構想されるべきで、（末川）違法性理論は法律秩序の維持・回復というこれとは異なるものを持ち込むものであるとされている。このように理解された違法性理論との断絶が重要な課題とされるのであるが、違法性理論の役割はこのような理解に尽きるのであろうか。末川理論では権利侵害は法律秩序を破るものであり、違法性の徴憑とされている。このことはしかし、権利を守ることが法律秩序の役割ということでもあり、法律秩序に違反するとの判断は個人の権利の保障を目的とする不法行為制度と矛盾するものではないようにも思われるのである。[45] ここにいう権利論において調整が必要とされるのは被害者側の基本権と加害者側の基本権（行動の自由）であろうが、権利（法益）保護の調整という点では、譲りがたいものがあるとして柱の役割を担うべきものと解されていたのが、いわゆる古典的権利論と称される権利の概念の役割であったことも想起されてよいことである。

ところで、平成一六年民法の一部を改正する法律により、七〇九条は被侵害利益に関する表記が、「権利侵害」から「権利侵害」または「法律上保護される利益」へと改正された。このような保護法益に関する二つの概念の併記は、伝統的な権利論であれ、あらたな権利論であれ、権利論の展開に影響を及ぼすことになるのであろうか。「憲法と民法」という枠組みは憲法から問題提起を試みるという視点であるが、憲法と民法の関係を考えるにはもう一つのアプローチも必要である。民法から憲法に求められるものは何か、「民法と憲法」という視座の設定であり、そのような視座こそが基本権保護義務論の構想を民法内在的なものとして前進させることになるのではないか。翻って考えると、憲法に限らず、他分野の法発展を摂取することは民法をより豊穣なものにすることは間違いない。このような広い裾野に立ってはじめて、不法行為法、より広くは民事責任のあらたなシステムを構築することができると考えられるのである。権利論はこの目標に向けた歩みにほかならない。このことを記して、本章を終えることにしたい。

(40) 錦織・前掲注(13)一八八頁参照。
(41) 「人の法」については、広中・前掲注(24)『民法綱要』九〇頁。なお、「人の法」としての不法行為法の構想については、早稲田大学COE研究会「企業社会の変容と民事責任システムの新たな構築」における須加報告（二〇〇四年九月）から ご教示を得た。
(42) 吉田邦彦『債権侵害論再考』（有斐閣、一九九一年）はこの主題に関する画期的な業績である。
(43) 吉田克己『現代市民社会と民法学』（日本評論社、一九九九年）二三七頁。
(44) 藤岡・前掲注(4)九、一一頁。
(45) この点について、曽根威彦「不法行為法における『違法性』概念――もう一つの〈比較法学〉の試み」早稲田法学八五巻一号（二〇〇九年）二一一頁以下、三八頁参照。

第四章　法の国際化と日本型不法行為法の構想

◆一◆　はじめに

不法行為法においては人格権侵害の領域など新しい保護法益が登場し活況を呈する一方で、学説においても基本権保護義務の直接的な実現を図ることを目的とする批判的研究が現われるなど、新たな動きもある。これは制度目的を踏まえた議論の必要性を促すものである。

個人意思自治の原則からすると、契約と不法行為はその積極面、消極面の違いこそあれ、両翼に位置づけられるべき基本的な法制度であるが(1)、取引社会を律する契約では（国際的な）平準化の途を探ることも重要な課題となるのに対し、不法行為法では、平準化もさりながら、被害者の意思の介在しない負の社会現象に対しどのような救済を講じるべきかが問われる。ここでは、その社会に独自な法発展を遂げることも許されないことではない。さらに、不法行為法が最終的で包括的な救済規範であることを考えると、その役割は法秩序の全体との関連において考察される必要があろう。本章は、このような問題意識から、新時代を展望するためには、基本的なモデルを作り、それに基づいて議論を進めるのが適切と考え、そのようなモデルを構築するために解決すべき課題を整理し、提示することを目的とするものである。モデルの構築は他分野との連携を図る上でも重要な前提作業である。はじめに不法行為法の構造とその展開についてまとめ、次に全法秩序の視座から不法行為法の役割を論じ、そのような検討に基づいて、被侵害法益について条文上の表記が修正された新七〇九条を展望し、さいごに損害賠償と差止請求の制度目的について考察したい。

(1) 来栖三郎「民法における財産法と身分法(三)」同『来栖三郎著作集 I』(信山社、二〇〇四年)九頁(初出、一九四三年)。

◈二◈ 不法行為法の構造

(1) 一般条項

不法行為という法現象を扱うのは民法第三編債権第五章「不法行為」であるが、同章は七〇九条にはじまるわずか一六ケ条の条文を有するにすぎない。七〇九条は違法行為の効果として加害者に損害賠償義務を課す一般条項であるが、過失責任主義の採用と、保護法益が侵害されることを要件とすることによって、不法行為の成立範囲を限定している。同章には七〇九条の修正を図る「特殊の不法行為」も規定されているが、無過失責任特別立法はそれほど多くない。

七〇九条の被侵害法益については、二〇〇四年民法改正により、「権利侵害」から「権利」または「法律上保護される利益」の侵害へと条文上の表記が修正された。これをどう見るかは、基本モデルの提示にとって回避できない課題であるが、いずれにせよ七〇九条は比較法的にも「稀な一般条項」とされる。一般条項としてよく知られるフランス民法一三八二条の背後には、物から生じた損害について広汎な適用範囲を有する一三八四条一項が控えている。(2) しかし、日本民法にはその役割を担いうる規定は見当たらない。ドイツ民法では、一方で、不法行為法上の（絶対的）保護を享受すべき権利侵害（生命、身体、健康、自由または所有権など絶対権ないし絶対的法益）があらかじめ指示されながらも（八二三条一項）、他方で、その他の保護法益については、保護法規に違反した場合（八二三条二項）、故意の良俗違反があった場合（八二六条）に加害者は損害賠償義務を負う、として、被侵害法益と行為態様の両面に配慮した規定が設けられている。英米法では、不法行為法は不法行為の諸類型（law of torts）として発展した。わが国の過失不法行為に相当するネグリジェンス（negligence）は、重要な類型ではあるが、不法行為の類型としては、一つのモデルを提示するものにすぎない。

(2) 一般条項の展開

七〇九条が稀にみる一般条項であることから、それがどのような課題を担わされてきたのかはおのずから明らかである。

第一は、七〇九条の保護法益が広い範囲にわたるものであることを確認する必要があること。

第二は、保護法益の拡大に伴う類型化の必要性である。人格権に限ってみても、生命、身体、健康など身体的人格権と、名誉、プライバシー、平穏生活権など精神的人格権とでは、法益保護のあり方が異ならざるをえない。身体的人格権では被害者の救済が重要課題とされるため、過失責任が厳しく問われなければならない場合があるほか、社会保障や私保険制度などとの連携を含めた考察が必要とされるのに対し、精神的人格権では行為者の活動の自由の保障を考えなければならない。被害者と加害者の双方の利益がそれ自体として調整されなければならないという、身体的人格権とは異なる判断を迫られる。

第三に、過失については、無過失責任特別立法が少なかったことから、過失責任に過度の負担が課され、その限界も生じてきたことである。過失は、行為者の主観的な意思のあり方を問責することから、客観的な行為義務違反の問題へと転換したとされる。客観的行為義務の要求は、法益侵害の防衛線が危険をはらむにとどまる段階の行為にまで前進させられることを意味する[3]。その上、無過失責任特別立法の整備が十分でないときは、予見義務、調査義務の厳格な要求により、対処することにならざるをえない。その操作が限界を超えるにいたるとき、過失責任とは異なるもう一つの責任原理が求められる。過失責任と無過失責任（危険責任）の二元的構成の登場である[4]。

第四は、保護法益の多様化に伴い、侵害行為の評価も多様な側面をもたざるをえなくなったという侵害行為の多様性に関する問題である。保護法益が多岐にわたると、賠償義務を課す基準として、過失（客観的行為義務違反）のみで十分かという問題が浮上する。これは客観的行為義務違反に包摂できない行為態様をどのように評価すべきかという問題である。

実際にも、七〇九条は、以上のようなある程度予想された問題を克服する使命を担ってきた。未解決の問題を残しつつも、新たな可能性も生じているのである。たとえば、生活妨害（公害）では受忍限度が判断基準とされている。過失には包摂できない生活妨害に特有の法理が創造されたと理解すべきものであろうが、必要とされる類型化をおのずから実践してきたといえないであろうか。生活妨害における人格権的構成は、このような法発展がもたらした成果の一つ、わが国特有の法理であると考えられる。公害、製造物責任など、予見可能性ないし予見義務を重視する考え方が過失論として説得力をもちえたのは、意思のあり方を問う主観的理解、過失の有責性的理解がわが国において途絶えることがなかったからである、と考えることもできる。無過失責任特別立法が整備されていなかったからとはいえ、有責性的理解の系譜はリスク社会において重要な役割を担うことになるのではないか。このように、過失論ひとつを取り上げてみても、過失論一般に解消できない問題が存在するのである。

(3)　不法行為の理論

以上のような七〇九条の展開に学説はどう対応したのであろうか。まず被侵害法益について見てみると、旧規定では「権利侵害」とされていたため、ドイツ民法と同様、絶対権侵害（八二三条一項）と同義に解される恐れがあった。ドイツ民法では同項は同条二項と八二六条により補完されているため、全体として特に問題は生じない。しかし、七〇九条は統一的不法行為要件であることから、権利侵害が広く解されないかぎり、一般条項としての役割を担うことはできない。大審院の一判例（「大学湯事件」。大判大正一四年一一月二八日民集四巻六七〇頁）を転機として、「権利侵害」の要件を「違法性」（ド民八二三条一項参照）に置き換えるとの提案が主張され、支持を得た（権利侵害から違法性へ）。違法性理論によると、違法行為は権利侵害に限られる必要はない。「法律上保護される利益」（新七〇九条参照）も不法行為の保護範囲に取り込むことができる。理論的には、違法性は過失と対置される客観的要件とされたが、違法性判断においては、その一部は権利侵害によって表されるとする考え方（末川理論）と、被侵害法益の種類・性質と加害行為の態様との相関的衡量により定まるとする考え方（我妻理論〔相関関係説〕）との対立が生じた。通説的支配力を維持したのは、相関関係説であった。相関的衡量の定式から窺えるように、これは（権利〔論〕志向との対比でいえば）政策志向の考え方である。

他方、帰責事由としての過失については、過失の客観化のもつ「高度な法的・規範的性格」を考え、あるべき過失判断の仕組みを提示する典型的な提案が知られている。すなわち、過失の判断は、①結果（損害）発生の蓋然性と②被侵害利益の重大さをかけ合わせたものと、③加害者に行為義務を課すことによって犠牲にされる利益との間の比較衡量により行われる、とする提案である。(5) これは危険便益比較方式とも呼ばれ、過失の一般理論の確立を目指すものであるが、その一方で、現実の裁判例は必ずしもこの方式により説明できるものではないことも、明らかにされている。(6) もっとも、このことは一般理論の有用性を失わせるものではない。一般理論があればこそ、そこから離れる類型化の必要性が生じるのである。

以上から、違法性と過失については、取り組むべき課題は明らかである。第一に、一般理論と類型化との間の緊張関係を探ること。第二は、わが国に伏在する過失の有責性的理解の系譜との調整ないし融合の問題である。第三に、相関関係説が定式化した侵害態様には公序良俗違反、権利濫用など過失（客観的行為義務違反）に包摂できないものがあるが、このような侵害態様に成立要件上どのような役割を付与しうるのか、という問題である。第四に、もう一つ基本的問題を挙げておかねばならない。それは、不作為不法行為の問題である。危険な活動にさらされる機会が増えると、行為義務においても作為義務的なものが重要になってくるが、そうすると過失（客観的行為義務違反）と不作為における作為義務との関係はどうあるべきかとの問題が生じる。この点、作為義務の過失要件への解消は許されないことではないが、それでもなお、作為義務には義務成否の判断において独自性があると考えることもできる。作為義務に関するこのような理解に基づいて、七〇九条の基本的構成要件には、はじめから作為不法行為とともに、不作為不法行為の類型も規律対象として含まれている、と考える構想が提示された。(7) リスク社会における作為義務の重要性を考えると、基本モデルの構築にとって重要な選択肢の一つと言うことはできないであろうか。

（2）　窪田充見「要件事実から考える安全配慮義務の法的性質」大塚直＝後藤巻則＝山野目章夫編著『要件事実論と民法学との対話』（商事法務、二〇〇五年）三九四頁。
（3）　橋本佳幸『責任法の多元的構造』（有斐閣、二〇〇六年）二三、二四頁。
（4）　橋本・前掲注（3）三〇四頁。
（5）　平井宜雄『債権各論Ⅱ』（弘文堂、一九九二年）三〇頁。
（6）　瀬川信久「民法七〇九条（不法行為の一般的成立要件）」広中俊雄＝星野英一編『民法典の百年Ⅲ　個別的観察（2）債権編』（有斐閣、一九九八年）五五九頁、大塚直「不法行為における結果回避義務」加藤一郎先生古稀記念『現代社会と民法学の動向　上巻』（有斐閣、一九九二年）三七頁参照。
（7）　橋本・前掲注（3）五頁、二四〜二五頁。

◆三◆　不法行為法と全法秩序

(1)　二つのアプローチ

不法行為法は損害の発生をまってはじめて発動しうる法領域であるが、賠償請求が許されるためには、その損害が法的保護に値するものでなければならない。この点を判断するためには、被侵害利益の特性を考慮することが必要である。不法行為法が最終的な救済規範であることを考えると、これは法秩序の全体からの評価を待たなければならない問題といえよう。

ここでは、以下の二つのアプローチを取り上げておこう。一つは、社会の構成要素そのもの、民法が成立する基盤であるところの社会の構造をどのように見るかという視座の設定を試みるものであり、他は、法秩序の構造そのものに注目するアプローチである。(8)

すなわち、第一に民法の体系的理解において広中理論と呼ばれるものがある。(9)これは市民社会の構成要素として、「財貨秩序」（「財貨帰属秩序」（所有権）と「財貨移転秩序」（契約））と「人格秩序」という基本的秩序の外に、それぞれの「外郭秩序」として、「競争秩序」と「生活利益秩序」があると認識するものである。このような成果を達し得たのは、法社会学的観察に基づいて民法典の成立基盤を明らかにしようとしたからであると考えられるが、法社会学的アプローチが採用されたことは、たとえば「人格秩序」が、「社会的意識に結実しているものとしての、個々の人間がすべて人格的利益の帰属主体として扱われる仕組み」と解されていることからも窺うことができる。このように広中理論においては、法秩序そのものが問題とされているわけではない。とはいえ、これによって、財貨秩序に対置される人格秩序、基本的秩序の後衛に位置する外郭秩序のように、民法典の形式的構成からは認識しがたい問題に具体的な形が与えられることになった。七〇九条においてはこれを保護法益の問題に転換し、その特性を明らかにする必要がある。外郭秩序における利益の公共化はそのような試みである[(10)]、と理解することができる。

このように広中理論は、不法行為法についていえば、七〇九条を経ることによりはじめて実定法化されるものであるが、法秩序の階層構造の問題として、七〇九条において、憲法と民法との直接的な連関を目指すのが山本理論である[(11)]。この説は、憲法上、国家には基本権保護義務があり、不法行為法はそれが実現される場である、と解する。基本権保護の目的からすると、被害者側の基本権のみならず加害者側の基本権（行動の自由）にも配慮しなければならず、基本権相互の間の調整が必要とされる（衡量基準としての比例原則。過小保護の禁止と過剰介入の禁止）。不法行為制度は「各人が有する権利を保護するために構想された」ものであるとし、その制度目的として、山本教授のいう権利論、個人の権利を保障することに他の社会的な目標の実現に優先する価値を認める立場を、不法行為法において実現しようとするものである。山本理論においては、権利保護の重要性、被害者、加害者間の権利調整の必要性など、基本的な価値判断としては首肯されうるものが提示されているとしても、しかし、問題はその先にあるのではないであろうか。基本権保護義務をどのように実現するのかという具体的な法的処理のあり方である[12]。山本理論では、民法七〇九条の「権利」は憲法上の基本権と同じものであると解される可能性があるが（「基本権法益」）、もとより同条の保護法益はそれに尽きるわけではなく、基本権法益という考え方にしても、これは憲法が民法をどうみるかという憲法の解釈（論）という性格をもつものではなかろうか。基本権法益をどう受け取るべきかは、七〇九条における権利保護のあり方の問題として、憲法から直接に引き出される問題ではないと考えられる。民法が（憲法の支援を受けつつも）その固有の法理に基づいて解決すべき事柄である[13]。

(2) 人格権法の優越性

理論的基礎を異にするとはいえ、以上の二つのアプローチから見えてくるものに共通性がないわけではない。前述の相関関係説（違法判断）ないし危険便益比較方式（「大阪アルカリ事件」。大判大正五年一二月二二日民録二二輯二四七四頁）（過失判断）は、不法行為の一般理論としては、政策志向の枠組みといってよいであろう。政策判断の必要性を否定することはできないとしても、そこに包摂できない要素があるのではないか。その点で共通しているのは、被侵害法益の重要性、保護法益の特性に応じた保護のあり方である。広中理論も山本理論もそのことを示唆するものであると考えることができる。また、そのような保護を行う上で基礎となるのは権利論であろうが、権利論には包摂できない問題も登場しつつある。外郭秩序が提起したのはそのような問題であろう。

ところで、近代社会の財産法秩序は、所有権秩序であるが[14]、その一方で、権利にはまず人格権があるともいわれる。人格権は一九世紀の発見した新しい種類の私権であるにもかかわらず、何故そのようにいえるのであろうか。人格権が確立されなければ「人に関する法」が成立しえなかったわけではない。人の概念の形成は権利の帰属者を見出すためであり、これについて人格権が特に役割を担ったというものではない。そうではあるが、人格権という概念が新たに作られた以上は、権利のうちの第一のものとして、人に関する章に規定することは不当とは思われない、とされるのである。(15)「財貨秩序」とともに、市民社会の基本的秩序とされた「人格秩序」はこのような人格権を対象とする領域であった。これを不法行為法の制度目的からみると、被侵害法益としては、人格権が重要だということになろう。人が権利義務の主体としての活動をまっとうするためには、他人の侵害から守られる必要がある。人格権が保護されてはじめて個人意思自治の原則が十全に機能しうるともいえる。

外郭秩序は法のフロンティアとも呼ばれる。(16) 権利の概念に包摂しがたい利益を取り込むという意味で、不法行為法にとってフロンティアの領域であることは確かであるとしても、権利主体の人格的利益に関わる人格権こそ、フロンティアである必要はないであろうか。中心軸が定まってはじめて外郭秩序の保護のあり方が決まってくるであろう。活動の自由の保障をいうのであれば、不法行為法の課題は「人格権法の優越性」を確立することであると考えることができる。

(8) 藤岡康宏『損害賠償法の構造』(成文堂、二〇〇二年)一一頁以下参照。
(9) 広中俊雄『民法綱要 第一巻 総論 上』(創文社、一九八九年)。さらに、同『新版 民法綱要 第一巻 総論』(創文社、二〇〇六年)。
(10) 吉田克己「現代不法行為法学の課題――被侵害利益の公共化をめぐって」法の科学三五号(二〇〇五年)一四三頁。
(11) 山本敬三「不法行為法学の再検討と新たな展望――権利論の視点から」法学論叢一五四巻四＝五＝六号(二〇〇四年)二九二頁。山本理論の意義については、藤岡康宏「不法行為と権利論――権利論の二元的構成に関する一考察」早稲田法

学八〇巻三号（二〇〇五年）一五九頁〔本書第三章所収〕参照。
(12)　この問題につき、須加憲子「「プライバシー」と呼ばれる権利の夜明け前」六〇〜六一頁、同「プライバシー侵害と名誉毀損」一二九頁、一三一〜一三二頁〔いずれも田島泰彦＝山野目章夫＝右崎正博編著『表現の自由とプライバシー——憲法・民法・訴訟実務の総合的研究』（日本評論社、二〇〇六年）所収〕参照。
(13)　藤岡・前掲注(11)一五九頁参照。
(14)　来栖・前掲注(1)三四〇頁。
(15)　来栖・前掲注(1)三二四頁、三二八頁。
(16)　吉田克己『現代市民社会と民法学』（日本評論社、一九九九年）二六七頁。

◆四◆　新七〇九条の意義

(1)　不法行為の基本類型

七〇九条旧規定では権利侵害によって損害が生じたことが要件とされていたが、二〇〇四年の民法改正で「権利」または「法律上保護される利益」の侵害というように被侵害法益に関する表記が改正された。不法行為の成立は権利侵害のある場合に限られないこと、「法律上保護される利益」も不法行為法上の保護を享受しうる場合があることは旧規定下ですでに確立されていたから、それを条文に明記しその趣旨を確認したにすぎない。このような立法担当者の見解は、なるほどと理解することはできる。その一方で、被侵害法益の範囲を拡大するためには、違法性（「権利侵害から違法性へ」）という概念はもはや必要でないことを条文の形で暗黙裡に宣言した、と読み取れないことはない。いずれにしろ、事実として残されたのは、被侵害法益に関する要件のみが改正され、保護法益が二つに分類されて併記されていることである。素直に読むと、損害ないし過失に取り込みえない、それ自体独自の役割を担うべき保護法益に関する問題があると考えることもできる。この問題については、起草者意思を尊重すべしとの見解もあるが[17]、保護法益を区別しそれに対応した保護のあり方を検討する提案は旧規定下でも存在しえたことを考えると、問題はそこにとどまりえないようにも思える。七〇九条における類型化の必要性、とくに全法秩序の視点からする類型化の必要性を考えると、新七〇九条はこの課題にどのような意義をもつことになるのか。そのような問い掛けを行うことも可能であろう[18]。

七〇九条がフランス民法一三八二条と異なり、損害の発生のほかに被侵害法益について規定していることから、違法判断を考える際の、重要な手掛かりを得ることができる。すなわち、三で検討したように、どのような利益を、どのような基準で保護すべきかは、全法秩序を踏まえて考えねばならないとすると、保護法益を区別する新規定は、違法類型に二つの基本類型があることを窺わせ、示唆的である。不法行為には、被侵害法益の特性を重視して違法判断を行なう場合と、法益の特性が定まっていないことから、侵害行為の態様を重視して違法判断を行なわざるをえない場合があるのではないか。ここで前者を権利侵害型、後者を行為規範違反型と呼んでおくと、七〇九条にいう権利侵害に対応するのが「権利」侵害型、「法律上保護される利益」侵害に対応するのが行為規範違反型である[19]。ある法益侵害がいずれの類型に当てはまるかについては、前述の全法秩序と関連づけられた保護法益論が参考になろう。たとえば、権利侵害型には、社会構成原理としての人格権、所有権、契約などのほか、定型化され明確な形をもつ個人的法益が含まれよう。契約は第三者からの侵害に関するかぎり保護のあり方としては行為規範違反型に属するが、これは所有権とは保護の形式が違うことから特別の配慮を要するという問題にすぎず、基本的な法制度であることを明確にしておくためにも、権利侵害型に含めておくこともできる[20]。行為規範違反型としては、権利侵害型といえるほど定型化されていない個人的法益のほか、外郭秩序の形成に関わる利益、公共化されつつある（個人的）法益が考えられる。[21]

不法行為法には権利形成機能（法規範創造機能）があり、その受け皿になるのは行為規範違反型であるが[22]、権利侵害型に移行することはもちろん可能である。反対に、権利侵害型が行為規範違反型に移ることもありえないわけではない（社会観念の変化）。その意味で権利の概念は動態的なものとして把握されるべきで、二つの基本類型は一つの目安にすぎず、柔軟な扱いが必要である。大事なことは、権利侵害型といい、行為規範違反型といっても、それは保護の形式を表しているにすぎず、違法類型としては基本的には対等だということである。[23]被侵害法益の強弱、加害行為の悪性の大小（あるいはそれらの相関的衡量）、といった単なる比較によって、不法行為法上の保護を享受しうるかどうかが決まると考えるのは妥当でない。違法類型としては二つの対等な類型があることを前提に、保護法益の特性とそれに対応する保護のあり方を探ること、これが契約と異なる不法行為法の役割ではないかと考えられる。

(2)　制度目的

ここまでくると、違法類型は制度目的の問題でもあることがわかる。上述の違法類型を支えるのは権利論と権利(保護法益)の公共性（外郭秩序）の問題であるが、権利論といってもさまざまの系譜があることに注意を要する。本章で取り上げたのは基本権保護義務論であるが、それに限られるわけではない。厚生対権利という対比に関する議論は大阪アルカリ事件に遡ることができるし[24]、サヴィニーに遡る古典的権利論の系譜もある。[25]これらはいずれも基本モデルの構築にとって重要な選択肢であることに変わりない。基本権保護義務論においては、基本権と民法七〇九条との直接的連関、それに基づく基本権調整原理の必要性が指摘される。構想の核にあるのはこのような枠組みであるが、それによって私法（不法行為法）の自律性を保つことができるのであろうか。共感を抱きつつも、本章が目指すのはそのような権利論ではない。私法の自由な法発展を可能にする、そのような権利論である。(26)

(17) 山野目章夫ほか「[シンポジウム]要件事実論と民法学との対話」私法六八号（二〇〇六年）三〇頁（星野英一発言）。

(18) 新七〇九条の解釈において、ドイツ法への回帰に言及されることがあるが、それにとどまらず、将来像を見据えた議論が必要とされるのではなかろうか。この問題について、大塚直「民法七〇九条の現代語化と権利侵害論に関する覚書」判例タイムズ一一八六号（二〇〇五年）二〇頁。なお、藤岡康宏ほか『民法Ⅳ 債権各論〔第三版〕』（有斐閣、二〇〇五年）二三五〜二三七頁（藤岡）参照。

(19) 四宮和夫『不法行為』（青林書院、一九八七年）三〇六頁以下参照。

(20) 契約の保護については、吉田邦彦『債権侵害論再考』（有斐閣、一九九一年）に詳しい。

(21) この問題について、吉田克己・前掲注(10)一四三頁。

(22) 窪田充見「不法行為法学から見たパブリシティ――生成途上の権利の保護における不法行為法の役割に関する覚書」民商法雑誌一三三巻四＝五号（二〇〇六年）七二一頁は、この問題について示唆に富む。

(23) Vgl., Eduard Picker, Literatur, AcP 178 (1978), 502.

(24) 山本顕治「現代不法行為法学における『厚生』対『権利』――不法行為法の目的論のために」民商法雑誌一三三巻六号（二〇〇六年）一頁。

(25) 須加憲子「生活妨害法理に関する基礎的考察――アメリカニューサンス法を契機として生活妨害法理の再構成へ（4・完）」早稲田法学七七巻二号（二〇〇二年）一〇一頁、一三二〜一三九頁では、人格権と物権の棲み分けが必要であるとの提案があるが、これも権利論として貴重である。

(26) 藤岡・前掲注(8)五〇六頁参照。

五　損害賠償と差止

不法行為の効果は損害賠償であるが、違法行為の差止めはどうなるのであろうか。不法行為現象の多様化に伴い、救済方法も多様化せざるをえない。最高裁大法廷判決（「北方ジャーナル事件」。最大判昭和六一年六月一一日民集四〇巻四号八七二頁）において人格権としての名誉権に基づく差止請求権が認められるなど、個別分野における蓄積はあるが、損害賠償法ほど強固な基盤はできていない。法実務が差止訴訟に消極的になりがちな一因もそこにあるのではないか。

差止請求は民法に明文の規定がないこともあって、法的根拠（法的構成）ないし差止要件が区別されないまま、この問題が議論されてきたように見える。しかし、法的根拠論の前に、差止めの存在根拠の問題があるのではないか。実質的意義における民法を問う前提として市民社会の「秩序」類型を取り上げる広中理論においては、「秩序」について述べられる場合は必ず、「秩序」違反に対するサンクションとして場合により差止めを認めるという理論の展開が要請されている。これは差止請求の存在根拠論の問題であると思われる。法的根拠論は通常、物権的請求権との関連で論じられるが、差止訴訟の適用範囲を拡大する目的でさまざまの議論が起きた(27)。理念型として示せば、権利的構成、不法行為説、違法侵害説のほか、権利的構成と不法行為説ないし違法侵害説との併用を模索する考え方もある。差止は違法な行為をあらかじめ抑止する、あるいは違法な状態を排除する制度であるから、帰責事由を問う不法行為制度とは別の制度であると考えることもできる。いま一つの問題は、いずれが差止の存在根拠論に適合的かということである。このように考えると、法的根拠論としては、違法侵害説にはもっともな考え方が含まれているようにも思える。法的根拠論として違法侵害説を取るとすると、従来の法的根拠論は差止要件の問題に移されるのではないか。差止要件においても七〇九条と同様、保護法益の特性に応じた差止要件を考えるべきであるが、そうすると、法的根拠論として論じられてきたことも、要件論において活かすことも可能である。七〇九条との関連で指摘しておくべきことは、権利論、権利の概念の問題は、実は、同条が担う損害賠償責任についてよりも、差止請求について論じられることが多かった、ということである（権利論の二元的構成）(28)。この経緯に照らせば、差止要件において復活する可能性のある権利の概念の比重は、損害賠償におけるよりも一層高まるということも考えられる。いずれにせよ、権利論は、損害賠償と差止という救済制度の二つの柱を束ねるものである必要があろう。

(27)　藤岡・前掲注(11)一七四頁以下。本格的研究として、根本尚徳「差止請求権の発生根拠に関する理論的考察——差止請求権の基礎理論序説（1）～（3）」早稲田法学八〇巻二号（二〇〇五年）一〇九頁、同八〇巻四号（二〇〇五年）二〇九頁、同八一巻一号（二〇〇五年）一二五頁〔同『差止請求権の理論』（有斐閣、二〇一一年）所収〕。
(28)　藤岡・前掲注(11)一五九頁以下。

◈六◈　おわりに

不法行為法の新時代、不法行為法が新しい時期を画するには基本モデルが必要と考え、日本型モデルを構築するための課題の提示を試みること、本章にとっての課題はその点にあった。法創造は、法発展の継承にはじまるのではないか。不法行為法にはそのことが特にあてはまるように思える。公害をはじめ深刻な不法行為現象に直面したわが国では、実践的解決策として貴重な遺産が形作られてきた。と同時に、基礎理論の蓄積もある。そこから何を汲み取るべきかは、ひとり一人が考えるべきことではあるが、時代は何を要請しているのであろうか。伝統的な意味での権利と権利（利益）の公共化（外郭秩序）、本章が基本的モティーフとしたのは、その両方を的確に把握できる保護法益論、そのような権利論である。[29] このことを記して本章を終えることにしたい。

（29）　不法行為法学の動向については、小粥太郎「演習民法」法学教室三〇六号（二〇〇六年）一一二頁〔同『民法の世界』（商事法務、二〇〇七年）二五三頁以下所収〕参照。本章も示唆を得た。

第五章　国際人権の法実現

◆一◆　はじめに

1　はじめに

さきほどは吉田克己教授および吉田邦彦教授による理論的かつ実践的で、詳細な基調報告がありましたので(1)、私は少し距離をおき、これらのご報告のもつ意義について考えてみたいと思います。私は学会員（国際人権学会）ではありません。これまで学会でどのような議論がなされていたのか、年報を読み進めますと、二〇〇四年度学会年報の質疑応答が目に留まりました。二〇〇四年はわが国でロースクールが開設された初年度にあたります。「国際人権基準を日本国内の人権問題にどう適用するか」との問題意識から、人権問題について日本からどう貢献するか、といった視点が弱いというご意見が紹介されていました。私はこのご発言に刺激を受けました。具体的な処方箋を提示することはできませんが、その間の民法の法発展についてまとめておきたいと思います。

差別撤廃条約、したがって、国際人権の国内実施については、国際人権、憲法上の人権、法律上の人権の関係をどう考えるか、という問題があります。この相互連関については、レベルの違う問題で、結果として国際人権が実現されていればよいとの考え方もありますが、どのような立場を取ろうとも、議論を前に進めるためには、受け皿としての民法について共通の理解を得ていただく必要があると思われます。

不法行為法は民法の一領域にすぎません。しかし、最終的で、包括的な救済規範といわれることがありますから、民法の全体、さらには法秩序の全体を視野にいれた判断を求められる場合があります。差別撤廃にとっても、「最後の拠りどころ」となるのは不法行為法です。この法領域で従来とは違う議論が出てきました。それを取り上げることにします。

◆二◆　国際人権と不法行為法

(1)　基本型不法行為（民法七〇九条）の保護法益

第一は、不法行為法の中心的規定である民法七〇九条の保護法益に関する問題です。二〇〇五年に民法典の現代語化が実現し民法が少しは近い存在になりましたが、この改正では現代語化にとどまらず、条文の表記が修正されました。旧七〇九条では「他人の権利の侵害」による損害の発生が必要とされていましたが、新七〇九条では、①「権利の侵害」または②「法律上保護される利益の侵害」として、権利侵害と利益侵害が併記されることになりました。

これについては二つの考え方があります。第一は、判例、通説を条文に明記したにすぎず、内容的には旧規定を変更するものではない、という理解です。その通りだと思われますが、その一方で、別の考え方が生じる可能性もあります。第二は、文理解釈をしますと、学生にどのように説明すればよいのか、なぜ、二つの概念が併記されることになったのか、といった問題が出てまいります。実質判断に違いがあることが指示されているのではないかということです。権利の侵害を重視した違法判断と、権利の侵害よりも、侵害の態様を重視した違法判断の違いです。行為態様が重視されると、新しい利益に対してもたとえ権利性が弱いものであっても救済の門戸が拡がる可能性が出てきます。これは包括的な救済規範としての不法行為法の「権利形成機能」ないし「法規範形成機能」に関わる問題です。

違法判断の違いに触れる判例をひとつ紹介しておきます（最判昭和六三年二月一六日民集四二巻二号二七頁）。在日韓国人牧師が、テレビのニュース番組で自分の名前が、母国語読みではなく漢字の日本語読みをされたことに対して、基本的人権としての人格権が侵害されたとして、謝罪広告と慰謝料（僅か一円）を請求しました。これは「差別撤廃」といわれるほど「切実な問題」ではないと思いますが、最高裁の対応は明確なものでした。

すなわち、氏名は人格権の一内容を成すものであるが、同じ人格権でも保護のあり方には違いがある。氏名を他人に冒用されない権利・利益と違い、氏名を正確に呼称される利益は、その性質上、不法行為法上の利益として必ずしも十分に強固なものではない。他人に不正確な呼称をされたから直ちに不法行為が成立するというものではなく、特段の事情がない限り、違法性のない行為である、とされました。このような判断の仕組みに基づき最高裁は本件に関する限り請求を棄却しましたが、侵害行為の態様によっては強固な利益でなくても賠償責任が生じる可能性を示唆するものとして、この判例の判旨は、法理論としてはもちろん、差別撤廃の問題にとっても重要であると思われます。

(2) 民法の構成と人格権

国際人権を対象としたものではありませんが、内閣府大臣官房広報室「人権擁護に関する世論調査」から、人々が人権侵害と感じる大部分が、人格権侵害と差別（平等権侵害）に当たり、しかも、人権侵害を行っている主体は、「隣人」（私人）であって公権力ではない、とする評価があります。(2) 人格権を民法にどのように位置づけるかは、従来必ずしも明確ではありませんでした。しかし、これは民法学にとってきわめて重要な問題です。

民法典は、総則、物権、債権、親族・相続で構成されています。債権の主要な発生原因は「契約」と「不法行為」ですが、いずれも債権編に閉じこめられ、それぞれの制度目的に従って自己主張するには限度がありました。しかし、近年は契約と不法行為の役割を実質的に考え、契約では契約内容の重視、不法行為では当事者の間に合意はありませんから、どのような権利・利益が法的保護に値するのか、つまり広い意味での権利論の問題が関心を集めるようになりました。その結果次第では、さきほどの民法の構成は、実質的な組み替えが必要となります。

社会の基本的な構成原理として大きくは財貨秩序（財産権）と人格秩序（人格権）を対置させ、それぞれの外郭に競争秩序と生活利益秩序があるという構想に従いますと、(3) 権利論はこのような意味における秩序類型に対応する形で進められることになります。人格権は民法に規定がありませんが、この構想では財産権と対等の位置が与えられることになります。不法行為法は権利が侵害された場合に損害賠償請求により被害者を救済するものですが、これを権利の法実現と理解することもできます。法実現の舞台としての不法行為法です。民法の実質的な組み替えに基づく権利論の展開は、差別撤廃にとっても強力な援軍になると思われます。

(3)　憲法上の基本権の法実現と民法

差別撤廃に関連する問題として、国際人権と憲法の関係のほか、より一般的な問題として、憲法の基本権と民法の権利との関係をどのように理解すべきかが問題となります。

これについて民法(学)からの(一つの)問題提起として、憲法上の基本権と民法上の権利（七〇九条）を直接的に結び付け、そこから不法行為法の制度目的を論じる考え方があります。これは民法からの問題提起にすぎませんが、国の基本権保護義務に基づく提案であるため、間接的には憲法に対する問題提起という性格をもっています。[(4)] 民法のプライバシー権など新しい権利・利益の生成において基本権が援用されることがあるように、憲法が民法に影響を及ぼすことがあるのは当然ですが（民法二条参照）、基本権保護義務論に基づく不法行為法の制度目的の規制は、憲法と民法に関するこれまでの議論とは違う段階のものです。

同じ権利論でも、さきほど取り上げた社会構成原理に基づく権利論が民法に内発的な権利論であるとすると、これは憲法上の基本権の法実現を目的とするものとして、民法外発型の権利論と理解することもできます。いずれにしてもこの新たな提案については、結果よりもプロセス、議論の進め方について広い範囲のコンセンサスを得る必要があると思われます。

（1）　章末、関連文献・論文⑨参照。
（2）　章末、関連文献・論文③一一一頁。
（3）　章末、関連文献・論文⑥参照。
（4）　章末、関連文献・論文⑦参照。

◈三◈　国際人権の法実現

(1)　理論と実務の架橋

以上、国際人権について、民法の側から三つの課題をあげることができますが、このような法理論・法発展がどのようにして国際人権の現場、差別撤廃に結実することができるのか。これは理論と実務の連携に関わる問題です。

理論と実務の関係については、両者の架橋がしばしば説かれてきました。ロースクールが設立されたあとは、あたかもそれが唯一の制度目的であるかのように、そのような傾向がますます強くなってきました。理論と実務の橋渡しが必要であることは言うまでもありません。問題はそれをどのように進めるか、両者の関係を具体的にどのように構築するかではないでしょうか。私はこの関係を階層的に理解するのがよいと考えています。

(2)　法理論と法実践の相互連関

実務をここでは動態的に把握して法実践としておきますが、法理論と法実践の相互連関を段階的に把握すると、どのような議論が、どのような目的でなされているのか、問題解決の見通しがよくなると思われるのです。

すなわち、①第一段階は、現実問題対応型の相互連関、②第二段階は、基礎理論対応型の相互連関、そうして、もう一つ、③第三段階として、制度的基礎対応型の相互連関を考えることができます。二で述べた三つの課題についていえば、(1)の七〇九条新規定は第一段階の対応、(2)の社会構成原理としての権利論は人格権に民法上の新しい地位を与えるものですから、第二段階の問題として議論する。(3)の基本権保護義務論は不法行為法の制度目的に結びつく議論ですから、第三段階の問題として扱う。このように考えることもできます。差別撤廃では、国際人権、憲法上の人権、民法上の人格権の相互連関を検討する必要がありますが、そのような議論も第三段階に含まれるのではないでしょうか。

このような法理論と法実践の相互連関に関する考えを「三層構造論[5]」としておきますが、これはもちろん差別撤廃など国際人権の法実現に限って適用されうるものではありません。司法、立法など法実務と法理論との関係を広く対象とするものですが、コメンテーターとして冒頭に問題提起をしました法曹養成にも関係します。ロースクールでは、①の第一段階の教育、すなわち法理論を応用的に扱うことが重要ですが、その基盤を支えるのが②と③の役割です。三層構造論は法学研究においても研究の進め方の指針となることが期待されます。

(5) 章末、関連文献・論文⑪

◈四◈ おわりに

以上で、ご報告を終わらせていただきます。私人による差別撤廃に対し民法はどのような貢献をすることができるか。課題を提示させていただいたにすぎませんが、三層構造論で触れましたように、各法領域の連携が必要だと思われます。本報告がそのための一助になればと願うものです。

〔関連文献・論文〕

①園部逸夫「日本の最高裁判所における国際人権法の最近の適用状況」国際人権一一号（二〇〇〇年）二頁。
②高橋和之「国際人権論の基本構造──憲法学の視点から」国際人権一七号（二〇〇六年）一七頁。
③高橋和之「現代人権論の基本構造」ジュリスト一二八八号（二〇〇五年）一一〇頁。
④林陽子「国際人権法を使いこなす法曹を育てる」国際人権一五号（二〇〇四年）七八頁。
⑤大村敦志「マイノリティと民法──シヴィルの再編のために」早稲田大学比較法研究所編『比較と歴史のなかの日本法学──比較法学への日本からの発信』（成文堂、二〇〇八年）三八一頁。
⑥広中俊雄『民法綱要 第一巻 総論 上』（創文社、一九八九年）一〜二一頁。なお、基本構想に変わりないが、同『新版民法綱要 第一巻 総論』（創文社、二〇〇六年）も参照。
⑦山本敬三「基本権の保護と不法行為法の役割」民法研究五号（二〇〇八年）七七頁。
⑧藤岡康宏『損害賠償法の構造』（成文堂、二〇〇二年）一頁〜三九頁。
⑨「国際人権法の国内実施の現在──私人による差別の撤廃をめぐって」国際人権二〇号（二〇〇九年）二五頁以下参照。
⑩国際人権法学会のあとに公表した論文として、藤岡康宏「日本型権利論の法実現と民法理論」同編『民法理論と企業法制』（日本評論社、二〇〇九年）五頁〔本書第二章所収〕。
⑪藤岡康宏「法の国際化と法理論の創造」曽根威彦＝楜澤能生編『法実務、法理論、基礎法学の再定位──法学研究者養成への示唆』（日本評論社、二〇〇九年）二三二頁〔本書第一章所収〕。

第 3 部

権利論の現代的展開

第六章　競争秩序の基本枠組み

◆一◆　競争秩序の枠組み

ご紹介いただきました早稲田大学の藤岡です。私がお引き受けしましたのは吉田報告と曽野報告に対するコメント(1)です。

まず、吉田報告は、問題領域を明確に区別され、競争秩序の形成といいますか、実現に向けた役割分担のお話だったと思います。それは、たとえば私法と公法の協働ないし調和といった補完関係の中で、最も妥当な秩序形成の方策を探るべきであるということです。それに対して曽野報告は、その秩序の役割分担の中で、民法独自の競争秩序形成の方法を強調されたところに特色があると思われます。両先生のご報告には理解できるところが多く、大きな刺激を受けました。

両先生のご報告は、いずれも競争秩序あるいは外郭秩序という大きな枠組みを踏まえた立論でした。そこでコメントも、後に潮見佳男教授が控えておられますから（潮見コメントについては注(1)に掲げた文献を参照）、コメントの役割分担といいますか相互補完関係ということで、私は競争秩序という、午前中から一貫して太い柱になっていた問題は、どういうことを議論しようとする枠組みであるのか、そういう観点からコメントさせていただくことにいたします。したがって私のコメントが、おおまかな感想めいたものになることをお許しいただきたいと思います。

ところで、競争秩序というのは要するに、財貨秩序に対する外郭秩序であると、吉田報告でも明快に述べられていましたが、競争秩序においては公共の空間としての外郭秩序が問題となっていて、その具体的な中身は基本的には公共性という問題が重要な要因として入っている、そういうご報告でした。

こうした競争秩序の説明によって、この秩序の内容といいますか、内実が大変明確になってきました。そうした点で吉田克己教授のご研究は、これからの議論を喚起する重要な契機になると考えられます。このような方向をさらに発展させるためには、そもそも競争秩序の問題を体系的な形としては初めて提起された広中俊雄先生の競争秩序、その問題提起がどのような意義を持つものであったのか、それをもう一度確認することが必要ではないかと思われます。私の理解によれば、広中先生の提唱による競争秩序といいますのは、一言でいえば法社会学的研究に支えられた枠組みではないか、かねがねそのように考えておりました。これは基礎法（法哲学）の先生とご議論していたときに気づいたことですが、そのようなものであれば、実定法の議論をする場合には直接には結びつかないところがある。そのような特徴を持つ理論枠組み、法理論ではないかと理解しておりました。

（1）　吉田報告、曽野報告については、吉田克己編著『競争秩序と公私協働』（北海道大学出版会、二〇一一年）四九頁以下、六五頁以下参照。

◆二◆ 広中『民法綱要』の読み方――法社会学的観察

広中先生の『民法綱要』では、市民社会における秩序について語られる際に、必ずといっていいほど、社会構成員の社会的意識という問題に触れられています。たとえばこのシンポジウムのテーマである競争秩序については、次のように定義されています。「競争に基礎をおくこの社会は、財貨獲得の機会が競争に開放されている状態を正当なものとみる社会的意識を社会構成員の間に生じさせる。このような、社会的意識に結実しているものとしての、財貨獲得に関する競争という仕組みを、「競争秩序」とよぶことにしよう(2)」と提言されているわけです。

つまり、こうした社会的意識への結実から民法の体系を組み立てられるのは、単に競争秩序だけではなくて、『民法綱要』で提唱されるすべての秩序、たとえば財貨秩序、人格秩序、それから生活利益秩序（人格秩序の外郭秩序）、そうしたものに同じようにあてはまります。こうした考え方は、法社会学的な発想といいますか、社会的意識への結実を一つの仕かけとして組み立てられたものであると考えられますが、そのような仕かけに基づいて市民社会を理解する構想を提示されたと考えることができます。

これに関連して注意を要するのは、この考え方は市民社会に成立する基本的秩序を概観する目的で構想されたもので、したがって、細かな言葉遣いになりますけれども、広中先生は、法の問題ではあるとしても、法(律)秩序という言い方は一切お使いになられていないことです。

こうしたことをあれこれ考えておりましたところ、広中先生ご自身が、二カ月ほど前に出ました論文(3)で、自分の構想は法社会学的な観察であるといわれていることを知りました。そういうところから考えましても、議論の枠組みとして、午前中の報告にありました競争秩序は、少なくともしばしば取り上げられる『民法綱要』では、これは競争秩序を論じるときの「基本テキスト」の一つといってよいと思いますが、そこでは競争秩序は上記のような性格を持つ理論枠組みとして把握されていました。このことをしっかりと理解しておく必要があるのではないか、ということです。もちろん「基本テキスト」から何を学ぶかは様々な立場があるわけですし、またそうしなければ進歩はありませんが、少なくとも『民法綱要』の立脚点については、共通の理解を得ておく必要があるのではないでしょうか。

こうした見解は誤解を招くかもしれませんから申し上げておきますと、吉田報告では当然のことながら、このことを踏まえておられたとお察しいたしました。判例の問題点などに関するご報告をお聞きし、あるいは論文を拝見しましても、広中・秩序構想がこういった性格の枠組みであることは、すでに了解ずみのことと推測しているところです。

曽野報告では、外郭秩序について多少自分は疑念を提起したいと述べられました。そうして、狭い意味での競争で、競争秩序の問題は尽きているわけではないと。そこでは財貨獲得に向けた自由競争の問題だけではなく、自由な意思決定のできる環境を外郭秩序に取り込むべきである。そのようなご見解を従来の考え方に対する問題提起として示されましたが、これはまったく真っ当なお考えだと思われます。

これは広中理論と抵触するものではないと考えられます。つまり、社会的意識に結実したものとして秩序を把握することは、これ自体、開放性のある、あるいは発展可能性のある考え方です。そうすると、外郭秩序に新しいものを取り込むことができることは、いわば当然のことではないか。曽野報告におけるご提案は起こるべくして起こった問題提起ではないか。そういうことを考えながら拝聴していました。ですから、大いにやっていただきたいと思います。

(2) 広中俊雄『民法綱要 第一巻 総論 上』(創文社、一九八九年)四頁。『新版 民法綱要 第一巻 総論』(創文社、二〇〇六年)四頁も同旨。
(3) 広中俊雄「主題(個人の尊厳と人間の尊厳)に関するおぼえがき」民法研究四号(二〇〇四年)五九頁、七五頁。

◆三◆ 競争秩序と権利論

広中理論が先に述べたような性格を持つものであるとして、法社会学的というよりは法社会学上の枠組みだといった方が適切かもしれませんが、これを実定法の問題として受け止めると、そこから何を引き出すことができるのか。こういう問題が生じると思います。実定法の問題としては、このような枠組みを把握する手段といいますか、受け皿が必要になると思われます。民法でいえば、権利の問題、あるいは権利として把握するのが適切でないときには、法律上保護される利益、たとえば競争秩序の関連でいえば競争利益です。このような権利や利益が侵害された場合にはどういうことになるのか。そのような形で議論が展開されることになると思われます。

このように考えますと、広中・秩序論の最大の業績といいますか、関心事は、実は秩序の捉え方それ自体にあるのではない。秩序が具体的に実践される場は実定法学の場面では権利の問題ですから、『民法綱要』でいいますと後半の第二章の権利の問題、実はそこのところが大切で、そうした意味で『民法綱要』は逆さ読みすべき「テキスト」ではないかと考えています。(4)「基本テキスト」として秩序論のみが取り上げられるのはおかしい。『民法綱要』にいう秩序論は、実際には権利論であると思います。権利と秩序が対立するものであるかのように取り上げられるのは、『民法綱要』からすると不本意な扱いを受けているといえるかもしれません。

重ねて申し上げておきますと、この著作ではたしかに最初に秩序の問題が展開され、その後に権利の問題が論じられていますが、そのように読み通した後、もう一回、権利の問題から遡って秩序（社会構成原理としての秩序）の問題を考えることが必要ではないか。そのような手順が秩序論の真髄を理解する近道ではないかということです。広中先生が秩序という基本枠組みの設定、特に「外郭秩序」の表現を獲得するまでには相当の時間を要したとお聞きしたことがありますが、外郭秩序はたしかに力のあるネーミングです。そこに引きずられて、基本的秩序とか外郭秩序、そうした枠組みに関する議論ばかりが先行する状況が続いておりますが、それでよいのであろうか。そのようなことをずっと考えておりました。権利ないし権利保護の問題を取り込んだ議論が必要ではないでしょうか。一般的な枠組みではなく、より具体的な検討の必要性です。

したがって、この市民社会に成立する秩序の問題を民法レベルで議論する場合には、秩序の問題を踏まえて、権利の構成とか、権利の行使の問題、さらには権利が侵害された場合の、あるいは侵害されるおそれがある場合の救済の問題など、いわゆる権利と競争利益のような利益とでどう違うのか、がポイントとなってくるのではないかと思います。

そういった観点から吉田報告をお聞きしますと、公共圏といいますか、公共空間としての外郭秩序を問題とされています。そういう問題に関連する条文として、民法一条一項があります。私権は、公共の福祉に適合しなければならない。

この条文は、批判されることの多かった条文ですけれども、『民法綱要』をあらためて読み直してみました。一条一項の命題は、民法上の意味で「公共」が問題となる民法上の特定分野、具体的には競争利益保護法とか、あるいは生活利益保護法の分野の法理を表現した命題そのものである、と述べておられます。

つまり競争利益の保護は民法典において欠缺領域に属する。特に不法行為法において判例による法形成によって、実質的意義における民法の範囲に取り込まれることになったのであって、この領域で欠缺補充のために機能する潜在的可能性を含んだ一般条項であった。そのことをもう一度、思い起こしてみる必要があるのではないか、と示唆されています。(5)

このことは主に、不法行為法に関連して論じられたことではありますが、吉田報告では公共圏の問題、吉田報告にいう市民的公共性とか、あるいは空間としての公共圏、その問題につながるものです。これは近年議論されることの多いテーマですが、不法行為法（の法規範創造的機能）との関係でも重要だ、ということをあらためて確認しておきたいと思います。

（4）『民法綱要』の主題は権利論であることについて、藤岡康宏「日本型権利論の法実現と民法理論」同編『民法理論と企業法制』（日本評論社、二〇〇九年）一七頁以下参照〔本書第二章所収〕。

（5）広中・前掲注(2)『民法綱要』一一六〜一一八頁。

◈四◈　秩序違反の考え方について——差止と損害賠償

以上が全体のコメントです。与えられた時間も過ぎているようですが、ここでもう少しお時間をいただきたいと思います。吉田報告にせよ、曽野報告にせよ、秩序を法的な立場から把握されている、つまり競争秩序を法(律)秩序として捉えられていると思っていますけれども、より具体的に、競争秩序の積極的な形成について論じられました。ところがしばしば引用された『民法綱要』にいう競争秩序は、秩序とは何だろう、そうしたごく素朴な疑問、より本質的な問いかけから構築されたものです。

もう一度、秩序というのは何だろうと。その秩序によって何が保護されるのであろうか。秩序が破られる、そういう違法な状態が起こったとき、どういう救済をすることが妥当なのか。『民法綱要』の原動力はそのような問題関心の大きさにあったのではないか。秩序の問題を、秩序が破られたとき、あるいは破られるおそれがあるときの行為の差止め、および秩序違反によって損害を被った人がいる場合の不法行為に基づく損害賠償請求権など、救済の観点から捉える。『民法綱要』の基礎にあるのは、このような問題意識です。

こうした問題意識は、吉田報告および曽野報告の趣旨とは多少異なっているのかもしれません。ご報告はいずれも競争秩序の形成ないし実現の視点から競争秩序に迫る内容でしたが、もともとの発想は、むしろ競争秩序によって守られるべきものは何か、秩序違反の行為があったときどのような救済措置を講ずべきか、そういう側面が強かったのではないか。秩序について論じられる場合、競争秩序についてだけでなく、すべての秩序が同様に扱われていますが、そこではまず差止が出てきて、次に損害賠償が出てくることにも注意を要します。

こういう順序の問題は『民法綱要』に接したときから気にかかっていました。要するに秩序に違反する場合の差止め、それから損害賠償ということですが、社会の秩序から問題を説き起こす場合に出発点とすべきはこういう課題ではないのか、そうした原点に遡った問いかけがなされているのだと理解しておりました。

そういう観点からいいますと、曽野報告では差止請求権に触れられていました。差止請求権について曽野報告は独占禁止法二四条を挙げて、差止請求権の創設としてまとめられました。ところが創設はしたのだけれども、要件が限定的で扱いにくいと評されました。

ところで、差止請求権を創設をしたことについては、その意味をもう一度考えてみる必要があるのではないか。つまり競争秩序の違反を差し止めるのは、条文がなければできないことなのか、あるいは条文がなくてもできるのかです。条文がなくてもできるだろう、理論的にはそういう問題だろうとの考えがありえないわけではありませんが、損害賠償については独禁法二五条とそれを補完するものとしての民法七〇九条というように、二つのルートを通じて損害賠償請求ができるとされています。

それとの対比でいえば、差止請求についても独禁法二四条のほかに、差止請求権の一般的発生根拠・一般理論があって、そこから導き出される、そうした差止請求権というものがある、と考えることができないわけではありません。これに従うと、独禁法二四条は差止請求権の一般理論を応用的に具体化したものに過ぎないことになります。このように解することができるとすると、独禁法二四条の課題は差止めの一般理論との相互連関を図ることになりますが、競争秩序の形成、実現にとっては、こうしたより本格的な議論も必要とされるのではないでしょうか。

こうした問題の重要性については気づいておりますけれども、私自身はまだ具体的に提示できるものを持ち合わせていません。これは民法の全体像、というよりも法制度の全体像に関わる、法の根本問題ですが、いずれにしましても差止請求権の基礎理論ないし発生根拠論が開拓される必要があると思います。[6]誤解をおそれず申し上げますと、実定法からみますと、『民法綱要』の最大のメッセージは、差止請求権を検討せよ、ということではないかとさえ思われます。このようなことを考えながらご報告をお聞きしておりました。お二人の先生の迫力あるご報告に対するに、感想めいたコメントしかできませんでした。後は潮見教授にお任せすることでお許しいただければ幸いです。ご静聴ありがとうございました。[7]

(6) この問題の本格的検討を試みるものとして、根本尚徳「差止請求権の発生根拠に関する理論的考察(1)〜(9)(未完)――差止請求権の基礎理論序説」早稲田法学八〇巻二号(二〇〇五年)一〇九頁、同八〇巻四号(二〇〇五年)二〇

九頁、同八一巻一号（二〇〇五年）一二五頁、同八一巻四号（二〇〇六年）三三一頁、同八二巻一号（二〇〇六年）一六五頁、同八二巻三号（二〇〇七年）一六七頁、同八三巻二号（二〇〇八年）九三頁、同八三巻四号（二〇〇八年）一〇九頁、同八四巻一号（二〇〇八年）八一頁〔同『差止請求権の理論』（有斐閣、二〇一一年）〕。

（7）競争秩序に関するコメンテーターの関連論文として、①広中構想が法実務・法実践との関係でどのような役割を担うものであるかについて、藤岡康宏「法の国際化と法理論の創造――民法の法創造」曽根威彦＝楜澤能生編『法実務、法理論、基礎法学の再定位』（日本評論社、二〇〇九年）〔本書第一章所収〕、②競争秩序と差止の関係について、同「競争秩序と差止論」NBL八六三号（二〇〇七年）五六頁〔本書第七章所収〕。なお、不法行為法の法発展（歴史）と法構造（理論枠組み）の統合を目指して権利論を位置づけるものとして、藤岡康宏『損害賠償法の構造』（成文堂、二〇〇二年）一一頁以下がある。

第七章　競争秩序と差止論

一　はじめに

競争秩序に違反する行為が行われたとき、損害賠償請求のほかに差止請求が競争秩序の維持・確保のために発動されることがある。それはどのような制度で、どのような役割を担うべきものとされているのか。これが本章の課題であるが、損害賠償請求と違い、差止請求については民法にはこれを認める明文の根拠規定が存在しない。さらに、競争秩序で問題となる私人の「競争利益」、すなわち競争の公正・適正を通じて享受される経済的利益[1]は私人に排他的に帰属する権利ではない[2]。排他的権利であれば排他性という当該権利の本質的性格に導かれて差止請求権を根拠づけることも可能であるが、競争利益がそのような特性を持つものでない以上、競争秩序における差止論は、差止請求の法的根拠論の検討を主要な課題とせざるを得ない。

その一方で、競争法においては、差止請求を認める特別法がある。なぜ、特別法が先行するのか。特別法と民法の一般理論、その相互関係を視座に取り込むことは、相互の理論構築にとってのみならず、競争秩序の維持・確保における役割分担（行政的規制と民事的規制）の問題を解明するためにも有益であろう。

差止請求の制度的基礎が確立されていないことは、判例による法形成にも一定の制約をもたらし得る。差止請求は解釈論の問題なのか、それとも立法論の問題なのか。判例による法実践がいずれ遭遇するであろうこの問題に見通しをつける上でも、重要な意味を持つことは間違いない。

（1） 広中俊雄『民法綱要 第一巻 総論 上』（創文社、一九八九年）一一頁、同『新版 民法綱要 第一巻 総論』（創文社、二〇〇六年）一一頁、吉田克己『現代市民社会と民法学』（日本評論社、一九九九年）一七八～一七九頁。

（2） ただし、知的財産法の領域では競争利益を「財貨」に高める選択肢もありえないわけではない。この問題について、田村善之「競争秩序と民法学」同『競争法の思考形式』（有斐閣、一九九九年）三五頁、四四頁参照。競争秩序においても権利形成の問題があることに変わりはない。その意味で競争利益といえども、広い意味で権利論の一環として論じられる余地があるといえる。

◆二◆ 競争秩序の課題

(1) 差止請求を認める特別法について差止論の展開に必要な範囲で取り上げておこう。私人による差止請求権は私人の権利・利益が侵害されたとき、その権利・利益の帰属主体に付与される救済手段であるが、競争秩序における個人的利益の侵害に対する差止請求を問題とするものに、不正競争防止法（以下「不競法」という）三条一項と私的独占の禁止及び公正取引の確保に関する法律（以下「独禁法」という）二四条の各規定がある。不競法では、「不正競争によって営業上の利益を侵害され、又は侵害されるおそれがある者」はその侵害の停止または予防を請求することができる。その一方で、差止請求の対象とされる「不正競争」は一般条項として規定されているわけではない。違法類型があらかじめ明示されていることからすると（同法二条）、侵害行為の態様が重要な役割を担っていることがわかる。独禁法二四条の差止請求も個人的利益の侵害を対象とするが、そこで問題視される違法行為は「不公正な取引方法」（同法八条一項五号、一九条）であり、具体的な違法類型として定型化されている点に特徴がある。

他方、消費者契約法一二条は「適格消費者団体」（同法二条四項参照）が一定の者による消費者契約での不当条項の使用、不当勧誘行為に対して差止請求権を行使できる制度を設けたが、不競法および独禁法と違って被侵害利益に言及していない。また、この場合に適格消費者団体自身の利益が侵害されているわけでもない。むしろ、この制度は「不特定かつ多数の消費者」の利益、そのような意味における集団的な利益の侵害に対して、被侵害利益の主体と異なる消費者団体に差止請求権の行使を認めたものではないのか。そのように解すると、自己の利益が侵害されているわけではない消費者団体が、なぜ、差止請求権を行使できるのか、そのような問題も生じてこよう。(3)

(2) 以上の考察からすれば、競争秩序における差止論は、被侵害利益に関する限り、一方で排他的支配権の侵害とはいえない利益侵害、他方で個人に帰属するとは捉えがたい集団的利益の侵害のそれぞれを包摂できる基礎理論である必要があるとともに、民法の一般理論によっても支持できるものであることが望まれる。そのようなものであればこそ、競争秩序の裾野を広げ、特別規定の基盤をより強固なものとすることができるからである。その意味で、競争秩序と差止論の重要な課題とは、実は、差止請求の一般理論を確立することそのものに他ならないのではないか。本章の基本的問題意識はこの点にある。

第一に、一般理論が確立されると、特別法上の差止請求と民法上の差止請求の相互関係が明らかになろう。独禁法二四条の差止請求権は差止めの一般理論によって検証されることもあるであろうし、特別法で規定されていない問題について、民法が法の形成にかかわることも考えられないことではない。その一方で、特別法上の差止請求は民法上の違法判断に貢献することもできよう。(4)

第二に、集団的利益が問題となるとき、民法の一般理論との関係が明確化される必要がある。これは、差止請求権は権利・利益保護に限られるわけではない。制度保護にも資することができるのではないか。そうした差止めの基本問題に繋がる課題である。

第三に、債権侵害や営業権の保護の問題を競争秩序の視点から捉え直すことができる。さらには、生成中の権利の保護、ひいては民法上の保護法益(民法七〇九条)の競争秩序における位置づけも、検討の対象になってこよう。

(3) 団体訴訟の問題点について、大村敦志「実体法から見た消費者団体訴訟制度」ジュリスト一三二〇号(二〇〇六年)五二頁、森田修「差止請求と民法――団体訴訟の実体法的構成」総合研究開発機構＝高橋宏志編『差止請求権の基本構造』(商事法務研究会、二〇〇一年)一一一頁参照。

(4) この問題を一般的に論じたものとして、角田美穂子「競争秩序と不法行為法」法律時報七八巻八号(二〇〇六年)四三頁。

三 伝統的差止論の転換

(1) 問題の発端

違法な侵害(または侵害のおそれ)を差し止める。ある意味で私人に与えられた当然の権利であるが、これを理論的に基礎づけることはそれほど容易ではない。差止請求には衡平法的判断が入り込む余地があるからであるが[5]、わが国では明文の根拠規定がないことから差止論は差止請求権の法的根拠（発生根拠）の問題として展開された。伝統的な差止論は私人の権利・利益の侵害を前提とする。法的根拠論はどのような主張であれ、何らかの形でこの前提に依拠するものであったが、このようなあり方に転換を迫ることになるのが、秩序違反に基づく差止という問題提起である。競争秩序との連関を窺わせる提案であることは間違いない。しかし、それにとどまるものでもない。この提案によって、差止論は民法の一般理論としても新しい局面を迎えることになった。

(2) 法形成の到達点[6]

差止論を始める拠点となるのは物権的請求権（妨害排除請求権）であるが、一般理論が確立されるためには二つの要請が満たされる必要がある。適用範囲の拡大[7]と、保護に値する法益にはその特性に適合的な保護の形式と実質を付与すること、すなわち権利保護の重要性の実現である[8]。一般理論志向型の差止論はわが国では違法侵害説（後述）に始まる。しかし、法実践の要請から焦点を当てられたのは権利的構成と不法行為説であった。権利的構成は権利保護を重視するものであるが、差止請求の許容範囲が制約されるおそれがある。不法行為説は、被侵害利益に関する柔軟な判断の差止請求への応用を試みるものであるが、発生根拠論としては差止めを不法行為の効果、すなわち損害賠償と併存する不法行為の救済方法として理解するものである。

このような議論が実践される主要な法領域は、（精神的）人格権・人格的利益の侵害や公害・生活妨害の領域であり、競争秩序が積極的に取り上げられることは少なかった。生活妨害は土地所有権の利用の衝突から生じる紛争類型として、物権法上の処理に委ねることも可能であるが、わが国では生活妨害の被侵害利益を人格権的に把握する法理が発展し、比較法的にも際立つ特徴を有する領域となったのである。

判例の到達点を示す典型的なものとして、人格権としての名誉権に基づいて差止請求権を根拠づけた最高裁大法廷判決（最大判昭和六一年六月一一日民集四〇巻四号八七二頁〔北方ジャーナル事件〕）、生活妨害において人格権に基づく差止請求権を肯定的に解した大阪国際空港事件控訴審判決（大阪高判昭和五〇年一一月二七日判時七九七号三六頁。なお、最大判昭和五六年一二月一六日民集三五巻一〇号一三六九頁参照）のほか、景観利益の存在を認めた国立景観権訴訟上告審判決（最判平成一八年三月三〇日民集六〇巻三号九四八頁）を挙げておこう。

法形成の過程で生じたさまざまな議論を、理念型として示せば、法的根拠論は以下のようにまとめることができる。(9)

(a)　権利的構成

差止請求権の発生根拠を私人の排他的支配権たる権利に求める考え方であり（例、物権的請求権、人格権、環境権など）、排他的権利の侵害（のおそれ）に対する予防的救済が課題とされ、客観的に違法な侵害があればそれだけで差止請求権が発生すると解する。侵害者の主観的事情、利益衡量の可能性は理論的には排除される。

(b)　不法行為説

差止請求権の発生根拠を不法行為法、特に民法七〇九条に求める考え方。七〇九条は過去の侵害に対する損害賠償請求権だけでなく、将来の侵害を予防するための差止請求権をも認めたものと解するが、七〇九条を根拠条文とするかぎり、故意、過失が要求されざるをえない。これが差止請求権の目的、趣旨に適うことになるのかどうか。さらには、七〇九条は不法行為の効果として損害賠償を認めるのみで差止めについて一切触れていない。より根本的には、差止請求は違法な侵害のおそれがあるとき（不法行為の前段階）に発動されるべきものであるが、これを不法行為法の問題として扱うことに理論的な障害はないのであろうか。柔軟な法実践を可能とする長所を認めざるをえないとしても、克服すべき問題点も少なくない。

(c)　違法侵害説

違法な侵害（のおそれ）があることを重視し、法的保護に値する私人の権利・利益が違法に侵害され予防的救済が必要と判断される場合に、違法な侵害からの法益保護の必要性そのものを直接的に根拠とする考え方。被侵害利益の範囲拡大において不法行為説と共通するところがあるが、違法な侵害という枠組みを基礎に据えることにおいて、物権的請求権と繋がりを持ち、不法行為説とは異なる独立した根拠論として理解すべきものである。物権的請求権を基礎として構想されたものという点で、権利保護を重視し、権利論を包摂できる基盤を内在するものと解することができる。

(d)　併 用 説

これは、権利的構成と、不法行為説または違法侵害説との併用を試みる考え方であり、法実践の要請から生じた現実的な提案であると解される。

以上が伝統的な差止論の到達点である。差止論を進めるためには、伝統的な議論を確認しておくことも必要であろう。

(3)　差止論の制度的基礎

(a)　伝統的差止論の転換の契機となったのは秩序違反による差止という考え方である。これは広中俊雄博士による民法総論の構想に始まる(10)。民法は社会の構成原理を反映したものであるべきだとの考えから、社会構成員の社会的意識に基づいて（市民）社会に成立する諸秩序に形を与える作業を試みる。そうした社会的意識に支えられた秩序に基づいて民法の再編成が行われるべきであると主張するのであるが、そこで提示される秩序類型は、基本的秩序（「根幹秩序」）としての財貨秩序と人格秩序、財貨秩序の外郭たる競争秩序と人格秩序の外郭たる生活利益秩序である。競争秩序違反の行為があれば差止請求を、故意または過失があれば損害賠償を請求することができる。[11] このような発動の順位をも想定した秩序違反に対する差止請求と損害賠償請求の可能性は競争秩序にとどまるものではない。ほかのすべての秩序類型においても同様の理解がなされていることは、差止請求は秩序の維持、確保と密接なかかわりをもつ救済規範であることをうかがわせる。このことが民法総論の叙述で展開されていることが重要であるが、そのもっとも重要なメッセージの一つが差止論の再考を促すことであったと考えることもできるのである。[12] ここで析出された社会の秩序は法社会学的観察に基づくものであるが、この秩序を「法秩序」と理解すると、競争秩序においては「厳密な意味での『権利』を語ることはできない」のであるから、「基本的には、端的に『秩序』違反に対するサンクションとしての差止を認める方向で、理論的深化を図るべきである」[13] ということにならざるをえない（以下「秩序違反による差止論」という）。

(b) 伝統的差止論に新たな差止論が加わることは選択の幅が広がることを意味するわけではない。差止論に関する視座の違いを明らかにし、階層的な思考様式に進むことが期待される。判例による法形成がそうであるように、法理論は法実践を動かすものである必要があろう。法理論と法実践の相互連関を考えるとき、そこには三つの段階があるように思える（「三層構造」）。この相互連関を差止論に当てはめると、従来の差止論には転換が必要であることをうかがうことができる。すなわち——

第一段階は、現実問題対応型の相互連関である。既存の法手段や法制度に結び付いた処理が行われるという点で、権利的構成や不法行為説がこれに当たる。そこで重視されているのは実践的な問題処理の手法である。

第二段階は、基礎理論対応型の相互連関である。差止の一般理論を志向する点において、違法侵害説は現実問題対応型とは異なる普遍性のある問題処理を目指すものといえないであろうか。

第三段階は、制度的基礎対応型の相互連関である。差止という制度はそもそもどのような目的を持つ制度であるのか。そのような議論の蓄積を経て、第一、第二段階の議論も深まると考えられるのである。秩序違反による差止論はこの第三段階の議論の必要性を示唆しているものと考えることができる（なお、権利的構成が第一段階に位置づけられているのは排他的支配権としての権利の本質に基づいて差止請求権が根拠づけられることを想定したもので、権利が権利論として実質的な議論の対象となる場合〔民法の構成原理ないし社会の構成原理としての権利〕は第二、第三段階ともかかわりを持つことになる）。

以上の階層的思考様式を法的根拠論に当てはめると、第三段階で問題とされるのは、差止請求の存在根拠であり、第二段階では、差止の法的根拠論それ自体、そうして第一段階における主要な問題関心は、差止請求の要件・効果である、とまとめることもできよう。第三段階が制度論にかかわるものとすると、民法の一般理論の確立にとって重要な役割を担うのは、まずは解釈論にかかわる第二段階の法的根拠論ではないかと考えられる。法的根拠論の基盤が固まると、第一段階の議論は自ずと定まることになろう。その意味でも、違法侵害説を抜きにして差止論を語ることはもはや許されることではない。

ところで、競争秩序と対比される環境秩序の領域で法的根拠論にとって興味深い判例が現われた。景観利益は私人が環境から享受する利益にすぎない点において競争利益と類似の性格をもつ法益である。景観権の侵害を理由とする高層マンションの上層階撤去の差止請求（不法行為を理由とする）がなされた事案において、国立景観権訴訟上告審判決（最判平成一八年三月三〇日民集六〇巻三号九四八頁）は、法的保護の対象として景観利益の存在を認めたが、侵害行為の態様に違法性はなかったとして、請求を棄却した[14]。景観利益の法認は大きな前進であるとしても、違法判断には厳しい要件が付されている。これは、最高裁の判断が現実問題対応型の第一段階にとどまっていることによるものと考えられる。そうすると最高裁の判断によってこの問題に終止符が打たれたわけではない。本格的な議論はこれから始められなければならない。そのようなメッセージを読み取ることができないであろうか。第二、第三段階の議論が必要とされるゆえんである。

(4) 差止論の展望

(a) 違法侵害説の再構成

差止請求については「秩序違反による差止論」を待つまでもなく、すでに検討が始められていた。損害賠償と並ぶ救済の柱とするためには一般理論が必要とされるからであるが、その役割を担うに適合的と考えられたのは違法侵害説であった。違法侵害説の再構成である。既述のように保護法益に対する「違法な侵害」あるいは違法な侵害から当該利益を「保護する必要性」そのものを直接の根拠として差止請求権が発生すると解する違法侵害説は、差止請求権の発生根拠を一つの法制度として捉え直すことによって再構成されることとなった。この制度は広く私人の法益一般に差止請求権による保護を認めるものであり、法益に対する外在的な存在として、かつ不法行為法とは峻別された独自の存在として民法体系上に位置づけられる[15]。このような考え方は違法評価が差止論の鍵を握る点において物権的請求権と連関するものである。物権的請求権は物権の絶対性、排他性という権利の本質から導かれるのではない。物権といえども法益外在的な（政策的判断に基づく）制度によって保護されるのではないのか。そのための強固な手段が物権的請求権である。違法侵害説の理論的基盤となっているのは物権的請求権に対するこのような新しい理解であると考えられる。

(b)　新違法侵害説

以上の再構成は差止請求権の発生根拠論として提唱されたものであるが、これを一歩前に進め、差止請求の存在根拠論とあわせて、差止請求権の制度的基礎（「秩序違反による差止論」）を基盤とする違法侵害説を構想することはできないであろうか。差止論における一つの統一体の成立である。違法侵害説は被侵害利益を幅広く把握する考え方である一方[16]、違法判断において権利論を基礎づけ、重視するものである。救済規範としては権利形成の役割をも担うことになるが、権利を固定的に考えない違法侵害説のほうが権利的構成よりも権利保護の役割を全うできると考える。その一方で、個人的利益の侵害があったとは把握できない場合には、差止請求の制度的基礎に基づいた救済、すなわち、本来あるべき法状態に対する違法の侵害を除去するとの、差止請求の存在根拠から発せられる（広い意味での）違法論により[17]、差止請求の目的を達成することができる。以上の差止論をひとまず新違法侵害説と呼んでおくことにしよう。

ところで、違法侵害説では不法行為法との関係が問題となる。不法行為法という制度（あるいは不法行為という概念）をどのように理解するかによって対応が異ならざるをえない。違法侵害説からすると、不法行為法の舞台で展開される法発展は、実は不法行為そのものの問題処理ではない。違法侵害説の主張がいわば不法行為法に仮託されて実現されているにすぎないと理解することができれば、差止論の課題は明らかとなる。仮託された法形成を違法侵害説に基づいて再構築することである。これはいわば一般理論としての違法侵害説の副次的な役割であろう。

（5）　末弘厳太郎「物権的請求権理論の再検討」同『民法雑記帳』（日本評論社、一九四〇年）二二八頁、二三二頁。「衡平

法的見地から考究し、新たに積極的に統一的理論を樹立する」とされる。

(6)　差止論の全体像について、大塚直ほか「〈鼎談〉差止めを語る」判例タイムズ一二二九号（二〇〇七年）四頁〔加藤雅信＝加藤新太郎編著『現代民法学と実務―気鋭の学者たちの研究のフロンティアを歩く(下)』（判例タイムズ社、二〇〇八年）所収〕参照。

(7)　藤岡康宏「差止の訴に関する研究序説―その法的根拠と権利（絶対権）について」北大法学論集二一巻一号（一九七〇年）一〇八頁〔同『損害賠償法の構造』（成文堂、二〇〇二年）三二三頁所収〕。

(8)　藤岡康宏「環境法の基本構造―私法的側面を中心として（1）～（3・完）」判例時報八六八号（判例評論二二七号二頁）、八七一号（二二八号二頁）、八七四号（二二九号一〇頁）（以上、いずれも一九七八年）、〔同・前掲注(7)『損害賠償の構造』四一四頁所収〕。

(9)　学説について、藤岡康宏「不法行為と権利論―権利論の二元的構成に関する一考察」早稲田法学八〇巻三号（二〇〇五年）一五九頁、一七七～一七八頁〔本書第三章所収〕。

(10)　広中・前掲注(1)『民法綱要』一頁以下。なお、広中・前掲注(1)『新版　民法綱要』八頁、一九頁参照。

(11)　広中・前掲注(1)『民法綱要』『新版　民法綱要』一〇頁、一一頁。

(12)　藤岡康宏「コメント」（シンポジウム「競争秩序への多元的アプローチ―実定法学のクロスロード（二・完）」）北大法学論集五六巻三号（二〇〇五年）一三三六頁〔本書第六章所収〕。

(13)　吉田・前掲注(1)二六七～二七三頁。

(14)　この問題について、大塚直「環境訴訟と差止の法理―差止に関する環境共同利用権説・集団利益訴訟論・環境秩序説をめぐって」平井宜雄先生古稀記念『民法学における法と政策』（有斐閣、二〇〇七年）七〇一頁参照。

(15)　根本尚徳「差止請求権の発生根拠に関する理論的考察(4)―差止請求権の基礎理論序説」早稲田法学八一巻四号（二〇〇六年）三三二頁、三六一頁。なお、同（6）早稲田法学八二巻三号（二〇〇七年）一九八頁以下参照〔いずれも、同『差止請求権の理論』（有斐閣、二〇一一年）所収〕。

(16)　一つの規準として「社会的に是認され定型化された利益」。藤岡・前掲注(7)「差止の訴に関する研究序説」一一二頁。

(17)　根本尚徳「差止請求権理論と不法行為法―独禁法二四条の解釈論に寄せて」法律時報七八巻八号（二〇〇六年）六〇頁、六四頁参照。

◆四◆ 一般理論と競争秩序

(1) (新)違法侵害説が一般理論として成り立つ可能性があるとすると、競争秩序の問題はこの一般理論をどのようにそれに応用できるかということである。遡ると、競争秩序を構想する目的はどこにあるのかという問い掛けにたどりつく。競争秩序の維持・確保にあるとすると、行政的規制と民事的規制（差止請求）の役割分担の検討が必要である。

このような問題は環境法を構想する際に提起された。かつて環境法の体系的理解を試みた者として獲得した帰結は、すなわち、行政的規制が主導的役割を担うことは確かであるとしても、最後の拠点として、私法上の救済手段が重要な役割を担わざるをえない。私法的手段の積極的な対応を通じてこそ、民法は社会の基本法として生き生きとした法発展を遂げることができる。そのような展望であった[18]。

競争秩序では排他的支配権を語ることはできない。契約獲得に向けられた関係の形成が問題となるわけであるから、行為態様の評価が中心となり、違法行為の定型化が要請される。行政的規制が重視されるのはそのためである（公正取引委員会の排除措置命令）。その点で民事的規制は二次的役割を担うにすぎないとの考え方がありえないわけではない[19]。しかし、競争利益を享受する主体は、事業者に限られない。競争秩序の維持・確保による最終的な利益享受者は、競争の舞台である市場を通じて商品（生活必需品をも含む）などを入手する（せざるをえない）消費者個人（あるいは消費者集団）ではないのか。そうであるとすると、消費者がその利益を自ら守ることのできる手段、そのための差止論が必要とされることは環境法におけるのと変わりないのである。

(2)

(a) 競争秩序違反の行為をどのように類型化することができるか。競争法においていくつかの提案がある。反競争性（競争減殺）型、不正手段（不当需要喚起）型、成果冒用型、優越的地位の濫用などである[(20)]。この内、実践的課題として差止請求が論じられる中心的テーマは不正手段（不当需要喚起）型である。不競法三条、独禁法二四条などの差止請求権により事業者の利益は保護される。しかし、それで十分ではない。消費者個人または団体訴訟による差止請求の必要性を実現する手立てを探る必要はないのか。こうした問題は競争秩序の他の類型についても検討される必要がある。さらに、上記特別法上の差止請求権も民法の一般理論から妥当性を判断されねばならないと考える。独禁法二四条についてそのような試みがあることが注目される[(21)]。

(b) 団体訴訟についても、消費者の役割の重要性を考えると一般理論のさらなる応用を考える必要がある。新違法侵害説の精緻な検討がまたれるところである。

(c) 民法の一般的問題が競争秩序においてどのような位置づけを確保することができるのか。債権あるいは営業権という保護法益は、競争にさらされねばならない側面を持つと同時に、すでに獲得された利益という側面を合わせ持つ。前者は法益保護の動態的側面として、後者はその静態的側面と解することもできる。競争秩序における整合的処理が必要であろう。パブリシティーの権利など、生成中の権利の保護に対する対応という問題もある[(22)]。差止請求制度は不法行為損害賠償制度と同様、最終目標は権利形成にあると考えられるのであるが、その意味で生成中の権利への対応は差止請求制度に対する態度決定が問われる問題である。進んでは、不法行為法上の保護法益、新七〇九条にいう「法律上保護される利益」の保護について広く、競争秩序における検討が望まれるところである。

(18) 藤岡・前掲(8)「環境法の基本構造」同・前掲注(7)『損害賠償法の構造』五〇六頁。
(19) 広中・前掲注(1)『新版 民法綱要』一〇〜一一頁の叙述からはこのような考え方が読み取れないわけではない（ただし、明言されているわけではない）。
(20) 田村善之「競争法における民事規制と行政規制」同『競争法の思考形式』（有斐閣、一九九九年）一頁（初出は、一九九六年）、白石忠志「独禁法の体系的整理」ジュリスト一〇八八号（一九九六年）七〇頁、七四頁、同『独禁法講義〔第三版〕』（有斐閣、二〇〇五年）一五〜一七頁。なお、本稿で十分に扱うことができなかったが、競争法の体系理解に関する重要文献として、吉田邦彦「不正な競争に関する一管見――競争秩序規制の現代的展開」ジュリスト一〇八八号（一九九六年）四二頁（同『民法解釈と揺れ動く所有論』（有斐閣、二〇〇〇年）四八五頁所収）がある。
(21) この問題を扱う根本・前掲注(17)六〇頁は示唆に富む。
(22) 不法行為法（損害賠償法）上の問題を扱ったものであるが、重要文献として窪田充見「不法行為法学から見たパブリシティ――生成途上の権利の保護における不法行為法の役割に関する覚書」民商法雑誌一三三巻四＝五号（二〇〇六年）七二一頁参照。

◆五◆ おわりに――不法行為法モデルと差止論

以上、競争秩序と差止論についてその課題と対応策を検討してきた。民法の主要な関心事は競争利益という利益の特性に適合的な救済方法を考えることである。この特性に即した差止論が必要である。それは、競争秩序においてのみ当てはまる特殊競争秩序的なものにとどまるものであってはならないと思われる。差止請求の一般理論が必要だというのが、本章の主張である。

差止請求制度と不法行為損害賠償制度。存在の根拠を異にする制度でありながら、違法な行為に対する救済規範（と同時にサンクションの規範。競争秩序では差止めはそのサンクションとしての役割が重要となる）としては、共通の基盤に立つ法制度である。両者の協働をどのように実現することができるのか。差止論の意義は、決して差止論それ自体にあるわけではない。差止論を論じることは、損害賠償論そのものを扱うことでもある。その点において、最後に述べておくべきことは、新七〇九条の意義である。二〇〇四年の民法改正により不法行為の保護法規は原始七〇九条の権利侵害に替えて、新規定では、「権利侵害」と「法律上保護される利益」の侵害として二つの規準が併記されることとなった。競争利益は「法律上保護される利益」に該当する保護法益である。保護法益の二元化は、保護法益の重要性と幅広さの要請をともに満たすものとして、救済規範としての指針を提示するものであろう(23)。その意味で、そこには「時代精神」が表れているともいえる。競争秩序にとって必要なのは、この「時代精神」に適う差止論を構築することであろう。競争秩序が民法の「フロンティア」であることの意義はこの点にあると考えられるのである。

(23)　新七〇九条の意義について、藤岡康宏「日本型不法行為法モデルの提唱——新時代の展望」法律時報七八巻八号（二〇〇六年）二八頁〔本書第四章所収〕。なお、吉田克己「現代不法行為法学の課題——被侵害利益の公共化をめぐって」法の科学三五号（二〇〇五年）一四三頁参照。

第 4 部
契約法と不法行為法

第八章　不法行為法の基本概念

一　はじめに

(1)　不法行為責任と契約責任

はじめに、不法行為と契約の関係について述べておくことにしよう。まず、契約は、契約当事者間の問題である。すなわち、特定人間で紛争が生じた場合に、それを律するルールが契約法である。それに対して、一般第三者間、つまりはお互いに全く見ず知らずの間で、ある日突然一方に損害が発生したというときに、加害者と目される者に対して、損害賠償責任を追及するのが不法行為法である。その場合に、責任とは、いったい何を意味するのかが基本的には問題となってくる。責任は要するに、ある人に不利益が発生することに端を発するものである。そういう場合に当事者の均衡を図ること、つまり被害者に生じた不利益を誰かが回復填補して両者の間の均衡を図ることの根拠となるのが責任法ではないか。私法上の責任の原点はここにあると考えられるのである。そうすると、責任法でまず問われるべきは、なぜ責任を負わせるのか、といういわば帰責の根拠の問題ということになろう。

(2) 比較法的・歴史的考察の意義

したがって帰責の根拠については、比較法的にも、あるいは歴史的にもどのような背景をもって成立した概念、あるいは制度であるかということが問題となってくる。本章の課題の一つは法学理論研究にとって比較法的なあるいは歴史的な考察が重要だということを理解してもらうことにある。

ところで、比較法的な研究あるいは歴史的な研究はそれ自体として意味があることもちろんであるが、しかし、それが本当に実践的な課題として意味を持ってくるのは、現代の問題に直面したときであろう。つまり現実の問題を考えるに当たって示唆ないしは刺激を得る。そのためのバックグラウンドとして、比較法的あるいは歴史的研究の存在価値があるのではないか、と筆者は実定法の研究者として考えている。そうすると、まず歴史的な変遷を遡ることになり、ローマ法にいきつくのである。すなわち、今日で言う過失責任は系譜的にはローマ法に由来する。

それに対してもう一方の責任根拠として、原因主義というものがあり、これは加害の原因を与えた人に、損害の発生との間に因果関係があれば責任をとってもらうという考え方である。これは、歴史的にはゲルマン法に淵源を持つ考え方であって、近代に至るまで、こうしたローマ法の考え方とゲルマン法の考え方が並行して発展してきたのであるが、一九世紀の近代民法典が成立する時期において、各国は過失責任主義を第一義的な帰責の根拠として採用した。このことが日本民法にも実を結んだということになる。

しかし、過失責任主義の意味内容は、かなり複雑である。過失とは何かという問題については、それぞれの国が特有な考え方を持っており、これはなかなかに難しいテーマである。

そうすると、過失とは何かということを考えるためには、このような歴史的な背景とともに比較法的な視点を取り込まないと、日本民法の正確な意味を理解できず、かつ今後、我々が新しい問題を考えるにあたってどのような立場からアプローチすればよいかという問題に対する解答を得ることができない。これが比較法的な研究の意義である。

この点について、基本的にはここでも大陸法系と英米法系の二つの考え方が存在し、大陸法系は、基本的には法典主義を採用して、過失責任を実現している。これに対して英米法系は、法典を持たないため、判例法においていろいろな不法行為類型を発展させてきたという歴史がある。こうした経過を経た後に、やがてもっとも重要な不法行為の類型として考えられてきたのがネグリジェンスの法である。これは日本で言う過失不法行為類型に当たる。英米法において、ネグリジェンスは、もともと一般原則として存在したものではない。名誉毀損とか、トレスパスなどといった他の類型と並ぶ特別な、いわば特殊な不法行為の類型に過ぎなかった。それが時代の要請をまって不法行為の一般的な法理としての位置を占めるほどの重要性を持つに至ったということである。

(3) 不法行為法の構造と基本概念・基本制度

以上の比較法的、歴史的考察の意義を踏まえて、日本において不法行為法を考える場合に、その基本概念や基本制度をどのように理解すればよいかという課題にぶつかる。この場合に考えておかなければならないのが、日本民法はどういう構造によって組み立てられているかということである。この点については、よく知られているように、民法七〇九条が一般条項として不法行為法で最も重要な役割を担っている。民法七〇九条は、二〇〇四年に改正され、侵害される利益の問題については、法文の文言が改められた。従来の規定では、「権利侵害」といって権利が侵害された場合にはじめて不法行為が成立するとされていたが、前述の民法改正では、「権利侵害」と並んで「法律上保護される利益」という概念が新たに法文上設けられた。この改正を踏まえて不法行為責任を考える場合、どのような基本概念を中心に据えて考察すべきかという問題が生じる。

本章では、このうちの三つの概念または制度を取り上げ、そのアプローチの仕方あるいはそうした問題の検討を通じて何がもたらされるのかということを考えてみたい。民法を専修する者だけではなく、他分野を専修する者にとっても参考となりうる点を、民法の方法論を交えて論じていく。

次の**二**以下では、まず基本概念その一として、帰責事由としての過失を取り上げる。それから、基本概念その二として、権利侵害、あるいは権利論の問題を取り上げる。その上で、基本概念その三として、基本制度としての損害賠償、つまり不法行為という制度を考える上で、損害賠償と差止はどのような関係にあるのか、を取り上げる。この問題はこれからの民法の大事なテーマであるだけにきちんと正確に理解しておく必要がある。ひいては関連した領域、訴訟法、行政法さらには競争法、環境法の分野にとっても、「民法がどう考えるのか」ということがしっかりと理解される必要が生じるのであり、こうした民法の隣接分野で生じる問題に正確に対処するためにも、基本問題をきちんと理解しなければならない。こうしたことを踏まえて第三の課題を検討する。

そして最後において、以上の検討を踏まえて二つの課題を提示したい。第一が、日本の不法行為法の将来構想という問題、もう一つは法理論創造時代における研究者養成。つまりロースクールが設立された後、研究者をどう養成するのかという課題である。これは法学研究科の存在意義にかかわる問題である。

◆二◆　基本概念 その一――帰責事由としての過失の意義

(1)　その歴史――主観的理解（心理状態、予見可能性）と客観的理解（行為義務違反）の拮抗

(a)　過失の主観的理解と客観的理解

非常に広いテーマであるため、ここでは本章の課題に対して必要な範囲で、あらましを説明することにしたい。特にこの過失についてては法学部で学修するのとは違った観点から論じることにする。

過失は、ローマ法を淵源としており、故意とは異なり、社会生活上必要な注意を払わないで、ある結果を招来することとされる。この社会生活上必要な注意を払わないことの意味をめぐって、伝統的には主観的な理解と客観的な理解が対立してきた。すでにローマ法にその兆しはあった。主観的な理解によると、過失とは、意思の緊張を欠いた状態のことであり、その人個人の心理状態、責められるべき「悪しき意思」、そうした心理状態として理解される。つまり、十分に注意をすれば結果が予見できたのだけれどもそれをしなかったために結果が発生した、そうした意思の緊張を欠いた心理状態を過失と捉える理解が、一つの理念型としては存在する。

このような過失の定義は有責性的理解と称されることもあるが、このような理解の基本には、予見可能性の重視という問題があると考える。

これに対して、客観的理解は、過失を、意思の緊張が欠如した心理状態とは捉えず、あるべきこと、つまりやるべきことをしなかった義務違反と解する考え方である。社会生活上必要な注意を払ったとか払わなかったという場合に、社会生活上の必要な注意を払わなかったという（心理）状態を指すのと、社会生活上

必要な注意義務を尽くさなかったから義務違反として責任を問われるというのとでは、かなり意味が違うと考えている。客観的理解というのは過失の義務違反的側面に焦点を当てる考え方である。

(b)　過失に対する理解の比較法的位置づけ——フランス民法一三八二条とドイツ民法八二三条一項

過失に対する主観的理解と客観的理解という二つの考え方に対して、近代民法典が成立するにあたって、各国はそれぞれどのような立場をとったのであろうか。例えばフランス民法では一三八二条が日本民法七〇九条に相当する規定である。フランス民法では、過失に対応するものとしてフォートという概念が採用されている。フォートとは何かと問われると、十分に説明することは困難であるが、主観的理解と客観的理解の対立という視点では後者を基本とするものである。

これに対してドイツ民法八二三条一項の過失については、過失理解の出発点は、主観的な理解にあった。そして、主観的理解では、十分な被害者保護を図ることができないことからやがて過失が客観化することになる。

このことから明らかになるのは、次のことである。すなわち、フランス民法は過失をフォートとして初めから客観的に理解していた。そのため、客観化それ自体に意義があるわけではない。これに対してドイツ民法は最初は過失を主観的に理解していたから、後で客観的に理解する要請が出てきた、ということである。この二つの大陸法の過失に対する考え方の違いが、日本民法の理解にとって難問を突きつけることになる。

(2)　日本民法の立場

日本民法では、立法者は過失についてどういう選択をしたのであろうか。こうした場合に民法学においては、しばしば民法を起草する段階で、どういう議論が行われたかということを研究する。その基本資料として法典調査会の議事録というものが残されている。それによると、出発点において二つの考え方があり、そのいずれが決定的であったのかは必ずしもはっきりしていない。

(a)　客観的理解から出発――フォートとの近接性

ここではどういう選択肢があったのかというと、一つは民法七〇九条の過失の理解において、客観的理解から出発する立場である。例えば、ある庭に生えている樹木が腐敗していて倒壊する可能性があるとする。倒壊すると、場合によっては家族や近隣の住民に損害を与えるかもしれない。そうすると、樹木の倒壊を防ぐために支柱を損害防止措置として講じる必要が生じることになる。こういったなすべきことをしなかったというのが過失であるという説明が残されている。これはまさに過失を客観的な義務違反として理解して、そこに日本の不法行為法の基礎を見出そうとする考え方である。

(b)　主観的理解から出発――過失の客観化に転換、損害発生の危険性の増大

これに対して、他方では、過失を主観的に理解していたと受け取ることが可能な説明もなされている。これは基本的に、ドイツ民法の考え方を継承するものであり、これを出発点としたのがわが民法であると考えると、そこには当然、過失の客観化ということが要請される。事実、過失の客観化は判例・学説の採用するところとなった。なぜならば、現代的な危険な活動が増えるにつれて損害発生の危険も増大する。そうすると、そういう事故損害の発生の危険に対して、それが現実化する前に損害防止措置を講じることが必要となろう。つまり客観的な行為義務を尽くすという考え方を導入せざるをえないことになるからである。

教科書等では、過失とは損害回避義務違反であるとか、結果回避違反があるとか説かれるのが通常であるが、重要なのは、なぜそのような判例・学説ができあがったのかということ、つまりは過失論の基となる問題をきちんと理解しておくことである。それが十分でないと新しい問題が出てきたときに的確に対応できな

いのではないだろうか。

(3) 問題提起

(a) 過失の客観化による主観的理解の駆逐という問題

過失の客観化という問題は、過失を主観的に理解していた場合にはじめて成り立つ議論である。すなわち、主観的なものがのちに客観化する。「過失の客観化」という枠組は教科書レベルでは定着しているが、それでは客観化したことによって、かつての主観的な理解が駆逐されてしまったのであろうか。主観的なものが客観的なものに完全に転換してしまったのかという問題があらたに登場する。

これに対しては、過失の客観化によっても過失の主観的な理解が完全に駆逐されているわけではないと考えることはできないであろうか。過失があったかどうかを判断するとき、損害防止義務とか結果回避義務を尽くさなかったから過失があったとされるのであるが、被害者救済の必要に迫られて義務の程度をより厳しくすることでこれに対応してきた。ここでは結果回避義務違反を論じる前提として、予見可能性とか予見義務に重きを置いて、実質的にはその段階で過失を判断してしまう場合も見受けられる。特に公害や薬害といった紛争類型では、過失の有無について、損害防止義務そのものよりも、その前段階としての予見義務という問題に重きを置いた判断がされる場合がある。これは過失のかつての主観的な理解が、そこに生き残っている。つまり、過失の客観化の中にあって過失を主観的に理解する意図が、現実の不法行為現象を前にして、ふたたび活躍の場を与えられている。換言すると、客観的理解の中に、実は主観的な理解が存続している場合があるということである。全部ではもちろんなく、一部の判例においてこう言えるのであって、そのことで結果的に妥当な事案解決がなされているのではないかという場合が存在する。このように、過失論の出発点にあった過失の主観的な理解、あるいは有責性の理解が完全に駆逐されているのではなくて、むしろそのことがいまだに残っているということが日本の過失論の大きな特色、つまり比較法的にはあまり見られない大きな特色ではないかと考えられるのである。

(b)　日本型過失論の展開――リスク社会への応用

こうした過失論は、かつては公害など部分領域で展開されていたものであった。リスク社会の到来が論じられているいま、これからのリスク社会にまさにふさわしい、リスク社会にも対応できる過失論を日本はすでに用意しているのではないかと理解することも可能である。このように比較法や法制史を参照しながら、日本の過失論の特色を探究することは法理論の構築にとって大事な作業ではなかろうか。

九州大学で民法を教えられた原島重義教授が『法的判断とは何か』（創文社、二〇〇二年）という本を出された。ここでは、法的判断とは要するに、具体的な事件に対して、妥当な結論を引き出すことである。そうすると法的判断というのは、きわめて特殊的個別的な判断だということになる。では、そういう特殊的個別的な判断が、なぜ説得力を持ちうるかというと、それは、特殊な、あるいは個別問題に対応した判断でありながら、そこにはやはり普遍的な判断が入り込んでいるためであり、その普遍性があるからこそ法的判断というものが説得力を保ちうるのではないか。原島教授の主張の骨子はこの点にある。

これを、過失論に当てはめると、前述の日本型過失論は過失論として特殊な内容をもつもののように見えるが、しかし詳細に考察すると、そのような考え方の萌芽は民法起草当時の議論にすでに存在していたのである。いわばこの萌芽が現代的装いを与えられたにすぎないと考えることができるとすると、日本型過失論は決して特殊なものではなく、普遍的な価値のある判断を伴うものであると解することもできよう。それゆえに相応の説得力を保ち得たのであり、一見比較法的には突出していると思われるような判例でも、よくよく考えてみると決してそうではない、ということが理解できるのではないだろうか。

以上は原島教授の著作に接して考えたことであるが、この論文はこれからの法学研究にとって重要な文献ではないかと考えるものである。

◈三◈ 基本概念その二――権利侵害・違法性・権利論

(1) 権利侵害論の日本的展開

ここで扱うテーマはどういう問題かを考えるに当たって、民法七〇九条の文言を想起してほしい。同条では、故意または過失によって他人の権利を、あるいは法律上保護される利益を侵害した者は、とある。二〇〇四年民法改正以前は、民法七〇九条には「権利侵害」という文言しか書かれていなかった。そのために、この「権利侵害」を非常に狭く解釈する考え方が一時期勢力を得た。この考え方は、ドイツ民法の考え方を、そのまま日本の解釈論の参考にした結果である。この点から、比較法は、プラスの材料だけではなくて、しばしば負の材料も提供することがあることがわかる。かつてこの権利侵害の意味を、例えば、絶対権侵害と限定的に解する立場が存在した。それゆえに、不法行為法は、社会の発展に柔軟に対応する必要がある。したがって最初のハードル、すなわちどういう権利や利益が侵害されているかということについては、幅広く柔軟に解する必要があるということが、法実務および法理論の課題と考えられてきた。

(a) 権利侵害から違法性へ

(i) ドイツ型不法行為理論の確立――違法性と過失

それを、理論的に解決するために採用されたのが、違法性という概念である。この違法性概念が、「権利侵害から違法性へ」というテーゼとして今日に至るまで、日本民法、日本不法行為法論の骨格を形成する重要な概念となった。「権利侵害から違法性へ」というテーゼは、不法行為が成立するかどうかは権利が侵害されたか否かではなく、その行為が違法であったかどうかによって決まるとするものである。すなわち、権利の侵害とは、違法性を判断する際の一つの具体的な徴表あるいは基準とすべき要件に過ぎないという理論の登場である。この見解は、末川博士の『権利侵害論』（弘文堂書房、一九三〇年）において説かれている。この見解を末川博士が誕生させるときに拠り所にしたのが、ローマ法以来の不法行為の歴史と、比較法的な視点であった。したがって違法性という概念はローマ法に遡る検討を経て、初めて主張されたもの、つまり積極的な意味をもつ概念として形を与えられたものである。

しかも、この点において日本の法学者がすばらしいと思われることは、彼らが違法性という言葉に与えた意味は、日本独特のものであったということである。つまり歴史に学びながら、あるいは比較法に学びながら、現実には日本の民法の解釈に役立つよう換骨奪胎して違法性という概念が導入されたということである。その結果、不法行為は、違法な行為という客観的な要件と、過失という主観的な要件との対置という図式で要件を説明することが通例となった。教科書的説明の原型が作られたということになる。

違法性と過失という伝統的枠組みの成立であるが、違法性という概念の導入によって、不法行為法の保護の範囲が拡大されることとなった点が重要である。

(ii)　相関関係説――日本独特の衡量枠組み

しかしこの理論が本当に、法実践に使えるのか否かということになると、違法な行為かどうかを判断する基準の枠組みが提示されなければ、実用法学的にはあまり説得力がないことになる。その役割を担って提唱されたのが相関関係説という考え方であって、被侵害利益の重要性と加害行為の態様を相関的に衡量してその行為が違法かどうかを決するものである。

日本独特の衡量枠組みともいうべき相関関係説は、判断の枠組みとしてはなるほどと受容しやすいところもあって、今に至るも判例、学説に少なからざる影響を与えているのは確かである。

(b) 不法行為理論の転換――ドイツ型不法行為理論からの決別、フランス法、英米法への傾斜

ところが、法学理論においても他の分野と同様に、いずれは新しい理論が必ず生起する。不法行為理論にも転換が起こった。具体的には、ドイツ型不法行為理論からの決別、フランス法、英米法への傾斜が問題となったのである。

権利侵害から違法性へ、つまり違法性を軸として不法行為要件を定めるという考え方はドイツ法系に淵源を持つものであるが、わが国はわが国に妥当な理論を作る必要があるということが提唱された。ドイツ型不法行為理論の特色は、違法性という概念を駆使することにあるが、違法性という概念がなぜ日本で必要とされたのかと言えば、権利侵害という要件だけでは保護の範囲が狭くなるから、違法性の概念を導入することによって保護の範囲を広げるためであった。そうであるならば、この不法行為法上の保護が広げられたまさにその時点で、違法性という概念が果たす役割は終わったのではないか。そのような批判が出てきた。不法行為の成立要件で一番重要なのは、違法な行為があったかどうかではなくて、責任とは何か、すなわち加害者に不利益を負わせる根拠を明らかにすることにあるのではないか。帰責の根拠としては、日本民法は過失責任主義を採用しているのであるから、過失概念を中心にして不法行為要件を組み立ててはどうかという提案がなされた。

なぜ、このような考え方が可能かというと、過失が義務違反として構成されると、過失は、非常に多くの考慮要素をそこに取り込みうる要件（判断枠組）であると考えることができるからである。過失の理解を主

観的な理解から客観的な理解に転換させて、客観的な理解を進めると、過失は要するに損害防止義務違反とか結果回避義務違反として規範的な性格を帯びる概念になる。すなわち、義務違反とは、いわば規範的にそうすべきだということであるから、そこにいわば政策的な価値判断を取り込みうる枠組みとなる。つまり、過失判断は、被害者をどういう場合に保護すべきか、あるいは加害者の活動の自由との関係で被害者をどう保護すべきかについて、政策的な価値判断を行うに適した枠組みである。過失についてはそうした損害防止義務違反とか、結果回避義務違反を判断する仕組みを定式化して、それを応用していけば良いのであり、そのような器の大きい概念が過失であるとすると、違法性という概念はもはや必要ではない。したがって、これを過失に一元化して考えるべきであるとの提案がなされた。これは平井宜雄教授の『損害賠償法の理論』において示された見解であり、出版されたのは一九七一年である。末川博士の『権利侵害論』が登場したのが一九三〇年であるから、その間およそ五〇年である。五〇年の時間が経つと、いかに大理論であってもやはりこれに対するアンチテーゼとして新しい理論が登場するのは、いわば自然のなりゆきといえる。

それゆえに、この新しい理論を踏まえて、どのようにこれからの議論を展開すればよいのか。不法行為法というよりも民法学自体がかつてない大きな課題を負わされたということになる。

これは比較法的に見れば、ドイツ不法行為理論のみならず、フランス法の faute あるいは英米法の negligence の法発展を踏まえ、日本に適合的な法構造を構築すること、この目標を達成するための課題といえる。

(2) 権利論の再生――権利論の系譜

(a) このように過失概念が変遷し、過失一元論が出現した。しかし、法理論というものは一筋縄ではいかないものである。過失一元論によって駆逐されたはずの権利要件、権利論の再生という問題が今日的な課題として登場した。「権利論の系譜」においても、(1)古典的権利論の意識的展開、(2)矯正的正義と権利論、(3)人格権論の展開というように、さまざまな系譜があることがわかる。そして、近年、「全法秩序と権利論」として、権利の問題は民法のみを視野に入れて考えるだけでは不十分で、その背後に全法秩序を踏まえた考察が必要ではないかとの視点が提示された。

なぜこのような課題が生じたかと言うと、前述の不法行為理論の転換に対する反論、すなわち、本当に過失を中心にして妥当な解決ができるかという疑問が発せられたからである。不法行為で重要なのは、どういう権利または利益が侵害されたかという問題だと考えられるのであるが、そういう権利や利益が侵害されるにあたって、過失があれば、過失がある人に責任を負わせるというのが帰責の問題である。そうであるならば帰責の問題を前提としてどういう権利や利益がどのように保護されて、あるいは保護されるべきものかという議論を、過失の問題とは一応切り離して議論する必要があると考えられる。例えば人格権が重要だということになれば、それははじめから過失の判断要素として過失の枠組みに取り込んで議論するのではなく、人格権とはどういう権利であるかということを、それ自体独立して判断することも大事なのではないかという問題である。不法行為法で本当に保護されるべきものは何かということを考えると、結局は民法七〇九条の権利の問題に行く着くのではないか。このような問題意識に基づいて、権利論の再生という課題が打ち出されたのである（また、これに関連して「全法秩序と権利論」という視点も提示された）。

ところで、「全法秩序と権利論」という視点は、民法と他の法分野との連関において権利の問題を扱おうとするものである。その問題に入る前に断っておきたいのは、権利論というものは、権利の問題を考える際の基盤となる背景問題であるということである。すなわち例えば民法七〇九条では故意または過失によって他人の権利または法律上保護される利益を侵害したと規定している。そのため、解釈論としては、単純に考えれば民法七〇九条でいう「権利」とは何か、あるいは民法七〇九条でいう「法律上保護される利益」とは何かということを問題にすれば足りる。だが権利論というように、あえて権利に「論」という言葉をつけて議論するのは、どういう議論の仕方なのかといえば、それは、単なる解釈の問題を超えて、解釈の基盤にある考え方を明らかにして、それを解釈論に反映させるという、いわば理論的な基礎を問題とするということである。言い換えると、法解釈の理論的な基礎を確立する、そのための議論の展開を目標とするのが権利論ではないかと考えられる。

(b)　こうした観点から、いくつかの権利論を取り上げておく。具体的な例として挙げられるのは人格権論であるが、それよりも、より普通的で意味のある問題提起としては（1）古典的権利論の意識的展開、（2）矯正的正義と権利論の二つを挙げておく必要がある。不法行為論の転換と関連したアンチテーゼとして提唱されたのが、（2）矯正的正義と権利論という考え方である。

平井説は、過失とは結果回避義務違反であるということを前提として、過失に政策的判断を取り込むという問題提起を行うものであった。ここでは過失判断に当たって三つの要素が示されている。すなわち、まず被侵害利益の重大性、そして損害発生の蓋然性、それから加害者側の行為の社会的有用性である。この三つの要素の相互連関を法の経済分析の手法を用いて定式化したものが平井提案の骨子である。この提案の特色は、それまで正面から論じられることのなかった加害者側の行為の社会的有用性の要素に具体的な形を与え、過失判断の枠組みの内にこれを明確に位置づけることにある。

この三つの要素をどのように衡量するかについてはいろいろな考え方がありうるが、基本的には政策的な価値判断を取り込んだものと理解されている。

しかしながら、不法行為というものは全てそのような衡量の仕方で割り切れるものであろうか。このような疑問ないし批判は、第一に、不法行為法の原点、すなわち、それは基本的には私人間の紛争の解決を目的とするものであるという事実をもういちど想起することから起こった。不法行為法が発動される場合、そこには被害者、つまりは不利益（損害）を被った者と加害者、すなわち不利益（損害）を与えた者とが存在する。このとき、不法行為法は、加害者に被害者の不利益（損害）を塡補させることによって加害者と被害者との間の均衡をもう一度元に戻すこと、つまりその均衡を回復する、矯正するという役割をもともと歴史的には担ってきたのである。そういう基本的な枠組みを後退させ、いわば不法行為訴訟を公の問題として、つまり単なる紛争当事者間における解決というだけではなくて、その解決を通じて実現される公の利益とは何かという判断をそこに取り込まざるを得ないという側面は確かにあるとしても、全てを政策的な判断で割り切れるものではないこともまた確認しておく必要があるのではないか。そうして、前述のような不法行為法の原点からすると、まずは、矯正の出発点となるべき被害者の権利について、どういう権利が侵害されて、その権利はどういう特性を持っているのかということを適切に分析しなければいけないのではないか。これが矯正的正義と権利論という視点から平井説に加えられた批判の核心である。これは平井説とは別の系譜からの主張もありうることを示すものである。

(c) もう一つは、古典的な権利論からの批判である。この批判は民法の歴史的背景を踏まえている。そこで強く意識されているのは、主として、近代民法の骨格を創り上げたサヴィニーが提唱する権利論である。日本民法典で言えば物権や債権といった古典的な権利の意義を十分尊重して、それを踏まえた議論を、不法行為法でも展開しなければいけない。不法行為法における古典的権利論の復活である。

この問題をここで紹介しておく必要があると思われるのは、古典的権利論は一方で抽象度の高い理論的な提唱の仕方ではあるが、しかし、他方では極めて実践的な意図を担うものであったからである。例えば公害や生活妨害は、本当は土地利用者間の紛争であり、本来は土地所有権の侵害の問題として処理されるべきところを、日本では土地の上に住んでいる人の生活が妨害されたとの理解に基づいて判例が形成されてきた。そこで判断基準とされたのが受忍限度論という考え方であり、それによると、損害の程度が受忍限度の範囲を超えた場合には違法で、そうでない場合には違法ではないとされる。その場合は被害者といえどもその損害を受忍しなければならないという考え方が受任限度論である。

こういう受忍限度論は、真に保護に値する人の権利をないがしろにする危険性を含んでいるのではないかとの問題提起がなされた。被害者の権利は、それが侵害されたら即違法と評価すべきもので、初めから両者の利益を衡量して受忍限度の範囲内かどうかを考えることは妥当でないのではないか。つまり原則をはっきりさせて、権利が侵害されたら違法なのであって、そこを問題解決の出発点とすべきではないかと考えるのである。

このように原則例外規範の確立を提唱することで、本来、保護されるべき権利が本当に実のあるものとして、保護されることになるのだということが主張された。これが古典的権利論と言われるものであり、そのことを通じて民法および不法行為法は、どういう権利、あるいはどういう利益を保護していかなければいけないのか、ということが明確となる。民法の中軸になる権利は、それ相当にしっかりと保護しなければいけないのであり、そういう権利の問題を全て利益衡量の判断枠組みの中に押し込むことは妥当ではない。これも平井提案に対するアンチテーゼとして理解することができる。

こうした考え方の具体的な展開の場の一つが人格権の問題である。前述のように生活妨害は、本来は土地利用の衝突に伴う紛争の問題であり、所有権の侵害という側面があって、物権法的解決に委ねられるべきであるのに、日本では物権の妨害、土地利用権の妨害という枠組みではなくて、人格権侵害の問題として議論される有力な潮流があることが重要である。これは、比較法的にみても大変に興味深い法形成である。人格権法については論ずべきことが多いが、別の機会に譲ることでお許しいただきたい。

(3) 全法秩序と権利論

以上に見てきた権利論に関連して、単に民法の不法行為だけを視野に置いたのでは本当に説得的な議論を展開することはできない、ということが一〇年ほど前から言われている。すなわち、不法行為法によって何が保護されるべきかを考えるに当たっては、単に不法行為法、あるいは民法だけに視野をとどめていたのでは不十分で、民法を取り巻く全法秩序の視点から権利の問題を考えてはどうかとの主張が有力になってきた。特に次の二つの議論が重要である。一つは、広中教授の提唱する市民社会の基本秩序と権利論である。もう一つは、山本敬三教授の説く憲法の視点と権利論である。

(a) 憲法の視点と権利論

実定法の階層的理解を前提とする点で、後者の方が、より近しみがあると思われるので山本教授の見解を先に紹介する。これは山本教授が、憲法でいう基本権について、国には基本権保護義務があるというところから説き起こし、国の基本権保護義務という考え方は、契約の問題を解決するときに限らず、不法行為の問題を解決するためにも極めて有用な手段となるというものである。具体的には、不法行為法は、国の基本権保護義務を実現するための一つの法分野に過ぎないという捉え方であり、ここでは民法七〇九条の権利は基本権と同じものだと理解される。このように民法七〇九条の権利を基本権として捉えると、基本権は、被害者、加害者双方に存在すると考えられる。そこで、被害者の基本権の保護と、加害者の基本権の保護が衝突することになり、この両者の基本権を衡量して、妥当な結論を出すべきである、とする。さらに、ここでの衡量の仕方・方法が、過失の問題であるとされる。過失については、平井説において利益衡量の枠組みが提示されたが、利益衡量の枠組みという点を継承すると、被害者の基本権と加害者の基本権を衡量する役割を担うのが過失だという理解である。憲法の視点からみると、権利論は基本権相互の調整の問題だということになる。

この立場は、問題提起としては、平井理論と並ぶ大きな構想であると考える。しかし、憲法的な価値を、民法もしくは不法行為法が実現しなければならないことはある意味では当然のことであって、問題はその実現の仕方にあるのではないか。憲法適合的な民法上の法形成、つまり七〇九条の権利は基本権だということで、憲法的価値の直接的な実現を図るのではなく、ローマ法以来積み上げられた財産、歴史を持つ民法の視点から、その遺産を継承しつつ権利、過失あるいは違法性を議論すべきではないだろうか。

そうであるならば、民法内在的な問題として、憲法的価値の実現をどのように図るべきかを議論していくべきではないか。より基礎的な議論が必要とされる所以である。

(b)　市民社会の基本秩序と権利論

もうひとつの議論は、広中教授の提唱による社会の基本秩序と権利論である。その要点をまとめると、広中教授によれば、法社会学的観察に基づき、社会のいろいろな問題領域をいくつかの秩序類型に分けることができる。具体的には、社会には基本的な秩序と呼ぶべきものと、外郭秩序と呼ぶべきものが存在する。それらのうち、基本的な秩序に当たるものが、所有権や契約などに関連する財貨秩序と、人の人格に関連する人格秩序である。そうして、それぞれの秩序の外側に、前者では競争法が問題となる競争秩序が、後者では、環境法や公害が問題となる生活利益秩序が存在する。

こういう秩序があって、それを前提とした権利論が展開されるべきである。この意味の権利論に対応した保護のあり方を考えていくべきではないか、これが広中教授による民法総論の体系的基盤である。と同時に、権利論が基礎に据えられていることから、不法行為法の構想でもある。すなわち、民法総論と不法行為法は一体的に把握されるべき表裏の関係にあるのである。

このような議論をどのように活かしていくかということはまさに法学研究の基礎として、比較法とかあるいは法史学とか、さらには、法社会学とか法哲学を総動員して解決していかなければいけないというのが、私からの問題提起である。

◈四◈ 基本概念 その三——基本制度としての損害賠償と差止

(1) 損害賠償と差止——制度目的の違い

損害賠償と差止が重要であることはすでに述べた。この二つは、制度目的が違うのではないか。損害賠償は違法な行為が行われた結果、損害を被った人が損害賠償を請求するということで、原状回復の目的を持つ制度である。これに対して差止は、違法な行為が行われる前に、その違法な行為を差し止める、抑止をするのであるから、自衛的予防的手段であって、制度目的がそもそも異なると解されるのである。

(2) 差止の一般的理論と民法典の立場

差止については民法にはそもそも一般的な規定がないため、どのように議論すべきかという重大な問題があった。ところが、一般理論を構築する必要があることは理解されていても、現実の差止訴訟に対応しなければいけなかったために、基礎理論に関する議論は必ずしも十分に行われてこなかった。

(3) 判例による法形成の意義と限界

理論的に以上のような状況であったが、これに対して法実践のレベルでは判例による法形成が行われてきた。例えば、最近では国立景観権訴訟が、差止訴訟の最先端の問題を提起している。あるいは公害や生活妨害では、比較法的にも特徴的な判例や学説が展開されてきた。しかし、それを認めるとしても、あくまで部分的領域を対象とした解決の手法が提示されたに過ぎないのであって、差止に関する一般理論の確立を必ずしも目指していたものではなかったと考えられる。したがって新しい問題が生じたり、要件や効果を今一度しっかりと議論しなければいけないということになると、従来の判例法理では間に合わない場合が生じる。差止制度という、不法行為の重要テーマを前進させるためには差止の一般的な根拠を解明し、基礎理論を構築する必要がある。

(4) 問題解決の視座――法理論と法実践の相互連関(「三層構造」論)

では、どのように議論を進めるべきか。判例と学説の関係についてよく言われることは、理論と実務の架橋の必要性である。ロースクールができた後とくにそうである。この点について、私は「法理論と法実践の相互連関」の問題として、次のように階層的に理解してはどうかと考えている(三層構造については、本書第1部および第6部参照)。すなわち、ここには三つの段階があるのではないか。第一段階として、①現実問題対応型、第二段階として、②基礎理論対応型、第三段階として、③制度的基礎対応型の三段階である。ロースクールを経て研究者になる人は、①現実問題対応型判断には精通しているとしても、必ずしも②、③

に強いわけではないかもしれない。

これは一例にすぎないが、法学研究の進め方について三層構造的に理解すると、一つの拠り所を得ることができるのではないか。差止の一般理論で考えると、差止論をさらに進めるためには第二段階、第三段階の議論が必要ではないかということである。

五　おわりに

講義では、おわりに、「日本不法行為法の将来構想」と「法理論創造時代における研究者養成」を取り上げる予定であった（時間的制約からできなかったが）。前者については、参考文献⑦、後者については、二〇〇七年三月開催の国内シンポジウムにおける私の報告を参照していただければ幸いである（本書第一三章所収）。なお、不法行為法については、平井宜雄「責任の沿革的・比較法的考察——不法行為責任を中心として」（『基本法学5　責任』（岩波書店、一九八四年）所収（同『不法行為法理論の諸相——平井宜雄著作集Ⅱ』（有斐閣、二〇一一年）所収））が必読の文献である。

〔参考文献〕

① 末川博『権利侵害論』（弘文堂書房、一九三〇年）。
② 我妻栄『事務管理・不当利得・不法行為』（日本評論社、一九三七年〔一九八八年復刊〕）。
③ 平井宜雄『損害賠償法の理論』（東京大学出版会、一九七一年）。
④ 前田達明『不法行為帰責論』（創文社、一九七八年）。
⑤ 藤岡康宏『損害賠償法の構造』（成文堂、二〇〇二年）。

⑥　藤岡康宏「不法行為と権利論——権利論の二元的構成に関する一考察」早稲田法学八〇巻三号（二〇〇五年）一五九頁（本書第三章所収）。
⑦　藤岡康宏「日本型不法行為法モデルの提唱——新時代の展望」法律時報七八巻八号（二〇〇六年）二八頁（本書第四章所収）。
⑧　広中俊雄『民法綱要　第一巻　総論　上』（創文社、一九八九年）、同『新版　民法綱要　第一巻　総論』（創文社、二〇〇六年）。
⑨　吉田克己「現代不法行為法学の課題——被侵害利益の公共化をめぐって」法の科学三五号（二〇〇五年）一四三頁。
⑩　山本敬三「不法行為法学の再検討と新たな展望——権利論の視点から」法学論叢一五四巻四＝五＝六号（二〇〇四年）二九二頁。
⑪　潮見佳男『民事過失の帰責構造』（信山社、一九九五年）。

第九章　契約責任の自律的展開

はじめに、本章の構成を概観しておこう。

まず、一「はじめに」では、契約法が今日、どういう問題を背負っているかについて確認する。その後、二「契約責任論の再構築」で「債権法改正の一視点」を提示する。一九九〇年代から契約責任について、いわゆる伝統的理論を大きく転換させて、新しい契約責任論を構築しなければならないとの主張がなされた。それを受けて、数年前から民法改正の作業が進められている。そこで、どういう問題が検討されているのかを概観した後に、この民法改正の課題を考えるにあたって有益な視点を提供するものと思われる日本の契約責任の歴史的あるいは比較法的な背景を明らかにする。つまり、二では、近年の債権法改正の動向を軸として契約責任の歴史や比較法的な課題を検討する。

三「契約の第三者効」では、契約利益の保護を重視する吉田邦彦教授によってなされた伝統的な債権侵害論に対する批判ないし問題提起を取り上げ、このような問題提起を支える比較法的・沿革的な研究の意義などについて考えてみたい。

以上の検討を踏まえて、四「契約と不法行為の協働」では、前章にて取り上げた不法行為法と契約法との役割分担のあり方について、五「民法の全体像と民事責任論」では、民法の全体像の再構成とそれに合わせた民事責任論の再構築の必要性について、従来とは異なった視角から分析する。

以上が、本章の全体像である。本章は、前章と同様、民法専修者以外の者をも対象として、基本的な事柄にも言及しながら、契約法が現在どういう問題を抱えているか、その点に関するおおよその理解を得る上での一助となることを目的としている。

一　はじめに

(1) 契約法の歴史と契約実践の重要性

前章の不法行為と同じく、契約も遡れば二〇〇〇年前のローマの世界に行きつく。契約実務という用語は今日のものであるが、当時においても契約は日常の契約的な実践の中から芽生えて、契約として制度の形を与えられた。この点から、理論と実務の関係を考えるとき、ローマ法の研究は、不法行為についてと同様、契約をめぐる現在の問題を分析するに当たって有益な示唆を提供しうる。たとえば、最近の研究を取り上げておこう（小川浩三「瑕疵担保責任の請求期限について——問答契約研究の一環として」桐蔭法学十二巻二号〔二〇〇六年〕一頁）。AとBとが売買契約を締結したところ、その商品に欠陥があったという場合は、瑕疵担保責任のルールで処理することになる。瑕疵担保とは、売買の目的物に欠陥があった場合に、原則的には無過失で売主にその瑕疵に対する責任を負わせるものである。買主は損害賠償の請求とか契約解除をすることができる。この買主の権利行使可能期間はいつまでか、という実務的であるが、しかし大変重要な問題がある。民法は、買主の権利行使可能期間を一年に制限している（五七〇条〔五六六条三項〕参照）。なぜ一年かという点について、従来はそれほど研究されていなかった。なぜ一年なのか、一年は、何のための期間なのかが必ずしも明らかではなかったのである。

こうした状況に対して近年、ローマ法研究の成果として、一年という期間は、いわゆる品質保証の期間ではないかとの考え方が主張された。ローマ法で言うところの問答契約、ローマ社会の契約実務ないしは当時の法実践に照らすと、短期の期間制限は品質保証の期間制限の目的をもつものであることが明らかになった。このことは、現在の日本民法の理解にとって刺激となりうるものである。契約法の歴史はたしかに古い。しかし、このことは民法の制度的理解を深めるには、歴史的な沿革に関する研究にも、今日的問題意識をもって取り組まなければならないことを示すものである。

(2) 契約の拘束力と「契約は守らなければならない」との法原則

ローマ法にはじまる長い西洋法制史の伝統の中で、問題関心を集めたテーマの一つが契約の拘束力である。なぜ人は契約をするとそれに拘束されるのか。自らが約束したことを履行しない債務者は、なぜ損害賠償あるいは契約解除といったサンクションを受けなければならないのか。その理由を理論的に解明することが必要とされるようになった。この点に関する議論には法制史上さまざまな系譜があるが、教会法の役割も大きい。西洋法制史においては、教会法の存在を忘れることができない。そうした歴史の中で「契約は守らなければならない」という法原則が定着していったのである。「契約は守らなければならない」との契約の拘束力の根拠についてもまた様々な議論の系譜があるが、もともとは意思自治の原則がその根拠であるとされる。AとBとが売買契約を締結した。AあるいはBがその約束を破るとなぜそれに対するサンクションを受けるかというと、それはAとBとが契約をした、すなわち合意をしたからである。つまり、契約の拘束力の根拠は、ＡＢそれぞれが自らのした合意（意思表示）に拘束されることに求められる。これは契約の拘束力を説明する一つの根拠にすぎないとしても、なお留意されるべき事柄である。

(3) 日本民法典の選択

こうした経過を経て、近代に入って日本民法典が成立したときに、人々は契約という制度にどのように向き合い、これを動かしていこうとしたのか。これが「日本民法典の選択」という問題である。

(a) パンデクテン・システムの採用

日本民法は、比較法の所産と称される。すなわち、フランス法やドイツ法あるいは場合によっては英米法からも影響を受けているが、最終段階になって、民法典の編制をどのように構成するかということが大きな課題となった。これについては二つの選択肢があった。一つはパンデクテン方式であり、もう一つはインスティテューティオーネン方式である。パンデクテン方式はドイツ民法典が、インスティテューティオーネン方式はフランス民法典が採用した編制方式である。この方式のいずれを採用するかという問題は、日本民法の性格を決める大変重要なテーマであるといえよう。周知のとおり、日本はドイツ式のパンデクテン方式を採用した。

(b) 債務発生原因としての契約・不法行為

そのことが今日、契約の制度を考えるとき、長所、短所を含めてどのような意味で、どういう影響を及ぼしたのであろうか。契約責任の本来の意味は、ＡＢが契約上の合意に到達したけれども両者のいずれかが約束を履行しなかったからＡないしＢが契約不履行の義務を負うというように、契約の観点から考えていくことにあるはずである。ところが、日本ではパンデクテン方式に従って民法典が編纂されたために契約責任というとらえ方になじまず、問題を債務不履行という形で処理することにならざるを得なかった。民法典第三編債権はAB間の債権に関係するルールであるが、債権の発生原因として並列されたのは、契約、事務管理、不当利得、不法行為の四つであった。

このことからもわかるように、契約は債権が発生する一つの原因に過ぎない。ある契約について生じた紛争は、AB間の具体的な債権債務関係をめぐる問題に還元される。その結果、契約責任は、その特定の債務についてAが履行しなかった、あるいはBが履行しなかったことを原因として生じる責任として法性決定される。つまり、契約責任が債務不履行責任という形で論じられることになるのである。

(c)　過失責任としての契約責任

このように、契約をめぐる問題は、そこから発生する個別の債務に関する問題として議論されることから、日本における契約責任は、さまざまの特徴を見せることとなった。その一つが「過失責任としての契約責任」という特徴である。ある者に（損害賠償）責任を負担させるためには、そのような帰責を正当化する根拠が認められなければならない。前章で確認したように、不法行為の原則的な帰責の根拠は加害者の過失である。そうして、判例通説は、契約責任、すなわち債務不履行責任の帰責の根拠を、不法行為責任と同じように、債務者の過失と捉えてきた。つまり、契約と不法行為に共通する私法上の責任の統一的な帰責の根拠は、過失であった。これが日本民法の伝統的理解である。

(4)　課題の提示――債務不履行から「契約化」へ――契約の問題としての処理

だが、不法行為責任については原則として過失責任主義が妥当であるとしても、契約責任について本当にこの過失責任主義でよいのだろうか。一九九〇年代からこの点が真剣に議論されるようになった。これが冒頭でも述べた民法債権編の改正作業の大きな原動力の一つとなってきた。ここで述べたいことは「債務不履行から契約化へ」という発想転換の意義についてである。契約化とは契約法、あるいは契約違反に関する問題を債務不履行の問題として処理するのではなく、契約の問題として処理することを指している。すなわち、債権発生原因としての契約それ自体に焦点を当てて処理することをここでは契約化と呼んでいる。

契約責任の問題を債務不履行のレベルで考えると、より分析的ないし精密な議論が可能となるようにも思われる。ところが、具体的な債務のレベルにまで下げるのではなく契約そのものに注目すると、AとBが売買契約、あるいは委任契約であればどういう約束をしたか、どのような法的性質をもつ契約を締結したか、といった具体的な内容を確定することが重要となり、その内容を確定すれば、おのずとその契約で要求される注意義務の内容もまた決まってくるものと考えられる。そうすると、仮に「契約責任は過失責任である。」との理解を維持したとしても、契約で要求される過失の内容、注意義務の内容は、AとBとがどういう契約をしたかという契約内容の確定作業によって定まるといえなくもない。したがって、この考え方を押し進めると、債務不履行に関する過失ではなく、契約で合意をしたことを履行しなかったことそれ自体を契約責任の帰責の根拠とすべきではないかとの考えにたどり着く。日本の民法学は、歴史的あるいは比較的に見て、これにどう対応すべきか。大きな課題であることは間違いない。

そこで以下、二「契約責任論の再構築──債権法改正の一視点」において、議論の進め方について述べておく。

◆二◆　契約責任論の再構築──債権法改正の一視点

契約責任の再構築については二〇〇六年度日本私法学会シンポジウムで取り上げられた。全体像の理解についてはこのシンポジウムに負うところが大きいが、以下では伝統的な理論と新しい理論を対比する小粥報告（参考文献⑥）に拠りつつ、「法理論と法実践の相互連関」の視座から論点を提示しておこう。

(1)　伝統的理論

(a)　債務不履行の要件

伝統的理論によると、契約当事者の一方が契約で約束をしたことを履行しなかったときは、他方の当事者は損害賠償を請求することができるが、その場合の要件として、債務が履行されなかったという客観的な事情だけでは不十分である。請求の相手方に（損害賠償）責任というサンクションを課すのであるから、それを正当化しうる根拠が必要となる。これが主観的要件であり、通常、帰責事由と呼ばれているものである。その他に客観的な要件として、違法性が必要だとされているが、細かい点は割愛する。

結局、損害賠償の要件は、債務が履行されなかったという客観的状態と、主観的な要件としての帰責事由、さらには客観的要件としての違法性であるとするのが伝統的理論である。

(b)　債務不履行の帰責事由──債務者の故意・過失または信義則上これと同視すべき事由

契約責任にとっての主題は、債務不履行の帰責事由とは何かということである。伝統的理論によると、債務者の故意または過失あるいは信義則上これと同視すべき事由が債務不履行の帰責事由に当たるとされてきた。この立場は、過失責任主義を採用したものとされる。つまり、不法行為における過失責任主義と同様に、契約においても過失責任主義が妥当するとの理解である。

(2) 新理論

(a) 契約の拘束力

これに対して、一九九〇年代に登場した新理論は、契約責任の帰責の根拠を過失に一元化するのではなく、二元的に捉えることを主張した。すなわち、過失責任と保証責任という二つの帰責根拠の存在である。しかし、これでは伝統的理論との違いが明らかではない。そこで近時の有力な契約理論は、契約責任の帰責根拠（帰責事由）を合意（違反）そのものに求め、過失とは見ていない、すなわち、新理論は、帰責の根拠を契約の拘束力に求め、契約責任については過失責任が妥当しないと提唱する。「はじめに」で述べたように「契約は守らなければならない」という原点、契約のもともとの成り立ちに戻り、そこに帰責の根拠を求める。つまり、契約でもっとも重要なことはAとBとが合意をすることであり、合意をすることで、AもBもその約束に拘束される。それゆえに契約内容を合意に従って履行しないということは、まさにこの合意で約束をしたことを破ることを意味する。

この理論においては、AまたはBがなぜ損害賠償義務を負わなければならないのかというと、それはまさしくAまたはBが契約において約束したことを履行しないからである。もっとも、いかなる場合においても契約不履行がただちに損害賠償義務を発生させるわけではない。例外はあるのであり、その一つとして、不可抗力がある。これは不可抗力によって契約を履行できなかったというのであれば、損害賠償の義務を負うことはないだろう、という考え方である。

(b)　契約上の「債務の内容・射程」――結果債務・手段債務

こういう考え方は、契約上の債務やその射程を、結果債務と手段債務に区別して理解する近年の動向と符合しやすいとされる。この指摘によると、新理論が主張する二元的な過失責任と保証責任のうち、保証責任とは、債務者が契約において一定の結果等の実現を保証したにもかかわらず、それを実現しなかった場合に、その故意過失の有無にかかわらず債務者に課される責任のことをいう。

また、結果債務とは、ある結果を実現することそのものを内容とする債務のことである。例えばＡＢ間で特定物の売買契約が結ばれた場合、その目的物が引き渡されるということが売主、買主にとって決定的に重要な約束事である。そのため、売主の債務は、結果債務であるということができる。こうした結果債務については、その目的物を引き渡すという結果が実現しなければ、すなわち、それは契約の不履行があったと判断してよいとされる。

これに対して手段債務とは、結果の実現ではなく、それに向けて最善の手段を尽くすことをその内容とする債務のことである。例えば、医師は患者に対して、疾病などの治癒という結果を実現することではなく、そのために最善の手（最高の注意義務）を尽くして診療行為を行うことを約束する。したがって、そのような医師の診療契約上の債務は、手段債務である、ということになる。

結果債務、手段債務という言葉は、フランスの契約法上の概念としてわが国に導入されたものである。この概念が契約法の基本概念として定着するかどうか、民法学の課題の一つである。

(c)　契約上の債務内容の確定作業の重要性

以上のように債務の問題を保証責任、あるいは結果債務とか手段債務という概念を中心として考えていくと、その行き着く先は、契約責任については要するにAとBとがどういう約束をしたか、その意味内容をはっきりさせることが大変重要だという認識、すなわち「契約上の債務内容の確定作業の重要性」に対する認識である。契約法の研究においては、債権債務の発生原因の大本である契約そのものの法性決定、法実践における契約の役割、その契約内容の確定作業が重要となり、そうした作業を通じて契約責任の基本的な骨格が定まることになろう。

以上は、契約法に対する視座の転換の必要性と伝統的枠組みの修正に伴う課題の設定である。

(3) 民法体系への影響

契約責任に関する新理論の登場は、民法の体系にどのような影響をもたらすであろうか。一つは債権総論の意味が変わる可能性がある。日本民法典の構成では、債権編の冒頭に債権総則がある。その後ろに債権各論があって、債権の発生原因としての契約や不法行為に関するルールを定めている。しかし、問題が債務不履行のレベルに還元されるのではなくて、契約なら契約、あるいは不法行為なら不法行為という制度に注目をして、その制度にふさわしい法的処理をすべきだということになると、四種の債権発生原因を束ねる債権総論の役割が減少するのではないかと考えることもできる。これは、現在、民法典の編制途上にある中国において実際に提起されている重要な争点である。

もう一つは、契約責任の発生要件が変わりうるということである。つまり、債務者の過失という要件は、契約責任にとっては独自の意義を持ちえなくなるのではないかということである。すでに述べたように、伝統的理論は、債務不履行だけでは不十分で、さらに過失が必要だと考えていたのであるが、新理論では、過失という要件は契約責任の発生にとって特に必要ではないことになる。責任があるか否かは契約内容の確定作業によって決まってくるからである。その内容どおりに履行しなかった場合に、一定の要件の下で免責される可能性はあるとしても、それは例外的な場合にとどまる。

(4) 新理論の意義

契約責任が、歴史的にも、比較法的にも大きな転換期を迎えていることは確かである。そのことは了解されるとしても、なぜ、契約化が妥当であるということができ、従来の債務不履行的な処理は後方に下がらざるを得ないのであろうか。実は、これが一番大きな問題である。契約責任に関する新理論をどう評価すべきかについては今直ちに確言しえないとしても、この新理論が、民法あるいは法律学に携わる者にとってどのようなインパクトを持つのかを問うことは可能である。

この点について結論を述べると、新理論は実務にすぐに役立つあるいは実践的な解決にインパクトを与えることができるという性質のものではなく、いわば「民法全体にかかわる思考枠組みの転換」(小粥)をもたらしうるものではないか。このように評するのが今の段階では妥当であると考える。こうした思考枠組みの転換を、前章でも取り上げた「法理論と法実践の相互連関」の視座からまとめておこう。

すなわち、法理論は、法実践との関係においてはじめて意味をもつと考えられるのであるが、両者の関係を階層的に把握し、「法理論と法実践の相互連関」には三つの段階がある、と考えてはどうだろうか(「三層構造論」。その詳細については、本書第6部を参照)。

このような三層構造論を適用すると、新しい契約責任論は、第二段階の基礎理論対応型あるいは第三段階における制度的基礎対応型の作業を行うものといえる。しかし、その作業を怠ると、第一段階の現実的な問題処理に対しての適切な指針を示すことはできない。法実践の基本的な枠組みの転換を促すためには、第一段階にとどまっていたのでは不十分で、第二段階、第三段階の取組みが必要だということである。これはロースクールとは制度目的を異にする研究大学院（法学研究科）の存在意義にかかわる問題である。

◈三◈ 契約の対第三者効

(1) 債権侵害の伝統的理論

(a) 債権侵害の限定的保護

たとえばA（被用者）とB（雇用者）とが雇用契約を締結したとする。この場合に、その後、CがAを引き抜いたとすると、こうしたCの行為は、伝統的にBのAに対する雇用契約上の債権を侵害する行為として捉えられてきた。そうして、Bの債権は、そのような侵害行為からは限定的に保護されるべきだと考えられてきたのである。すなわち、Cの侵害行為によほどの悪性がなければ、Cは損害賠償義務を負担する必要がない。これが伝統的な債権侵害の考え方である。特に債権の限定的な保護という考え方が一般に支持された理由として、一つは債権の相対効、もう一つは債務者の意思の尊重、さらには自由競争の伝統的な観念を挙げることができる。

(b) 債権の相対効、債権者の意思の尊重、自由競争の伝統的観念

第一に、債権の相対効とは、たとえば債権者Bは債務者Aに対してしか自らの権利を主張できない（債務の履行を請求できない）ということである。そのような相対効しか持たない債権を第三者であるCが侵害したからといって、そのことが当然にBに対する不法行為となることはないとする考え方である。

第二に、債務者の意思の尊重という問題であるが、契約関係において、債務者が合意どおりにその債務を履行するか否かは、基本的に債務者の意思にかかっていることである。債務者AがBとの約束を履行せず、

より有利な条件を提供したCと契約をすることは、Aの自由意思の問題であり、AのBに対する契約違反をCが誘因したとしても、それはAの自由な意思決定の結果でもあるから、Cが違法な行為をしたとして当然に不法行為責任を負うことはないと考えるのである。

第三に、自由競争の伝統的観念であるが、ABCの間に目的物の二重譲渡があった場合を考えてみよう。第一譲渡がAB間であった。第二譲渡がAC間にあったという場合、第一譲渡があったけれども、その目的物を誰が最終的に取得することになるか、それはBとCとが自由に競争して、より有利な条件を提示した者が最終的に目的物を取得することができる。これは不動産の物権変動においては登記をしたものが優先するという形で具体化されている。自由競争の観念からは、このように考えるのが妥当であるとされていた。CがAB間の契約関係に介入したとされる場合でも、Cの行為に自由競争の観念を逸脱したといえるほどの違法性がないと不法行為は成立しないと考えられていた。この立場が判例・通説となっていったが、ここにあるのは「契約の対第三者効」に対する消極的態度である（契約の問題を債権侵害の問題として扱う）。

(c)　債権侵害論の転換

このような問題状況が転換する上で決定的な影響力を発揮したのが、吉田邦彦教授の大著『債権侵害論再考』（一九九一年）である。どの点が画期的であったかというと、AB間の契約それ自体を保護しようという観点から、債権侵害の問題を捉え直した点である。つまり、債権の発生原因である契約そのものに着目し、その契約に対してCが介入しようとする場合、どういうときにCの不法行為が成立するのか。逆にいえば、どのようなときにBの契約上の地位が守られるべきであるのか、そのように債務不履行の段階から契約の段階へと紛争の焦点をレベルアップさせて問題を「再考」したのである。

(d)　比較法研究の意義――母法としてのイギリス法

日本では、明治になって近代的な民法を外国から継受した。何か新しい解釈上ないし立法上の提案をしようとするとき、外国法から示唆を得ることは少なくない。これが日本の法学の特徴であり、日本法を相対化する点においては長所でもある。吉田教授は債権侵害の研究の対象をイギリス法に求めている。債権侵害つまり契約保護の母法はイギリス法である、というのがその主たる理由である。

このような理解に立つと、その当時のイギリス法はどのようなものであったかを事実としてまず確認する必要がある。その結果得られたイギリス法の伝統に対する知見を新たな視座として、そこからドイツ民法を中心に組み立てられていた債権侵害論を再構築しようとする構想である。吉田教授によると、イギリス法はもともと契約の保護を非常に重視していた。自由競争の意味も、ドイツあるいは日本における従来の考え方とは決定的に異なっている。イギリスでは、自由競争は、第一契約をする際にBとCとの間で問題となるにしても、Bがすでに契約を締結した以上は、Cはその契約を尊重すべきだと考えられている。それに対して日本における伝統的な自由競争の観念は、AとBが契約を締結した後にも、Cが競争に参加できるのは当然だという考え方であった。しかし、これはイギリス法の理解とは相容れないものである。第一契約がすでに成立している以上、その契約を尊重することが大事である。これがイギリスの法伝統だとされる。

(e)　契約の対第三者効――要件と効果

こうした考察に基づいて、債権侵害が不法行為となりうる場合を限定的に解する必要はなく、要件をゆるやかにして、より積極的に債権の保護を図るべきだとの考えが有力となってきた。これを象徴的に示しているのが「契約の対第三者効」という議論の枠組みである。そこでは債権の対第三者効ではなく、第三者の侵害から契約をいかに保護すべきかとの視点が重視される。伝統的な債権侵害論に対する反省が学説に与えた影響は少なくなく、このテーマが新たな局面を迎えていることは間違いない。

(2) 新潮流の問題点

こうした新潮流が判例学説に真に受け入れられるためには、なお検討を要すべき課題がある。それを克服することが次の発展につながることになろう（以下は主として、参考文献⑧による）。

(a) 母法というものの捉え方について

第一に、母法というものの捉え方がある。仮に民法のある制度・規定の母法がどこであるかを突き止めたとしても、そのことから当然に、今日の問題を解決するために有益な議論が引き出されるわけではない。すなわち、母法がイギリス法であったということによって、その後のイギリス法の法発展がそのまま日本に当てはまるというわけではないのである。

(b) 法律の解釈と立法者の意思の拘束

第二は、法律の解釈と立法者の意思の拘束性という問題である。法律の解釈において立法者意思が重要であるとしても、それに全面的に拘束されるということであれば、法の発展はありえない。立法者意思は重要な資料ではあるけれども、その立法者意思を相対化するという意味において、母法国以外の法制度にも十分な目配りをし、その中から日本の現実の問題を解決するために最も妥当な解決策を自らが作りあげていくことが重要である。発想源としての比較法研究の重要性である。

(c) 基礎理論と事例類型の相互連関の必要性

第三は、基礎理論と事例類型の相互連関の必要性である。債権侵害論の転換をもたらしたのは、基礎理論を踏まえた問題提起であって、「法理論と法実践の相互連関」の三層構造でいえば、第二段階における議論の転換と考えられる。この転換を具体化するには事例類型を整理し、類型適合的な処理を図る必要がある。契約の対第三者効という分析枠組みでは第三者による取引的介在の正当性が主要な論点になると解すると、ここで問題とすべきは意図的不法行為、故意ある不法行為の扱いであり、過失ある債権侵害（契約侵害）とは区別して検討されるべきであろう。

基礎理論は重要で、それを通じてこそ第一段階の議論を深めることができるのであるが、しかし基礎理論によって法実践、具体的な法的処理の対応がただちに明らかになるわけではない。そこにはやはり工夫が求められる。その工夫の仕方が法学研究の真髄であるように思われる。

◈四◈ 契約と不法行為の協働

⑴ 一つの問題提起

前章と本章の二章にわたって不法行為および契約の課題を検討してきた。契約については、基礎理論の開拓とともに民法改正の作業もはじまっているが、この段階において、今一度、契約と不法行為の協働について考えてみる必要があろう。

⑵ 権利論としての不法行為、債権法における契約化

一つの問題として、不法行為と契約の目的ないしそれぞれの役割の違いについて考えてみよう。不法行為が問題となるのは、そもそも私人間に契約的合意のない場合である。例えば、ＡがＢの権利を侵害したことによって、初めてＡＢ間に法律上の関係が成立する。不法行為では、それ以前に接触のない一般第三者間で

起こった事件であるにもかかわらず一定の要件が加害者側に具備されることでAとBとの関係が法的に意味あるものとして扱われる。したがって、不法行為では、被害者のどのような権利や利益が侵害されたかが重要な問題となる。権利論が不法行為の重要な課題の一つであるということは、まさに原点に溯って考えれば納得できる事柄には違いない。

それに対して契約では、AとBとがどのような約束をしていたのかということ、すなわち契約上の合意の法性決定が重要とならざるをえない。「債務不履行から契約化へ」。契約の本性にかなうのはこのような法発展であろう。

(3)　構想の背景としての、民事責任論の全体像

我々が前提とせざるをえないのは民法典であるが、形式的な民法典からひとまず離れ、ローマ法に溯って、あるいは比較法的な動向、さらには国際的な取引法の法発展を踏まえて問題を実質的に考えると、契約と不法行為はそれぞれの本性にかなう役割を担っているのであり、債権総論の問題として共通性を強調することのメリットは必ずしも大きくないと考えられる。

アメリカでは早くから法と経済学、法の経済分析が論じられてきた。そうした新たな動向に対して既存の法律学、特に不法行為法学や契約法学はどのように対峙し、そこから何を摂取していけばよいのか。議論を実りあるものとするためには、対抗軸を提示しておくことも必要かも知れない。経済学を応用する不法行為理論の基礎にあるのは、紛争の法的処理をAB間の問題に制限することなく、そこに社会全体の費用の低減を目的とした効率的な視点を取り込もうとする考え方である。この考え方で民事責任を統一的に説明しうるであろうか。民事責任においては、個人の権利や利益の保護、私的自治の問題や行為者の活動の自由も重要

な関心事とならざるをえないのではないか。そのように考えることの行きつく先は、不法行為では権利の問題、契約では契約は守られなければならないとの契約の拘束力が重視されるのではないかという基本的な視角である。これを軸として民事責任の全体像を構想することも一つの課題といえよう。

◆五◆ 民法の全体像と民事責任論

民法が社会の基本法だとすると、民法がどのような方向に進んでいるかということは、民事責任論にとっても正確に把握しておくべき前提事項である。

民法の全体像についてはさしあたり二つの課題がある。一つは債権総論の再検討、もう一つは民法の全体像の再構築という問題である。後者は社会の現実に対応する民法を構築する必要があるということである。広中教授の『民法総論』(第八章〔参考文献〕⑧)はそうした現実社会の目的に対応した民法のあるべき姿を探究する試みであるが、基本的には財産法と人格権法の問題、さらにそれらの外郭に位置するものとして、競争法、環境法の問題を社会の秩序類型に基づいて論じるものである。このような秩序類型に基づいて、それぞれに妥当する法的処理を考える必要があるということである。この視点から考えると、本章で検討した債権侵害についても、契約侵害としてより広い視点から把握されることになるとともに、進んでは契約利益とは何かということに焦点が当てられることになる。契約の獲得に向けられた利益も含まれると解すれば、その先にあるのは競争法と民法との関係をどのように捉えるか、という問題である。具体的には、独占禁止法や不法競争法との関わりが生じ、それと民法がどういう関連を持つのかというように、視野が拡大されるのである。全法秩序の中の民法、そうして民法の全体像における民事責任論の必要性であるが、これからはこういう視点が重要になると考えられる。

◈六◈　おわりに

最後に、歴史に遡って歴史に学ぶ。比較法的な位置づけを明確化することによってはじめて外国法と日本との相互作用、国際性と法伝統の緊張関係の現場に立つことができる。そうすることによって、日本から発信する道が開かれるのではなかろうか。この問い掛けをもって二章にわたる民事責任論の課題に関する考察を終えることにする。

〔参考文献〕
① 北川善太郎『日本法学の歴史と理論――民法学を中心として』（日本評論社、一九六八年）。
② 森田宏樹『契約責任の帰責構造』（有斐閣、二〇〇二年）。
③ 潮見佳男『契約責任の体系』（有斐閣、二〇〇〇年）。
④ 吉田邦彦『債権侵害論再考』（有斐閣、一九九一年）。
⑤ 山本敬三「契約の拘束力と契約責任論の展開」ジュリスト一三一八号（二〇〇六年）八七頁。
⑥ 小粥太郎「債務不履行の帰責事由」ジュリスト一三一八号（二〇〇六年）一一七頁。
⑦ 藤岡康宏「契約と不法行為の協働：民事責任の基礎に関する覚書――医療過誤における一つのアプローチ」北大法学論集三八巻五＝六号下（一九八八年）一四三五頁〔同『損害賠償法の構造』（成文堂、二〇〇二年）所収〕。
⑧ 磯村保「〔書評〕吉田邦彦著『債権侵害論再考』」法律時報六四巻九号（一九九二年）七四頁。
⑨ 小川浩三「約束は守らるべし」、同「合意は法律なり」山畠正男＝福永有利＝小川浩三（共著）『法のことわざと民法』（北海道大学出版会、二〇〇六年〔第一二刷〕）四三頁以下、五七頁以下。

第 5 部
混合法としての民法

第一〇章　法の国際化と比較法の課題
――五十嵐清報告へのコメント

一　はじめに

五十嵐報告[1]は比較法の行方を問い掛けるタイトルからしてすでに刺激的である。「比較法はどこへ行く?」。これは間違いなく比較法学者にして民法学者、理論的であるとともに実践的な研究を積み重ねてこられた五十嵐教授にしてはじめて発しうるメッセージである。二一世紀が「比較法の時代」であるとしても、それではその比較法はどのような目的をもつ学問領域であるのか。本報告から窺えるのは、そのような比較法学の基本問題はいまだ十分に解明されているわけではないことである。「ひとつの中間報告」と断られているのはそのゆえと思われる。

ところで、私は、北海道大学法学部で五十嵐教授から比較法を教わった。授業の冒頭、比較法講座の新設を文部省（当時）に理解してもらうのは大変であった、との逸話を披露されたが、戦前は英、独、仏法など外国法科目はあっても、比較法科目が設置されることはなかった。比較法が必要とされたのは外国法の学び方に視点の違いがあると考えられたからであろう。外国法それ自体ではなく、イギリス法、ドイツ法、フランス法などの法の比較、すなわち比較の対象として法を学び、研究することが比較法の課題であるが、そのような新しい学問領域の開拓者が五十嵐教授であり、本報告で論じられたのは比較法原論の到達点と課題であった。ちなみに、戦後に創設された北大の法文系学部は「北のアテネ」を目指したと語り伝えられているが、比較法はこうした学問的雰囲気のなかで誕生した授業科目であったと思われる。

比較法の行方について考えるとき、五十嵐報告では直接には扱われていないが、実際に重要な問題として、比較法の研究、教育について、誰が、どこで、どのような役割を担うのかとの問いを立てることができる。わが国の法形成は西欧法の継受にはじまるから、比較法は実定法にとって重大な関心事であり続けた。ここでの関心は法の解釈や立法における比較法の有用性に向けられているが、そのような目的をもつ比較法は日本法を相対的に観察する視点を養うことにつながる。実定法に直接にかかわる比較法を「実定法学としての比較法」とすると、本報告でまとめられたものはそれとはひとまず区別されるべき「基礎法学としての比較法」の全体像である。以下、比較法の基礎編と応用編に分け、二つの視点から問題提起をしておこう。

(1) 五十嵐報告の詳細については、五十嵐清「比較法はどこへ行く?――ひとつの中間報告」早稲田大学比較法研究所編『比較法と法律学――新世紀を展望して』(成文堂、二〇一〇年)所収参照。なお、五十嵐清『比較法ハンドブック』(勁草書房、二〇一一年)二九〇頁以下参照。

◈二◈ 五十嵐報告から――基礎編

(1) 五十嵐報告によると、固有の意味の比較法、すなわち「基礎法学としての比較法」において大きな役割を担ってきたのは法系論と方法論である。比較法の主流派を形成していた法系論は、社会主義法の消滅、大陸法と英米法の接近など新たな問題の発生とともにかつての影響力を失い、替わって、代表的な法系について論じるのではなく、法の継受、混合法系、ヨーロッパ私法の統一、イスラム法、アフリカ法などが対象とされるようになった、とされる。

この変化は西欧法の継受にはじまる日本法にとって、比較法における視点の転換を促すものと考えられる。法の継受や混合法系と密接に関わる日本法がどのような法発展を遂げ、どのような将来像を描くことができるのか。比較法はこの課題に貢献しうるものである必要がある。法系論上の立ち位置ではなく、「日本の比較法」の立ち上げが求められる。

(2)　ところで、機能的比較法は、人格権や事情変更の原則をはじめとするさまざまな研究において五十嵐教授ご自身が実践された方法論であるが、英米法も大陸法も個別問題への対応において驚くほど一致点があるとの指摘は比較法における重要な指針である。機能的比較法における類似性の推定は法の統一にとって重要であると思われるが、相違性との関係について、一致点と相違点のどちらかを強調することには無理がある、それぞれの場合に適当に使い分けをすべきであるとされる。類似性と相違性のバランスを取る考え方は、五十嵐教授のご業績に通底するバランス論の発現形態と思われるが、法の統一や日本法の立ち位置の理解にとって有益な視点を与える。民法の基本的な制度として、債権法は平準化に対応できるとしても、不動産、不法行為、家族などの法領域では相違性も重要である。

法の国際化は国際的な視点から法を扱うことであり、法の統一と直接に結びつくわけではない。法の国際化は普遍性と個別性、そのいずれをも尊重することにあると考えられるが、このような問題について機能的比較法はどのように対応すべきであるのか、これは機能的比較法の目的に関わる問題である。この点において、混合法系における機能的比較法は、法の統一のための機能的比較法とは担うべき役割に違いがあると思われる。

さらに、締めくくりとして賛意を表明された、真の問題は外国の法ルールや文化についての十分な知識や理解の欠如にあるとの見解も、比較法の「もうひとつの将来像」を暗示するものとして示唆的である。ひとつの試みとして、早稲田大学のCOEでは[2]企業、市場、市民社会の統合的一体化を達成するための法システムの開発が推進されているが、プログラムの基本方針とされているのは法と社会のまるごとの比較の必要性である。比較法の新たな実験のはじまりであるが、これはもはや「機能的」比較法の役割を超えるものであろう。法と社会の「統合的」比較法の立ち上げである。「実定法学としての比較法」と「基礎法学としての比較法」の協働が必要とされる所以である。

(3) 法と社会の統合的比較はあらたな問題の掘り起こしにつながる。法制度の根幹に関わることであるが、民法が社会の現実に対応していないとすると、現実に対応させるためには民法典を改正するか、民法典をそのままとして民法の実質的な再編を図ることが選択肢として浮上する。民法改正に積極的な態度を取るかどうかにかかわらず、実質的な意味の民法をどのように再構築すべきか。比較法的視点は重要であるが、混合法として、ひとつの法創造が提示される必要があると思われるのである。

本報告ではアジア法や法整備支援の重要性を指摘された。法のグローバル化という視点からみると、これは法の継受の経験をもつ日本法の対外的な国際貢献の問題であるが、韓国、中国などアジア諸国においては大陸法、英米法とともに日本法が比較法の対象とされている。これは比較法の視野がわが国より広いことを意味する。アジア法の視点から日本法を照射する。比較法の対象としてアジア法の意義は大きい。

（2）　早稲田大学二一世紀COEプログラム「企業社会の変容と法システムの創造」および二〇〇八年度から引き継ぐグローバルCOEプログラム「成熟市民社会型企業法制の創造」。

◆三◆　五十嵐報告の発展的展開──応用編

(1)　ところで、比較法の目的についてはどのように考えるのがよいのであろうか。本報告では直接には語られていない。顧みると、われわれが比較法に関心をもつのはわが国における法発展の出発点が外国法の継受であったからである。この歴史的経緯から考えると、比較法の目的は理論的な課題としてだけではなく、実践的な課題として論じられる必要がある。継続的な法形成にとって比較法はどのような役割を担うことができるのか。これは混合法国としてのわが国にとってすぐれて現実的な課題といわなければならない。

わが国の法は混合法としての特色が「際立つ」といわれる。固有の法の基盤に、中国法、ヨーロッパ大陸法、英米法などの継受を通じて「独特の混合法」が形成されたことに鑑みると、[3]われわれの課題は明確である。法の統一が比較法のもうひとつの実践的課題であるとすると、法のヨーロッパ的統一に対比されるべきわれわれの課題は、混合法としてのあらたな法創造と、その国際的な発信であろう。これが法の国際化に対応するわれわれの課題であると思われる。

(2)　日本法を国際的連関のなかで位置づけるとの構想はいまに始まったことではない。日本民法典は比較法の所産（穂積陳重）といわれるように、法典編纂期の当初からすでに比較法の洗礼を受けていたのである。穂積の「系統的比較法」は、法系論の試みとして、「国際的な法移転現象を先取りした卓見」[4]とされるが、比較法の実践的課題を後押しするものとして示唆に富む。イギリスは自国法中心であるが、ドイツでは比較法学が盛んである。穂積の留学当時（一八七六年にイギリス留学、一八七九年にドイツ留学）、イギリスはパンデクテン法学に範を求めたとされるのも、[5] わが国がパンデクテン体系の民法典を有することを考えると、興味深い歴史の一コマである。

このような国際的連関のなかで日本法はどのような法発展を遂げ、どのような目標を達成しようとしているのか。法の国際化における必須の課題は、日本法のアイデンティティの確立にあると思われる。法典編纂が上からの改革であったことがアイデンティティの重要な要因となるのかどうか。[6] 法の継受ないし法革新が上から始まるのはヨーロッパでも同じである。ヨーロッパとの違いは、日本では市民社会の法が完全には実現されていないところにあるとされるが、[7] このような考え方を基礎とすると、比較法の実践的課題は市民社会の法の実現にあるということになる。

(3)　ところで、ＥＵは比較法の「壮大な実験場」であるといわれる。[8] フランス法とドイツ法の融合、大陸法と英米法の融合の実験場としてであるが、ここで課題とされるのはヨーロッパという一つの地域における法の統一である。これに対してわが国では、混合法としての法の形成、一つの国における法の成熟と発展が問われるのであり、法の統一が比較法の直接的な課題となるわけではない。

法の国際化は国際的な規模で法の発展を把握することであると同時に、法の地域性を尊重することでもある。わが国は一〇〇年も前から「比較法の実験場」であったことを考えると、日本法の経験は貴重である。混合法系として比較法から何を学び、どのような特徴をもつ法系が創造されてきたのか。われわれにはそれを明らかにする必要がある。

(4)　法学の歴史からみると、一九世紀後半、パンデクテン法学はイギリスにおいても学びの対象とされていたが、[9] 私法の基礎を築いたサヴィニー（一七七九〜一八六一、歴史法学派、『現代ローマ法体系』）において目指されていたのは制定法による制約を受けることのない普遍的な通用力をもつ法律学の構築であった。当時と二一世紀の法律学の違いは、その間に比較法的法発展を経験したことである。比較法は法発展にとって有用な法資源であるとともに、法発展を相対化させるための観察眼でもある。

法の国際化は法律学の転換を促すことになるであろう。ヨーロッパにおける関心事が法の統一であるとすると[10]、われわれの課題は混合法系として固有の意味の日本法を創り上げることである。ヨーロッパ法をも比較の対象としなければならないわれわれは、ヨーロッパよりさらに難しい課題を背負わされているともいえる。「日本の比較法」の真価が問われているのである。

（3）石部雅亮「明治期の日本法学の国際的ネットワーク―穂積陳重・岡松参太郎とヨーゼフ・コーラー」早稲田大学比較法研究所編『日本法の国際的水脈―西欧・アジアとの連鎖』（成文堂、二〇〇五年）一〇二頁。

（4）石部・前掲注（3）九二頁、九三頁。なお、石部雅亮「穂積陳重と比較法学」大木雅夫先生古稀記念『比較法学の課題と展望』（信山社、二〇〇二年）九五頁をも参照。

（5）石部・前掲注（3）九三頁、九四頁。

（6）滝沢正「比較法学からみた日本法のアイデンティティ」・前掲注（3）『日本法の国際的水脈』一九一頁、一九二頁参照。

（7）笹倉秀夫「ヨーロッパにおける法の継受の観点から―滝沢報告へのコメント」・前掲注（3）『日本法の国際的水脈』一九六頁。

（8）滝沢・前掲注（6）一八六頁。

（9）石部・前掲注（3）九四頁。

（10）ヨーロッパ法については、ラインハルト・ツィンマーマン（佐々木有司訳）『ローマ法・現代法・ヨーロッパ法』（信山社、二〇〇八年）が示唆に富む。なお、Axel Metzger, Allgemeine Rechtsgrundsätze im Europäischen Privatrecht, 2009 参照。

四 おわりに――日本の比較法

五十嵐報告から学び取るべきものは何か。語られたものが比較法の基礎編にあたるとすると、その応用編を創り上げること、「比較法の実験場」として混合法の将来像を構想することが「比較法の行方」に関するひとつの選択肢である。

ところで、法理論にとって重要なことは、実務とかけ離れたものであってはならず、理論と実務は架橋されなければならないことである。比較法は理論と実務のいずれとも関わりをもつため、この問題に無関心ではいられない。私はこの問題を「法理論と法実践の相互連関」として階層的に把握すべきだと考えるものであるが(11)、これに従うと、第一段階は、現実問題対応型の相互連関であり、第二段階は基礎理論対応型の相互連関、そうして基底において下支えの役割を担うのが第三段階の制度的基礎対応型の相互連関である。このような段階的把握は、法実践の具体的プロセスにとどまらず、法学研究や法学教育の基本的指針になりうると思われるが、この階層的理解を「法理論と法実践の相互連関に関する三層構造」と呼んでおきたい。

比較法を三層構造論にあてはめてみよう。わが国では比較法的継受が法創造の起点であったことから、比較法は実定法学にとって重要な法資源であり続けた。このような歴史的経緯からすると、「実定法学としての比較法」をおそろかにすることはできず、「基礎法学としての比較法」との統合を図る必要が生じよう。アメリカにはこういう判例がある、ドイツの法改正はこうだからそれを参考にしてはどうか、といった問題提起は法的資源の提示であり、「実定法学としての比較法」の役割であるが、それにこだわると、現実問題対応型の議論にとどまる恐れがある。個別的な対応を普遍的なものとするためには、第二段階、第三段階の議論によって礎が固められなければならない、このプロセスにおいて重要な役割を担うのが「基礎法学としての比較法」である。

比較法に学びながらも、固有の意味の「日本の法」を確立すること。法の国際化においてわれわれは態度決定を迫られているのである。

(11)　藤岡康宏「日本型権利論の法実現と民法理論」同編『民法理論と企業法制』(日本評論社、二〇〇九年)〔本書第二章所収〕二四頁、同「法の国際化と法理論の創造——法実務・法理論・基礎法学の統合と課題」曽根威彦＝楜澤能生編『法実務、法理論、基礎法学の再定位——法学研究者養成への示唆』(日本評論社、二〇〇九年)〔本書第一章所収〕二三二頁参照。

第一一章　ヨーロッパの法伝統と民法[1]

──小川浩三報告へのコメント

◆一◆　法の国際化と法伝統

(1)　比較法学の現状と課題については、比較法研究所連続講演会（二〇〇七年一一月）、五十嵐清「比較法はどこへ行く?──ひとつの中間報告」で論じられたが（本書第一〇章参照）、そこでは、比較法の到達点は法系論と機能的比較法であったこと、しかし、法系論は、社会主義法の消滅、大陸法と英米法の接近などでかつての影響力を失ったこと、代わって登場したのが、法の継受、混合法系、ヨーロッパ私法の統一であるとして、比較法学の課題が提示された[2]。小川浩三教授による報告は比較法学とローマ法学の連結、統合によって比較法学の転換をめざすものであるが、本報告はラインハルト・ツィマーマンの新たな比較法学を拠点として、転換の手掛かりを得ようとするものである。

ツィマーマンの比較法学は南アフリカ法の経験に培われた実証的かつ壮大な比較法的・歴史的構想に基づくものであるが、小川報告はこれを基礎法学的かつ実定法学的問題関心から受け止め、わが国の民法学の発展に向けた新たな問題提起をこころみる。本報告に対しては、比較法、ローマ法、民法それぞれの立場からさまざまな問題関心をもつことができるが、ここでは小川報告を身近に引き寄せるために、民法改正問題を取り上げ、これを転換期の比較法のなかに位置づけ、課題について考えてみる。

民法改正について小川報告では直接には触れられていない。しかし、学問としての法学はルールの固定化に反対する。サヴィニーは法典編纂に反対であったこと、ツィマーマンもヨーロッパ民法典をめぐる議論においてサヴィニーと同じ立場に立つことに言及されていることから察すると、小川報告が転換期の民法学に並々ならぬ関心を寄せていることが窺われる。法典はそれが編纂されたときの法状態を反映したものにすぎない。法実務・判例にはドイツ民法典成立前後で連続性があるとの指摘も、小川報告の趣旨理解にとって重要である。

(2)　ところで、ツィマーマン比較法学の支柱となるのは、法伝統の概念である（パトリック・グレンの創始による法伝統）。ツィマーマンに決定的な影響を与えた南アフリカ法は、スコットランド法とともに混合法系として注目される法システムである。わが国も混合法系に位置づけられるが、南アフリカ法の経験、したがってツィマーマン比較法学から何を学ぶことができるのか、これがわれわれの課題である(3)。

(3)　ヨーロッパでは、コモン・ローと大陸法、シヴィル・ローの対立から、EUによる統合の進行によってイギリス法の独自性を問題とする状況が生まれたが、これは独自性を否定することではなく、いかなる意味で独自なのかが問われるようになった。このような法学の動きの推進役がラインハルト・ツィマーマンであったとされる。南アフリカではシヴィル・ローの法系とコモン・ローの法系とが混合しているが、両者の対話を可能としたのは生ける「ローマ法」(ここでは普通法学としてのローマ法)であった。ローマ法学といっても一様に論じることはできないが、コモン・ローと大陸法、その共通の淵源としてローマ法学の影響が重要である。小川報告ではこの間のツィマーマンの南アフリカ経験が精緻に分析されているが、大陸法は法典法、コモン・ローは判例法であり、両者は大きく違うとの議論を相対化させるものとして注目されるところである。イングランド法に特有と思われたものが、ローマ普通法学の影響という全体的な関連のなかで考察可能とされるのである。これは新たな比較法学、すなわち、比較法学とローマ法学の新たな連携が生まれる契機となったものである。

(4) 法伝統からいえば、われわれの民法典はヨーロッパの法伝統を受け継いだものである。小川報告によると、そのヨーロッパの法伝統はローマ法学であり、ローマ法学を貫いているものは学問的議論の伝統であった。この点がツィマーマン比較法学の真髄であると思われるが、重要であるのは法準則の内容ではない。重要なことは学問的に議論されていることであって、準則の内容がローマ法と同じである必要はない。しかし、ローマ法と違うということもローマ法の言葉で語ってはじめて明確になる、とされる。学問はルールを固定化することに反対する。そうして、学問こそがヨーロッパの法伝統を他から分かつものだという考え方に賛意が示され、アジアの法世界には法学はなかったとされるのである。ここでいう法学は、一定の法則性をもつものとして仮説を立て、それを他のテキストや実践によって検証していく作業とされる。

(1) 小川浩三「R・ツィマーマンの比較法学とローマ法学」戒能通厚＝石田眞＝上村達男編『法創造の比較法学——先端的課題への挑戦』(日本評論社、二〇一〇年)一五一頁以下。

(2) 五十嵐清「比較法はどこへ行く?——ひとつの中間報告」早稲田大学比較法研究所編『比較法と法律学——新世紀を展

望して』（成文堂、二〇一〇年）二七八頁以下。

（3） ツィマーマンは、スコットランドと南アフリカの法発展は、大陸のシヴィル・ローとコモン・ローの相互作用によるものとするが、混合法系の捉え方については、もう少し広い意味で理解されている。この点については、ラインハルト・ツィンマーマン（佐々木有司訳）『ローマ法・現代法・ヨーロッパ法』（信山社、二〇〇八年）一五八頁参照。

◈二◈ 比較法学の普遍性

(1) 以上の、新たな比較法学からわれわれは何を学ぶことができるか。法伝統の概念は法継受に束縛されない議論を可能にする点で、幅を広げることにつながるはずである。

混合法系では、どの国の法を継受したかではなく、どのような法伝統を学ぶことができたのかが問われる。わが国の民法学一〇〇年を振り返ると、制定時の経緯からフランスの法伝統やドイツの法伝統にはなじみがあるが、学びの対象はそれに限られることはなかった。イギリスの法伝統もあるし、アメリカの法伝統もある。混合法系として類をみないほどの経験を重ねてきたのはわが国である。ツィマーマンの問題関心がヨーロッパに限られているのではないかと思われるのとは異なる。南アフリカやスコットランドで対象とされるのは大陸法とコモンローの融合であり、コモン・ローにしてもアメリカ法は出てこない。問題とされるのはあくまでもイギリスのコモン・ローである。ＥＵの統一、それを実現するためのヨーロッパの法伝統、これを束ねる存在としてのローマの法伝統との連続性、ツィマーマンを駆り立てたものはこのような歴史的な構想ではなかったかと思われる。

ここには特殊ヨーロッパ的な比較法学の構想を見て取ることができると思われる。仮にそのようなものであるとすると、法の国際化においては、このような比較法学の構想を普遍的なものにする必要が生じる。

ローマの法伝統とは何かが、改めて問われることになるが、われわれもその検証に参加する資格があると思われるのである。古代ローマ法の特徴は包括的な法律によって体系的に整序されるものではない。実務で活動する法律家によって適用され、形成発展が担われるものであった。ローマ法源の特性がこの体系を硬直したもの、静的なものであることを妨げた。ヨーロッパ法には、ある種の特殊な発展能力が備わっている、というローマ法理解には現代の法学に通じるものがあることは確かである。(4)

(2)　ローマの法伝統を法実務との関連でみると、法理論と法実務の関係を問うことが、ローマの法伝統を現代に引き寄せる方途ではないかとも思われる。両者の相互関係がローマの法伝統の創造力であるとすると、それを実現する装置が必要とされる。コメンテーターは法的判断の装置として、法理論と法実践の相互連関の三層構造（現実問題対応型＝第一段階、基礎理論対応型＝第二段階、制度的基礎対応型＝第三段階）を提唱するものであるが、(5)この問題意識は法実務と法理論の関係が問い直されなければならなくなったわが国の状況から芽生えたものである（本書第六部参照）。そこにはローマ法の問題意識と共通するものがあると考えられるのである。このような装置を可能とするものは、わが国が混合法系を経験したこと、すなわち、大陸法（それもフランス方式、ドイツ方式という民法典編纂の異なる編成方式を学ぶ）のみならず、英米法からも学び、さらには、判例研究が充実していることにある。三層構造は大陸法の法学と英米法の法実践の結合をはかる装置、すなわち法創造の仕組みである。

（4）　以上のローマ法理解については、Zimmermann, Römisches Recht und europäische Kultur, JZ 2007, S2, 10ff. による。なお、藤岡康宏「法の国際化と法理論の創造――法実務・法理論・基礎法学の統合と課題」曽根威彦＝楜澤能生編『法実務、法理論、基礎法学の再定位――法学研究者養成への示唆』（日本評論社、二〇〇九年）〔本書第一章所収〕二四〇頁以下参照。

(5) 藤岡・前掲注(4)二三七頁以下。

◈三◈ 混合法系における民法改正

(1) ところで、民法改正については、日本のモデルを提案すべきであるとされる。(6) どのようなモデルが必要とされるのか、議論されるべきことは少なくない。取引法の国際的標準に合わせるのが狙いとすれば、それほど難しいことではない。これは政策的課題としての民法改正である。しかし、日本モデルのあらたな構築が目指されるのであれば、それは容易ではない事業と思われる。比較法の重要性はもちろんであるが、比較法から創り出されたものは何か、混合法としての経験が問われることになる。どこに不具合があり、どのように克服されてきたのか、そのプロセスを検証することによってはじめて民法の将来像を構想することができると考えられるからである。

(2) 伝統の創造力といわれることがある。(7) 日本の混合法系としての法学の伝統、これは比較法的には際立つ特徴をもつが、問われるのは混合法系における民法の創造力、法伝統の創造力である。法の国際化においてわが国に求められているのは、そのような創造力のある日本型モデルを提示することである。フランスでも民法典改正が進められている。フランスにはフランスなりの必要性があってのことであるが、ヨーロッパの一員であると同時に、なおかつ、フランス民法の独自性が保たれなければならない。フランス民法にはそのような切実な課題が存在する。日本民法と同列には論じえないものがあると思われるのであるが、フランス社会の均衡性と中庸が重要だとされるのも、民法改正は社会の変容と向き合わなければならないからで

ある。(8)

(3)　小川報告では、社会の変容と混合法について考えるうえで興味深い具体例が取り上げられている。法典法と判例法という伝統的な特徴づけに対する批判の一環としてであるが、不法行為法における被侵害利益の拡大に関する議論である。

権利侵害要件を限定的に解するドイツ不法行為法の考え方は日本民法七〇九条の解釈論に影響を与え、これを克服するために、「権利侵害から違法性へ」の解釈提案がなされた。これはわが国の不法行為法を画する基礎理論の提示であるが、二〇〇四年民法改正では、その趣旨を受けて、七〇九条の文言が「他人の権利又は法律上保護される利益の侵害」と改められた。

(4)　しかし、問題がこれで終わったわけではない。このような規定の仕方の是非が問われることになる。小川報告では、これは権利が狭く限定されないという程度の意味しかないと思われるが、ドイツであれば大問題になりかねない。ドイツでは法律への包摂が重要な課題となるため、具体的な被侵害利益が「権利」であるのか「法律上保護される利益」であるのかは、おろそかにできない問題だとされるのである。

(5)　絶対という観念、あるいは峻別という論理を徹底すると、これはゆゆしき問題であることはたしかであるが、不法行為法の制度目的という理論的・実際的な見地に立つと別の考え方も生じよう。包括的救済規範として多様な不法行為現象に対応しなければならない不法行為法としては、基本的な規準を複数設定しておくことが必要となるのではないか。これを立法的に実現したものが七〇九条現行規定と理解することもできよう。規定の仕方としては二つの法概念が使用されているが、大枠としての標準型が提示されているにすぎず、峻別の論理が貫かれるわけではない、ということである。違法性の概念の使われ方自体がドイツ民法とは違っているのである。絶対という観念には包摂することのできない相対的思考の不法行為法上の枠組みが違法性であると考えると、現行七〇九条における被侵害利益の併記は、その相対的枠組みの法技術的表現形態と解することもできよう(9)。

不法行為法の包括的救済規範性を考えると、改正規定はフランス民法（一三八二条。包括的規範）、ドイツ民法（八二三条一項。絶対権）および英米判例法の混合形態として、混合法系一〇〇年の経験の所産と考えることもできるのである。

(6) たとえば、民法（債権法）改正検討委員会編『債権法改正の基本方針』（商事法務、二〇〇九年）四三八頁（内田貴発言）。
(7) この点で、辻井喬『伝統の創造力』（岩波新書、二〇〇一年）は示唆に富む。
(8) ミシェル・グリマルディ（大島梨沙訳）「フランス社会の変容と民法典改正」新世代法政策学研究六号（二〇一〇年）二四頁。なお、民法改正研究会（代表 加藤雅信）『民法改正と世界の民法典』（信山社、二〇〇九年）三二七頁以下参照。
(9) 藤岡康宏『損害賠償法の構造』（成文堂、二〇〇二年）六一頁。

四 おわりに──法伝統の創造力

ツィマーマンの比較法学、したがって小川報告から学ぶべきことをひと言で表せば、法伝統の創造力ではないかと思われる。法伝統の創造力は比較法学とローマ法学を連結させることができるだけでなく、実定法学、すなわち、民法（学）を動かすこともできる。取り組まなければならないのは混合法としての民法の創造である。

ヨーロッパの法伝統を築きあげたものは法学の存在である。このことは小川報告の髄となる指摘であるが、しかし、ここで述べられた法学の存在だけではわが国の継続的法発展に道筋をつけることはできない。問題は法学とは何かである。ヨーロッパにはヨーロッパの法学があり、法伝統がある。しかし、英米には英米の法伝統がある。さらには、イギリス法とアメリカ法を一体として論じることは許されることではない。比較法学の課題は、ヨーロッパにいう法学を普遍的なものに転換させることにあるのではないか。そのためにはヨーロッパの法伝統を一貫するローマの法伝統にもういちど立ち返ることも必要である。

ローマ法の価値はケース・ローにある、という考え方がある。法実務と法理論の架橋はローマの法伝統に沿うものということができ、法学の普遍化を考える契機とすることができるのではないかと思われる。(10) われわれの法生活を動かすことができるもの、それが法伝統の創造力である。ローマの法伝統がそうであったように、わが国には、混合法としての法伝統があるはずである。それを検証することが法創造につながる。

以上、小川報告はこの意味の法伝統の創造力を喚起するものであったと考えるものである。

(10) 河上正二(訳)『歴史の中の民法——ローマ法との対話』(日本評論社、二〇〇一年) から学ぶことは多い。

第一二章　ローマ法からの問い掛け（法理論と法実践の相互連関）
——小川浩三報告へのコメント

◆一◆　ローマ法と民法

本章は、小川浩三教授による報告「現代法とローマ法」へのコメントである。(1) そこにいうローマ法は現代からみれば遠い存在であることは間違いない。しかし、遡ると西欧法を経由して、日本民法典にも痕跡を残している。そうすると、現代法を語る場合にはローマ法を抜きにしては語りえないのではないか。

現代の最先端の問題というものは、混沌とした状況から生まれる。そのような場合にどう対応すべきかと考えたときに、直ぐに思い浮かぶのは、ローマ法とは法の起源、いわば origin であるという歴史的事実である。そういった origin を探ることによって、現代の問題を考えるヒントを発見することが重要である。その点で小川教授は、現代法とローマ法の緊張関係を、きわめて具体的な例を挙げて説明され、貴重な問題提起をされた。このような内容は、基礎法の専門家でありながら実定法（特に民法）にきわめて強い関心を抱かれる小川教授にして、はじめて語りうるものである。

小川報告の趣旨は「法科大学院時代における基礎法教育――お客をどう引き付けるか？ どう手放さないか？」という刺激的なものである。これはその通りであって、そうした視点から私なりに理解できた範囲でコメントしたいと思う。

（1） 小川報告については、小川浩三「現代法とローマ法――加工法と瑕疵担保責任法を素材として」早稲田大学比較法研究所編『比較と歴史のなかの日本法学――比較法学への日本からの発信』（成文堂、二〇〇八年）参照。

◈ 二 ◈ originの探訪

まず、小川教授は、加工法の問題について、最高裁判決（最判昭和五四年一月二五日民集三三巻一号二六頁。なお、最判平成五年一〇月一九日民集四七巻八号五〇六一頁参照）を契機に話を始められた。この判決は確かに加工法の規定を使って最終的な法的処理をしているが、加工法の規定がいわば便宜的に使われているだけに過ぎないのではないか。そうした使い方であれば、加工法がもつ本来の制度の趣旨あるいは目的を誤解させる恐れが生じるのではないか、と小川教授は危惧された。そうした事態が生じるのは大変困るというのが、同教授の率直な感想である。

そこで小川教授は、「加工法とはどういう問題なのか」、いわば法の起源、originを探る旅を始められたわけである。そうした「探訪の旅」は日本法にとって有益であるばかりでなく、各国の法制度を超えた共通問題を発見することも出来る。そうした旅のきっかけをなすのは、小川教授にとっては、戦後のドイツにおけるローマ法研究の新しい成果である。この成果をどう活用するかはあとで取り上げることにして、ここでは、そうしたきっかけに到達される前の「加工法の歩み」について、まとめておきたい。

加工法の課題とは、簡単に言えば、他人の材料を用いて出来上がった新しい物の所有者は誰か、という問題である。これについて日本民法は二四六条という条文を用意している。これによると、加工物の所有権は原則として材料の所有者にあるとされている。それに対し、ドイツ民法九五〇条は逆に、原則として加工者にあるとしている。このような近代的な民法典が成立する以前のことは小川報告で詳細に説明された。そもその発端は、ローマ帝政期における有名な論争であった。一つは材料の所有者が新物の所有者であるというサビヌス派の見解、もう一つはプロクルス派によるもので、加工者が新物の所有者であるという見解である。これは本質的なものは材料なのか、それとも形式なのか、という形而上学の影響によるものとされる。材料は形式によってはじめて実在性をもつ、という理解によると、形式こそが本質である。したがって、加工者に所有権が帰属するということになる。(2) その他折衷説もあるが、要するに当初はこういう問題は本質的な問題、小川教授によると「哲学的な視点からの議論」の対象であった。

近代民法典としては、フランス民法は材料主義を原則とする。それに対して、ドイツ民法は加工主義を原則としている。日本はどうかというと加工主義ではなく、材料主義を採用している。つまり、材料提供者が所有権を取得するという原則を持つルールを、われわれは持っている。そうしたわれわれの立法例を前にして、加工法の origin を探る旅がどういう意味を持つかというと、おそらく、このような各国の立法主義の違いを超えて、「加工法とはそもそもどういう制度なのか」という共通の問題を発見することができることが大きいと考えられる。origin を探る旅を始められたきっかけとなったのは、戦後ドイツのローマ加工法の研究であった。

三　加工法研究の諸相

ドイツの戦後の加工法研究は、もともとの議論であった本質論から始めるのではなく、より実践的に、例えば訴訟構造に注目する、あるいはより実務に近い視点から研究する、というものであった。小川教授はそうした方法論に注目され、多くの成果を得られたが、それらの勘所は次の三つである。第一は、加工法というのはそもそも所有権取得の問題ではない。基本的には材料供給者が「それは自分が所有権者だ」といって所有物取戻訴訟を起こしたときに、そうではないんだということで、つまり加工による所有権取得によって、この訴えを退ける、そこに加工の最も大事なポイントがある、という指摘である。第二は、加工によって所有権を取得するのは、加工者が「自己の名前で」あるいは「自己のために加工した場合である」、ということである。第三は、加工と果実の収取は基本的には同じ考え方によって処理されるべきであるということである。

以上の三つが、おそらくは、ドイツの研究成果から学ばれたこと、すなわち、ローマ法へのアプローチを試みる戦略的な拠点であったと考えられる。では、そうした成果を具体的には、どのような問題に結び付けることができたのか。その具体例として取り上げられたのが所有権留保の問題である。

この点については、米倉明教授の業績が重要である。同教授には「流通課程における所有権留保[3]」という画期的論文があり、そこではいち早く所有権留保と加工の問題が具体的に検討されている。その問題について主張されたのが、延長された所有権留保という考え方である。これはどういう考え方か。加工に関連して説明すると、製造業者に材料を提供したとき、材料の提供業者は当然、代金債権を担保するために、所有権留保を考える。ところが、このとき、加工によって材料の所有権が製造業者に属することになると、所有権留保の効力はどうなるのか。つまり材料の提供業者に留保された所有権は、加工によって失われるのか。失われるとすると、材料の提供業者は当然安全策のために特約を結ぶことになる。ここで問題となるのが延長された所有権留保に関する加工条項の解釈である。しかし、問題はそれだけではない。所有権留保に関わるさまざまな当事者の利害関係を広く考える必要がある。このような問題を処理するために小川教授が注目されたのは、加工によって所有権を取得するのは、加工者が自己の名前であるいは自己のために加工した場合である、というローマ法研究の成果であり、それを現代に応用できるのではないか、ということである。すなわち、この場合に、実際に加工した製造業者ではなくて、材料の提供業者が自己の名前において加工したと考えると、この特約が効力を持つことになるのではないか。小川教授が検討されたのはこのような具体例であった。

以上を踏まえて、小川教授は、現代法とローマ法のせめぎあいという観点からご報告をまとめられた。私にとってとりわけ示唆的であったのは、加工の問題を契機として、物権法の体系的な理解を前進させたいという構想であった。加工という法制度は、現代のドイツ法上の体系的な位置付けでは、所有権取得の問題ではなくて、所有物返還請求権に対する抗弁として使用されている。その考えを押し進めると、小川教授の指摘にもあったとおり、これは単に所有権取得の問題にとどまるものではない。所有権と占有権との関係一般、つまり所有者──占有者関係についても、物権的返還請求権との関連で再構築する必要があるのではないか。そうした問題提起としても、小川報告は日本民法の構造的理解にとって重要な意義を有するものと考えられる。現実にも、民法の占有権の効力（一八八条から一九六条まで）をそうした所有者──占有者関係を基本において まとめる教科書もすでに存在する(4)。そうしたことに照らしても、加工法がその本来の適用範囲を離れて、物権法の基本構造を変革する新しい考え方を産み出す原動力にもなりうることを、小川報告から、学ぶことができる。

◆四◆ 瑕疵担保責任の期間制限

もう一つは、瑕疵担保責任の請求期限についての問題である。これについては小川教授が本報告とは別に発表された論考[5]をも参照しながら、小川教授の研究が現代の日本の民法を考える際にどういうインパクトを持つか、という点からごく簡単にコメントしたい。

瑕疵担保は、近年、わが国で華々しく論じられている論題の一つである。しかし、現在の日本の議論で十分かという問題がある。日本では、瑕疵担保責任は法定責任か債務不履行責任か、という本質的な議論が盛んであった。しかし、それで本当に十分か。本質的な問題を検討しながら、他方では、具体的な問題に応接することも必要である。この点、小川教授は瑕疵担保責任の請求期限という具体的な問題からアプローチする態度を取られた。比喩的に言えば、小さな窓ではあるが、それを通じてoriginを探ること、それによって初めて現代に通じる具体的なローマ法の遺産が見えてくるのではないか。そのような研究構想が想定されているようにも思われるのである。そのための方法として、新しいものを発見するには新しいアプローチが必要である、と教授は繰り返された。つまり、ローマ法への無批判的盲従は避けるべきであり、ローマ法の固定観念から抜け出すべきである。これは先に紹介した論文の中で「ローマ法の呪縛」と表現されている問題であるが、その呪縛を解くためにはローマ法を知るしかなく、戦後の新しいローマ法研究の成果をもう一回しっかりと理解すべきである、と指摘される。

結論を急ぐと、物の瑕疵担保責任は、ローマ法では基本的には期間制限の問題であり、問答契約による品質保証の問題である。そうして出訴期限の持つ意味とは、物が使われているうちに変化することにその原因が求められるのではないか。つまり、売主の保証責任の時的制限の必要性から出てきたものであって、こういう問題はまさに現代の商品の品質保証期間と同じではないかということである。したがって日本民法の、瑕疵を発見してから一年の期間制限に服するというルールは、瑕疵担保責任と品質保証の関係を見えにくくしてしまったのではないか。そこでこうした問題について日本民法の現代化を考えるのであれば、契約実務を重視する。契約実務にある品質保証のいわば任意規定として機能する。そういった意味での立法、瑕疵担保法が望まれるのではないか。小川報告の問題提起をこのようにまとめることができる。

◈五◈　契約実務と契約法理

以上が今後のわれわれの法学教育、法学研究にどのような意味を持つか。もっとも注目すべきところは、ローマ法の中にも、問答契約など契約実務の中から契約法理が形成されることを窺わせる要素があるということではないだろうか。つまりそれが瑕疵担保法にどういう影響を及ぼすかというと、従来の議論ではいわば本質論が中心で、法定責任とか債務不履行責任とか、あるいは売主に過失は必要なのか、あるいは無過失でも責任を負うべきなのか、ということであったが、そのようには考えないで、より現実的、具体的な問題として考えるべきではないか。つまり、瑕疵担保とは品質保証の問題であり、そのように考えることがわれわれ現代人の法感覚にも合うのではないか。そして、この契約法の研究においては、契約実務の中から生まれる契約法理が重要であり、このことは単に瑕疵担保責任の問題を超えて、契約法研究のすべてについてもいえることである。ローマ法研究の成果はこの点について、確固たる法制史上の根拠を与えることができるのではないか。小川報告にはこのようなメッセージが含まれているように思われる。

六 法曹養成と基礎法

最後に、小川報告はロースクール時代の到来を意識したものであり、われわれはそこから何を学ぶことができるのであろうか。

まず、小川報告で取り上げられたのは、法の形成の問題である。その場合に理論が大事なのか。それはもちろん大事であるけれども、重要なことは、理論は実務の中から形成されるということであり、そのことに注意を喚起することを狙いとする報告であった。具体的にはローマの訴訟制度、問答契約、あるいは契約実務に注目された。それはきわめて注目すべき視点であり、そうした方法によって、ローマ法は身近な存在となり、現代法はローマ法から現代の問題を解く道筋を見つけることができるのではないか。小川報告が訴えているのはロースクール時代におけるローマ法(学)の再生である。

このように小川報告の趣旨は、「法科大学院時代における基礎法教育」を問い直すことにあるが、現実には、ロースクール生は実定法の学修に追われ、基礎法に割ける時間は少ないかもしれない。しかしながら、息抜きとしてであれ、基礎法への関心を抱いていただきたい。法実践が困難に直面したとき、導きの星となるのは基礎法の蓄積だと考えるからである。現代法を解く鍵の一つは歴史にある。その最大の遺産がローマ法にあることを小川報告から学ぶことができる。

もう一つ、報告の趣旨からは外れるが、小川報告は「法科大学院時代における研究者養成」の課題にも関わりがあるように思われる。言うまでもなく、法科大学院は実務法曹の養成を目的として設立された教育機関であるが、実務法曹においても（あるいは実務法曹においてこそ）基礎理論の重要性を認識することが必要である。そのことを考えると、これからの法学研究は、法科大学院時代に耐えうるものであるべきである。別の言い方をすると、法科大学院時代をリードできる研究者の養成は焦眉の課題といってよいのではなかろうか。法理論と法実践の相互連関を図ること。小川報告では、相互連関の歴史的な遺産として、ローマ法（学）からの問い掛けがなされた。そこには研究者を志すものに対する励ましの言葉が含まれていたようにも思われるのである。

（2）以上につき、川島武宜＝川井健編『新版注釈民法(7)』（有斐閣、二〇〇七年）四一二〜四一四頁（五十嵐清＝瀬川信久）参照。

（3）米倉明「流通過程における所有権留保（一）〜（三・完）」法学協会雑誌八一巻五号（一九六五年）、同八二巻一号（一九六六年）、同八二巻二号（一九六六年）〔同『所有権留保の研究（民法研究第一巻）』（新青出版、一九九七年）所収〕。

（4）千葉恵美子＝藤原正則＝七戸克彦『有斐閣アルマ　民法2　物権〈第二版補訂版〉』（有斐閣、二〇〇八年）一七六頁以下（藤原）。

（5）小川浩三「瑕疵担保責任の請求期限について――問答契約研究の一環として」桐蔭法学一二巻二号（二〇〇六年）一頁。

第 6 部
法的判断の三層構造

第二章　法理論と法実践のあらたな関係

一　はじめに

ご紹介にあずかりました藤岡です。[1]

私の報告には「法理論創造時代における研究者養成」という、おおぎょうな標題がつけられております。これは、早稲田大学の大学院法学研究科イニシアティブが取り組んでおります課題のテーマでありまして、それをそのまま使わせていただきました。

額面通りに受け取りますと、これはなかなか手に負える問題ではありません。そう考えまして、今日はイニシアティブの研究会での積み上げを参考にいたしまして、日ごろ考えておりますことを率直にご報告をして、ご教示を賜りたいと考えております。

まず、今なぜ法理論の創造なのかということでありますが、これには二つの問題を指摘できるかと思います。

第一の問題は、社会の仕組みとかあるいは社会の構造が大きく変化している、そうして新しい法現象が登場してきた。そういう状態において従来の法理論では処理できない問題が生じてきました。そういうように考えますと、従来の法理論に代わる新しい法理論が必要となってまいります。これが第一の問題です。

それから第二の問題としては、法科大学院の創設という問題が当然に出てまいります。今日は、話をわかりやすくするために法科大学院のことを「ロースクール」と呼んで、従来からある法学研究科を「研究大学院」と呼んで話を進めることにします。

ロースクールが登場したことにより、従来の研究大学院との関係とか、あるいは法学の研究はそもそもどういうものであるのか、さらには研究者養成とはどうあるべきかという問題があらためて突きつけられることになりました。

このような深刻な問題が提起されましたが、そうした問題が提起された一つの原因は、従来の研究大学院においてこうした議論を、必ずしも十分にやってこなかった。これは私自身の単なる感想に過ぎませんが、そういう一面もあったのではないかと考えております。

そうしますと、こうした新しい事態にどう対応すべきかという問題が出てまいります。こうした問題につきまして、従来の議論の経過を見ておきますと、従来はどちらかと言えば、研究あるいは教育の制度の仕組みに重きが置かれるきらいはなかったか。研究大学院でやったほうがいいのか、あるいはロースクールでやったほうがいいのか。もっと具体的に言いますと、研究大学院の修士課程というのはロースクールが代替しうるのかどうか。そうした点でこの代替型がいいのか、あるいは独立型がいいのか。そういう議論がしばしば行われてきました。

こうした議論は大変重要なテーマであることは間違いありませんが、それはある意味で政策的な判断と関わりのある問題でして、そういうことを考えるとこれからの研究者養成、あるいは研究者像を考えた場合に、そこにもう一つ別の議論も必要ではないかと考えました。

法学研究というのはどういうものか、あるいは今日のシンポジウムのテーマであります法学理論教育はどうあるべきか。そうしたテーマの内容が定まりますと研究、あるいは教育の制度の仕組みの将来像も見えてくるのではなかろうか。これが私の報告の基本的な問題意識であります。

そうしますと、ロースクール時代が到来して、法学研究あるいは法学理論教育というものの何が変わったのか、あるいはどう変わるのかということをまず考えなければならないと思います。

そうした場合、しばしば出てまいります議論は、それは実務に役立つものでなければいけない。そうではあるけれども、実務と理論はかけ離れすぎているのではないか。そうすると、理論と実務との架橋、橋を架ける必要があるのではないか。このような議論が一方にあって、他方では、法理論の内側においても、しばしば議論されてきましたのは、実定法と基礎法との架橋という問題であります。こうした問題にどう対応するのかという疑問は当然出てくるかと考えます。

ところが、よく考えてみますと、歴史を遡ってみましても、ローマ法ですでにそうですが、法律学というのは法実践の中から誕生して発展してきたものであります。したがって法実践とかかわりのない法理論というものはそもそもが考えられないのではないでしょうか。そうしたことは、基礎法についても当てはまるのではないでしょうか。

このように考えますと、法学教育とか法学理論教育の内容を考える場合にむしろ大事なのは、法理論と法実践の相互関係について、どのように考えるのかということではないかと思った次第です。

こうした問題について議論しますときに、従来の言葉遣い、なじみ深い表現は、「実務」とか「法実務」という言葉で、実務と理論の架橋ということがしばしば出てまいりますが、実務と捉えますと多少議論の幅が狭くなる恐れはないかということを考えまして、今日は多少の偏見が入っているかもしれませんが、実務ではなく、多少距離を置いて実務を見るという視点から、「法実践」という言葉を使わせていただき、法理論と法実践の相互連関ということを考えてみたいと思います。

（1） シンポジウムの詳細については、早稲田大学大学院法学研究科「魅力ある大学院教育」イニシアティブ編集委員会『「シンポジウム報告書」法学理論教育と研究者養成』（二〇〇七年）参照。

◈二◈ 法理論と法実践の相互連関

そこで、「法理論と法実践の相互連関」の問題に入ります。この問題につきましては、私は三つの段階に区別して考えてはどうかと思っています。ここでは、この三つの段階を「三層構造」と呼んでおきます。

①第一段階というのは、ひとまず「現実問題対応型」と称しておきますが、これは例えば具体的な問題を突きつけられる。あるいはその問題が新しい問題のようだということになりますと、普通行われるのは従来の判例や学説を検討して、そこにある法理を見つける。それを適用するということです。

また、適当な法理を判例学説の中に発見できないときは、比較法に足がかりを求める。例えば、アメリカではこうなっている。それを日本に持ち込んではどうか。こういった対応があるわけでありまして、それについての検討をここでは第一段階の対応と呼んでおきたいと思います。

その次に出てまいりますのは第二段階の対応でありまして、ここでは一応、「法理論対応型」という多少難しい表現を使っていますが、そういう段階があるのではないでしょうか。

これは第一段階の現実問題対応型の対応では十分に説得的な議論を展開できない、あるいは確保できない場合、説得力を増すための作業が行われる段階です。

つまり、なぜ第一段階の結論が妥当なのか。なぜそういう結論がもたらされるのか、あるいはなぜアメリカの制度が参考になるのかということになりますと、そういった疑問に対して説得力を高めるには結論を相対化、あるいは普遍化してみることが必要になってまいります。

多少話は変わりますが、原島重義先生に『法的判断とは何か』（創文社、二〇〇二年）という書物があります。その中で、法的判断というものは、本来からいけば個別的で特殊な判断なのだけれど、それが説得力を持ちうるのは、そこに判断の普遍性があるからだという論旨が展開されています。

この議論、つまり、法的判断の問題は、今日のテーマであります法学研究あるいは法学理論教育にそのまま当てはまるものではないかもしれませんが、考え方には共通するものがあるのではないでしょうか。そうすると、こうした議論を展開する場が、②第二段階だと考えることができます。

しかし、それで十分か。つまり①、②で十分かと言いますと、問題によっては従来の議論、あるいは従来の議論の枠組みでは対応できない場合が生じてまいります。

そうなりますと、もう一段深い議論、③第三段階の議論が必要ではないでしょうか。この③の段階をここでは「法制度の基礎対応型」と呼んでおきます。

今、問題となっているのは、どういう制度で、その制度的な基礎を探究するという作業であります。例として、例えば不法行為の制度的基礎とか、時効の制度的基礎を挙げることができます。このように大きな枠組みを使う必要は必ずしもありませんが、時効なら時効で、時効の援用というのはかなり特殊な制度ですが、そういう時効の援用というのはどういう制度か。その制度的な基礎は何かという問題でもかまわないわけです。

要するに法制度の基礎、制度的基礎というのは、別の表現を使えば法制度の存在根拠という問題でありまして、そういう議論をするにはさまざま問題がそこに介在いたしますが、そういうものを含めて第三段階というものがあるのではないかと考えました。

その次に、この三層構造の内部関係につきまして、①においても②、③が関連する。あるいは②においても①、③が関連する。それから③においても①、②を前提とする。

こういうように区別をすることによって、法学の研究あるいは法学理論教育の位置づけを明確化できるのではないでしょうか。別の表現を使いますと、どこでどういう研究教育を行うのが妥当かということを考えるときに、この制度設計、あるいは制度の運用という問題とは別に、こうした法学研究の内容、あるいは法学理論教育の内容についてもそこに議論を一つ取り込むと、より幅の広い議論が展開できるのではないかということを考えて、この法理論と法実践の相互連関ということを申し上げました。

その関係で、一言付け加えさせていただきたいのが、相互連関ということを考えたときに、従来ともすれば、例えば実定法と基礎法の架橋ということが言われることがあります。これは要するに、実定法と基礎法は離れているということを前提として、だから橋を架ける必要があるのだという議論だと思いますけれども、基礎法というのは、第三段階にかかわるものという先入観があるならば、そうした理解では確かに基礎法は第一段階とは離れています。

しかし、基礎法は第三段階だけではなくて、第一段階、第二段階、それぞれにかかわるものではないでしょうか。基礎法の役割とはそういうものではないかということが私が日ごろ考えていることでありまして、この点はご教示をいただければと考えているところであります。

もう一つ、こういう法理論と法実践の三層構造についてお話をしますと、あるいは先生方、今日ご出席の皆さんからお叱りを受けることがあるかもしれません。すべての研究や論文には①、②、③のすべてが織り込まれているのであって、判例研究一つをとってもそうだと。こういうご指摘があるとしますと、それはもっともなご指摘で、そのとおりだと思います。

しかしながら、そうは言いましても法学の研究あるいは法学理論教育は、重点の置き方に違いがあります。①を中心としたもの、②を中心としたもの、あるいは③を中心としたものがあるわけです。そう考えますと、①、②、③は一応の区別ととらえて、法学理論教育、それをどこでどう行うのが適当かということ、そういう課題に対処するための目安になるのではないかと考えたわけです。

そこであとはこうした三層構造の具体的な内容をひとつ、ふたつ説明させていただきますが、そこに入ります前に、研究教育体制との関係について一応のまとめをしておきたいと思います。

私は、ＭＤ一貫型、つまり修士・博士一貫の五年教育体制の下では、どちらかというと第二、第三段階に強い学生が育ってくると思います。それに対してロースクール経由型、すなわちロースクール修了後、研究大学院のドクターコースに入るというときは第一段階に強い学生が育ってくるのではないでしょうか。その上で、各大学の研究大学院によりましては、ロースクール経由型であろうとＭＤ一貫型であろうと、第一から第三段階のすべてで一定の水準に達する者を育てるという目標設定は可能だと考えます。

そうしますと、とりわけ各大学の関心が高いであろうロースクール経由型のドクター教育は、第二段階と第三段階を主眼としたものになるかと考えます。これは、博士後期課程のオープン化という問題であります。

三　相互連関のあり方——第三段階を中心に

次は「相互連関のあり方」ですが、これについては第三段階を中心に一、二、例を挙げて説明したいと思います。

これは大きくは、事例的なものと基礎理論的なものとに分かれます。

まず、具体例その一の事例的なものとして興味深いものとして、国立の高層マンション訴訟判決というものがあります。これは、景観利益の保護はいかにあるべきかという問題が争われた事件です。

国立市のいわゆる大学通りが景観を誇っていた。その通り沿いに一四階建てのマンションが建築されたため、付近の住民が受忍限度を超える被害を被った。そこでこの景観権ないし景観利益を違法に侵害したということを理由として不法行為に基づいて高さ二〇メートルを超える部分のマンションの撤去、これは民法的に言いますと差止請求という問題ですが、それが請求されたという事件です。

この事件は、大変幅広い学問的な議論を巻き起こしました。民法だけではなくて、行政法、あるいは都市計画法、環境法、そういった実定法にとどまらないで、法社会学といった基礎法の分野にも議論の幅が広りました。

それと同時に実践的な議論という点からも幅広い議論が巻き起こされまして、そういった点で、法理論と法実践の相互連関を考える興味深い素材ではないかと考えた次第です。

この事件は、新しい利益、つまり生成中の利益の保護をどう考えるか。救済方法としての差止はいかに適用されるべきかという問題を提起しました。

まず、新しい利益の保護をどうするかという問題ですが、従来の考え方で行きますと、こういった紛争は、生活妨害とかあるいは公害のカテゴリーに近いものとして位置づけることができました。生活妨害とか公害というものは、本来は土地利用権の衝突とその調整という問題です。ところが、日本ではこういう問題を、人格権とかあるいは人格的な利益の侵害に関わる問題として評価する有力な潮流があり、そういう問題として考える傾向がありました。これは比較法的にはかなり顕著な特色です。

こういった潮流からしますと、景観利益も人格的利益の侵害として把握する考え方も十分にありえたのですけれども、第一審は、景観利益は土地所有権から派生するものであるとして、伝統的な所有権という権利の概念から説明しようとしました（東京地判平成一四年一二月一八日判時一八二九号三六頁）。それに対して、最高裁は景観利益を積極的に肯定して、そこに新しい定義づけを行いました。具体的には良好な景観の恵沢を享受する利益は法律上保護に値するものと解するのが相当である。すなわち、伝統的な所有権の問題、つまりは土地の利用権の衝突とその調整という問題から離れて景観利益というものに対して積極的な意義を認めました（最判平成一八年三月三〇日民集六〇巻三号九四八頁）。

その一方で差止請求ができる要件については、かなり厳しい制約を課したわけです。

以上は、第一段階の現実問題対応型の処理にとどまるのではないか、というのが私の理解です。

そうすると、最高裁が課した差止要件は厳しすぎないかという問題が起こるわけでありまして、そこではむしろ景観利益とはどういう特性、どういう性質を持つ利益であるか、その特性に応じた保護のあり方を検討する必要はないのかという問題が生じてまいります。

そういう問題に対応するためには、第二段階にまで議論を進めて救済方法としての差止めの役割を考える必要があると思います。

しかしその段階に入りますと厄介な問題が出てきます。差止請求というのは、特別法では具体的な例がありますが、肝心要の民法の一般法の中では、差止請求に関する規定は存在しません。そうすると、景観利益のような生成中の新しい利益に対する差止請求の問題に対応するためには、その差止の法的根拠を明らかにする必要がある。その根拠が定まれば自ずと第一段階の保護のあり方も定まってくるのではないかということであります。これが第二段階の問題です。

それではそれで十分かと言いますと、今後とも差止的救済をより安定的な制度として発展させるためには第三段階の議論も必要ではないでしょうか。つまり、差止という制度について、不法行為があった、だから損害賠償を請求するという原状回復的な救済と同じレベルで考えていいのか、それとも、不法行為とは別の制度として差止を位置づけるべきかという問題が出てまいります。

これは、まさに不法行為の制度的基礎、あるいは差止請求の制度的基礎を解明しなければならないということでありまして、こういう解明をまって初めて第一段階の議論がより深まり、説得的になるのではないかということであります。

これは一つの法実践の具体例でありまして、それとは別に、基礎理論について二つのアプローチをご紹介しておきたいと思います。

一つは「民法学の立場から」というアプローチと、もう一つは「憲法学の立場から」というアプローチです。本シンポジウムとの関係では、内容に深入りするというよりも、なぜこの二つのアプローチが多くの論者から関心の対象とされているのか。そういった視点からこれらを取り上げることが重要だと考えます。端的に申し上げれば、第三段階からのアプローチに対する渇望がそこにあるのではなかろうかということです。

まず、「民法学の立場から」ですが、これは広中俊雄教授の『民法綱要 第一巻 総論 上』（創文社、一九八九年）で提唱された考え方でありまして、一言で申し上げれば、新しい法現象、あるいは新しい課題に対応できるようにするためには、一度、民法ないし民法典の体系を解体して、再構築をする必要があるのではないかという提案であります。

その場合に興味深いことは、解体して再構築をする場合に、今の社会の秩序はどうなっているのかということをまず観察して、それに合うように民法典を組み替えるべきだという発想であります。そういう作業を行うためには、一つは法社会学的な観察が必要とされる。そうして新たな体系を提唱するには、その体系が本当に妥当なものかどうかを検証する必要がありますから、そのためには、比較法、あるいは法制史の観点からの検証が必要だということになるわけです。

具体的には、この体系では、従来の民法典のパンデクテン・システムを崩して、まず財貨の秩序と人格の秩序が基本的なものとして示されます。さらに、それぞれの外側に、外部秩序として、競争秩序と生活利益秩序が存在するとされます。こういう構想が今の新しい法現象を解決するために妥当だという提案であります。この構想が多くの論者の関心を呼んだのは、そこに至る経過における視野の広がりと、結果として生じた新しい体系が、多くの実定法分野に関係があるためであります。これはいわば第三段階から第二段階、さらには第一段階を展望するということでありまして、こういう作業も一応理解しておく必要があるのではないかということであります。

もう一つは、「憲法学の立場から」というものであります。時間の関係で割愛させていただきますが、憲法学の立場からというタイトルをつけると、誤解を招きかねません。これは、憲法学の立場からというよりも、民法が憲法学の成果を取り込んで模様替えをする必要がないかという提案でありまして、そこで意図されているのはいわば民法の憲法的な解釈だと考えますが、これが徹底されますと、例えば憲法の基本権が民法の権利、具体的に言えば、不法行為の成立要件の一つである権利（侵害）と等しいものである、という解釈提案と結びつきかねない、そういう内容を持った提案です。

いずれにせよ、これも第三段階からの問題提起ということになろうかと思います（本書第二章参照）。

四　おわりに

最後に、私の報告の趣旨を一言で説明しますと、それは研究大学院の側からの問題提起である、ということです。また、したがいまして、これに対してはロースクールの側からも問題提起があるのだろうと思います。そうした研究大学院とロースクールの提携の必要性に関する恒常的な議論を通じて、研究者養成の将来的な展望が見えてくるのではないでしょうか。本シンポジウムのテーマであります法学理論教育の出発点はそこにあるということをあらためて強調し、私の報告を終わらせていただきたいと思います。

第一四章　法の体系性と民法

一　はじめに

私のテーマは、「法学理論教育プログラムの課題――ひとつの試み」ということでお話をさせていただきたいと思います(1)。と、申しましても、これは大変気が重いといいますか、難しい問題でして、なかなか具体的なイメージを浮かべることができませんでした。

私自身の専攻は民法です。民法の研究をやり、あるいは論文を書いている間に、こういう点をもっと理解していれば、たとえば基礎法学でいえば法哲学とか法制史、実定法についていえば民法の関連領域についてもっと勉強していれば、今自分がやっている民法の研究についてもっといい仕事ができたのではないかということを、ずっと感じてまいりました。そうした「もっと勉強していれば」という部分が、おそらく法学理論教育にあたるのだと考えています。そういった意味では私自身はそういうことを実現できなかったということで、今日は一研究者として、私自身、できなかったことについての反省の弁を語ることによって、多少の問題提起といいますか、お考えいただくきっかけにできればと思って、あえてこの報告をお引き受けいたしました。

（1） 法学理論教育プログラムの全体像については、早稲田大学大学院法学研究科大学院教育改革支援プログラム実施委員会編『法科大学院時代における法理論の役割』（日本評論社、二〇〇九年）。

◈二◈ 問題の提起

「魅力ある大学院教育」（イニシアティブ）として早稲田大学大学院法学研究科が文部科学省に提案した内容を見てみますと、そこには、法学理論教育プログラムとあります。具体的にどういうことをするかというと、法実務が依拠できる法学理論の確固たる存在、そして法学理論創造の担い手にとって必須の基礎学識の教授を行うということが書かれておりました。あらためて読み直してまったくそのとおりだと思いましたが、そうした教授をするための共通必修科目として三つ挙げられております。

一つ目は、法学方法論、つまり法解釈方法論です。二番目が実定法諸概念の思想史的展開、そうして三番目が「法と社会の比較」、これはすなわち外国法・比較法の研究能力の向上を目的とする科目です。この三つの必修科目はまことにもっともで、これらが完全に実現されればすばらしい研究者が生まれるだろうと推測できます。ただ、これらを上から押しつけるのではなくて、なぜこういうことを勉強しなければいけないのかということに興味を抱かせる、つまり方向づけをするということが基礎教育においてはきわめて重要なのではないかと考えました。

そこで、今日の報告は、今申し上げた共通必修科目に興味をもってもらえて、さらにいえばこの三つの科目のほかにどういうことを学べばよりよい基礎教育ができるかという視点からお話をいたします。

◈三◈　制度的環境

次に、それでは早稲田大学がどういう制度的な環境の下でこういう教育を行おうとしているのかということですが、これはすでに決まっていまして、今後の展開次第ではもちろん流動的になりますが、当初想定されている制度は、五年一貫制の博士課程で教育を行う。そして、博士前期課程は研究者養成のための基礎教育に充てられる。その目的は基礎法学と実定法学を共に視野に入れた総合的な法律学の素養のある研究者の養成を行うということでありまして、これもまったくそのとおりであると私は考えております。

そうして、こうした教育を行うバックアップ体制も早稲田大学では非常に充実しています。すなわち、法学研究科を支えるものとして、研究機関として比較法研究所および二一世紀COE総合研究所（その後継であるグローバルCOE総合研究所）と、教育機関として法学部と大学院法務研究科とがあります。これらの研究・教育機関と連携を保ちながら、この五年間一貫の研究者養成システムを活性化しようということであります。

◈四◈　実定法学と基礎法学の架橋

そこで、そういう制度の下で何ができるかという問題に移ります。これは先ほど申し上げました三つの共通必修科目の内容ないし関連づけと関係します。つまり、実定法を勉強する人が基礎法学を気にかける必要がある。あるいは基礎法学を研究される方が実定法学にも目配りをする必要がある。それは一体何を意味するのかということを、私の経験を含めてまとめてみたいと考えました。

これは基本的には三つありまして、一つは目的です。先ほどの繰り返しになりますが、イニシアティブの目的は基礎法学と実定法学を共に視野に入れた総合的な法律学の素養のある研究者を養成することです。これに従って教育プログラムを組むとすると、プログラムの早い段階から実定法と基礎法との相互関係を重視した科目を設置することも考えられます。しかし、私は、そうした関係を確かなものとするための大前提として、まずは実定法と基礎法の各分野ごとの基礎教育を徹底させる必要があると考えています。

具体的には、従来の博士前期課程において行われていた基礎訓練を十分に行うべきであると思います。たとえば、学術会議報告書（「法科大学院の創設と法学教育・研究の将来像」（学術会議第2部、二〇〇五年）一八頁）の文章をお借りしますと、例として法学研究者としての基礎的学識の形成、古典の読解、外国文献の講読、課題意識形成のための少人数演習等、および研究論文の執筆等と書かれておりまして、これもまったくそのとおりです。これらをまず徹底的に行ったうえで初めて実定法と基礎法の架橋なり相関関係の構築、より広い視野から自分の研究テーマを推進することが可能になると考えます。

(1) 実定法と基礎法の相互関係

(a) 民法のアプローチ

そこで、一応、学生が個別分野の基礎教育を十分に受けたことを前提にして、次に、実定法と基礎法の相互関係という問題に入ります。これに関する論文は実にたくさんあります。今日は、そういう実定法と基礎法の一般的な関係、つまり抽象的な議論ではなくて、一つの具体例を挙げて民法と基礎法、あるいは民法と関連実定法の間でどういう相互関係あるいは緊張関係を築くことができるか、ということについて私の考えを申し上げます。その具体例とは、広中俊雄先生の『民法綱要 第一巻 総論上』（創文社、一九八九年）という書物です。これは二〇〇六年の七月に新版が出ました。

この本の中で提案されている事柄は、民法の専門家だけではなく、実定法各分野、さらには基礎法の多くの研究者からも関心を集めています。ですから、この本は民法と基礎法の相互関係、あるいは民法と関連実定法の相互関係を考える際の格好の具体例になるものと思います。

この本の中で展開されているのは、市民社会とか市民社会に成立する秩序、さらにいえばそうした秩序に基づいて民法の新たな体系を作るとすると、どういう体系が望ましいであろうかということについての広中先生のお考えです。以下、ごく簡単にそのあらましを申し上げます。

現在われわれがもっている民法典は、パンデクテン・システムによって編成されており、具体的には五つの編、すなわち総則編、物権編、債権編、親族編、相続編からなっています。これをよく見ると、前半の総則、物権、債権というのは、いわゆる財産法、あとの親族、相続というのは広い意味では家族法の問題です。しかし、いくらよく目を開いてこのシステムを見てみても、今日きわめて重要性の高い人格権は一体どこにあるのかよくわかりません。

そこで、現在の社会においては、人格権が大変重要であるという見地に立つと、人格権にも民法典の体系の中に正当な位置づけを与える必要があるのではないかという問題意識、いわば研究意欲が駆り立てられることになります。それを実現するためにはどうすればよいか。つまり、民法典は現にあるわけですから、その中で新たに人格権の位置を探るという課題に対処するには何かしらの工夫が必要とされる。その工夫の一つとして、ひとまず民法典から離れる。距離を置く。そうして民法典が成立する基盤である社会、具体的には市民社会の秩序はどのようなものとして存在しているのかを観察する。そのような観察に基づいて、現在のパンデクテン・システムが市民社会の秩序に合わないのであれば別の体系を主張することも許されてよいではないか。これが広中先生の問題意識の最初の出発点であったように思われます。

そこで用いられた手法が、法社会学的な観察です。こうした法社会学的な観察に基づいてあぶり出されたものが、市民社会に成立する秩序です。これには大きく分けて、基本的秩序と、基本的秩序の外側に位置する外郭秩序がある。基本的秩序は市民社会を成立させるもっとも基本的な秩序で、それは財貨秩序と人格秩序に大別されます。財貨秩序には、いわゆる所有権を扱う領域、それから契約を対象とする領域があります。そうした財貨秩序のほかに、人格権の帰属を扱う人格秩序が存在するとされます。

ところで、外郭秩序という提案は興味深いものです。たとえば、財貨秩序という基本的秩序の外郭にあるのが競争秩序です。つまり実際の経済社会は競争社会ですから、財貨の移転をめぐって競争が行われます。そういう場合に競争利益はどのように保護されていくか、あるいは救済されていくかという問題に関わる秩序がすなわち、競争秩序です。

他方、人格秩序にも外郭秩序があって、これは生活利益秩序と呼ばれます。これはわかりやすい言い方をさせていただくと、いわゆる相隣関係で、土地の相互利用関係をめぐって公害とか生活妨害などの問題が起こったときに、その調整を行う秩序のことです。生活利益秩序の新しさは、伝統的な所有権の問題から離れて、人格秩序の外郭に位置づけられていることです。以上の体系的な説明において特徴的なことは、基本的な秩序として人格秩序というものが挙げられている。つまり、民法のパンデクテン・システムには表面上入っていない人格権が明確に、しかもその中心に置かれているということです。

もう一つ、外部秩序について注目されることは、そこでは権利の帰属は問題とならない。つまり民法は権利あるいは利益を中心として組み立てられている、民法典は権利の体系だというのが伝統的な理解ですが、外郭秩序においては権利の帰属は問題とならないとされていることです。しかしながら、そこにも法的な現象、あるいは法的な利益が関係するのだから、そういうところは民法だけではなくて関連の実定法領域が参入して、新たな法システムを作るべきだ、という提案になる。こういう問題は、民法学が従来あまり扱わなかった領域で、だから民法学のフロンティアとしてこれから大いに開拓をすべきだということになるわけです。

こういう考え方は、学界レベルでは、貴重な基礎理論として市民権を得ていると思います。それに基づいてもう一回民法典のパンデクテン・システムの総則、物権、債権、親族、相続の問題に帰りますと、これは要するに民法典が成立する市民社会の秩序には合わないわけです。そうすると、先ほどご説明しました基本的秩序あるいは外郭秩序に合うように民法典を新たに再編成すべきだ、具体的には、大きくは人の法と財産の法という区別をして、民法が扱う法現象を処理すべきだという主張につながることとなります。

(b)　人の法と財産の法

このように展開されると、それでは民法の新たな体系、人の法と財産の法が、歴史的にはどのように位置づけることができるのかということが問題になります。そういうレベルになると、比較法の知識を駆使して、日本民法典を新たに位置づける必要がある。さらにいえば法制史の知識を駆使して、法制史の中で新たな体系を位置づける必要があるということになります。

法制史ももっと細かくいえば、日本法制史の中での位置づけと西洋法制史の中での位置づけは異なるでしょう。さらにいえば、人の法とか財産の法というものはパンデクテン・システムとは違って、インスティトゥーティオーネン・システム、ガイウスの法学提要の話にまで遡る雄大な構想の中で位置づけることができる可能性を秘めている、そういう体系だと思われます。ですから、このことを理解しておくことは実定法研究者にとっても大事ではないかと考えます。

(c) 権利侵害と秩序違反

次の問題は、実定法への置きかえという問題です。と申しますのは、先ほどの新しい体系は、基本的には法社会学的な観察に基づいて、今の市民社会はこういう秩序から成り立っている。それにふさわしい民法典の新しい体系を作る必要があるという提案です。つまり、ここで言われている秩序は、実定法秩序のことではない。あくまで社会の認識あるいは観察の結果得られたものです。そのため、これを大変すばらしいと考える人も、これを実定法に直結させることはできません。法社会的観察による知見を実定法の議論に反映させる仕組みないし方法が必要となります。それを探ることが実定法学者の本当の役割ではないかと思います。

そうした仕組みないし方法の具体的な例として、一つは権利侵害の意義と、外郭秩序の内容を挙げておきます。民法は権利本位の体系ですから、ある者の生命、身体、健康が第三者によって侵害された場合には、権利侵害要件の解釈・適用を通じて第三者への損害賠償請求を実現することになります。より正確に言えば、被侵害利益に関する民法七〇九条の文言は、二〇〇四年の改正で、「権利又は法律上保護される利益」に変わりました。ですから、今申し上げたようなことをこの文言の解釈・適用の中で実現する必要があります。

もう一つの例は、外郭秩序です。これが民法のフロンティアであるとすると、それ以外の関連領域、たとえば行政法とか競争法とか知的財産法とか刑法、経済刑法、そういうものが一緒になってその公的な規制を考える必要があります。つまり、民法が不十分なところについては関連法分野が補う、あるいは関連法分野が不十分である場合には、一般法である民法で得られた成果をそこに還元するということになります。

もう一つ、競争秩序のような外郭秩序に関連するのは公共性の問題です。つまり競争秩序の内実をどう理解するかは、実定法の問題だけではなくて、公共性とは何かという法哲学の問題にも関連してくるということであります。

さらにもう一つ、秩序違反とサンクションとの関係という問題を挙げておきたいと思います。市民社会に成立する秩序を中心に話を組み立てるとすると、まず関心が向かうのは、秩序に違反する行為へのサンクションとはどうあるべきかということだろうと考えます。サンクションとは、言葉を換えれば、救済ということです。そうすると、秩序を中心に話を組み立てると、秩序違反に対する救済方法のあり方が焦点になる、ということになります。

こういう思考様式は、伝統的な考え方とは違います。伝統的な考え方によると、相手方に過失があれば損害賠償を請求でき、さらにもし人格権とか所有権のような権利が侵害されていれば差止請求ができます。これに対して、秩序違反の考え方によると、秩序に違反する状態が生じている場合には、まずはその状態を止めるべきだと考えられる。つまり、大事なのは差止の問題であるということになります。そうして、その次に問題になるのが、損害賠償だというように、救済方法の順位が少なくとも理論的には変わる可能性がある。

差止が大事だとなると、ではどうしたらいいか。これには民法の規定がありません。そこでそういう大事な差止請求について民法の規定がないとは一体なにごとかと考えて、これまでも研究者や実務家が大変な努力を払ってきましたが、これは要するに差止請求の存在根拠、法的根拠の問題です。

この点を具体的に解明するためには、法的な学識を総動員しなければなりません。つまり、憲法、比較法、法制史、法哲学、法社会学などを駆使して存在根拠や法的根拠を論じる必要があります。もう一ついえば、差止は「手続法」にも非常に関係することでありまして、よく、新聞等に出ています差止請求は、仮処分という形で行われます。こう考えると、民法の具体的問題一つを扱うときにも、関連の実定法・手続法分野あるいは基礎法について深い洞察と知識があれば、それをよりよく解決することができるということになってまいります。

(2) 権利論の必要性

以上、広中先生のご本を手がかりにして、問題の一端を私なりの理解でお示ししました。以下、個別問題について二、三触れておきますと、一つが権利論という最近話題となっている問題です。先ほどの基本的な秩序の問題に関連させて申し上げますと、市民社会には、大きく分ければ、基本的な秩序と外郭秩序がある。基本的な秩序とは要するに基本的な制度の柱、つまり権利の問題です。ですから、先ほどご紹介した基本的な秩序あるいは外郭秩序という構想は、当然、権利論にも関係しています。

そうすると、そのような権利論という主張をどう受け止めるべきかということを検討する必要が出てまいります。そもそも、なぜ権利論が主張されるのか。私が思いますに、それは、一般的な問題としてではありません。権利論がそれなりの説得力をもつ場合とは、具体的な問題との関連あるいは具体的な理論枠組みとの関係で提唱されたときではないかと考えます。そうした場合に初めて権利論が生きてくる。これは決して一般理論としての権利論を否定しているわけではまったくありませんが、そういうものだろうと。そうすると、権利の問題を具体的な問題として扱うならば、それは主として民法でいえば不法行為の領域において、ということになる。ですから、近年の権利論は主に不法行為法を舞台として展開されてきたわけであります。

それが権利論のルネッサンスの意味ということでありまして、権利論再生の目的は、被侵害利益としての権利侵害の意義を明らかにして、権利の侵害があれば十分な保護を与えるべきだという考えに今一度立ち返えることにあります。なぜそういうことがあらためて強調されたのかと申しますと、不法行為法の制度目的を損害の公平な分担という考えだけで理解することが難しくなってきたからです。たとえばニュージーランドでは、損害の公平な分担という考えを徹底して、「加害者に故意または過失がなくても、被害者の救済に万全を期す」という総合救済システムが提唱され、実現されてきました。これは、一つは社会保障法に関連した問題です。

これに従って、民法の一部が社会保障法に代替されうるとすると、民法、不法行為法に残された主要な課題は何か。それは要するに権利を十分に保護することということで、権利論の再生という問題が出てきた。それとともに、民法にも制裁とか懲罰的損害賠償のような制度を導入して、刑法と同じような役割を果たすべきだという主張が出てまいりました。

ただ、話がそこまで進みますと、「刑法と民法(の関係)」というレベルでの議論が十分に行なわれないと、刑法のほうでもそうですし、民法のほうでも新たな発展はできないのではないかと思います。

また、権利論再生のそれにもう一つの原動力として議論に大きなインパクトを与えたのは、憲法の基本権の問題です。憲法から考えると国には基本権保護義務があるので、基本権を保護するという見地から民法の権利侵害と、憲法でいう基本権の侵害、その裏返しの基本権の保護というものを同じレベルで考えたらどうかという提案が行われ、これを契機として憲法と民法の関係が議論されるようになりました。つまり、憲法の理解を経なければ、民法あるいは民法の関連領域の問題も十分な議論ができないという状況になりつつあります。

同じことが、権利論の系譜というところで問題になります。権利論には、民法の不法行為についていえば、過失との関係で議論されてきた系譜と、それからいわゆる古典的な権利論として議論されてきた系譜などいろいろな流れがあります。また、学問的な背景も異なります。そのため、基礎法の成果を摂取しなければ実定法の問題も十分に社会適合的な解決に達しないという時期になりつつあるということであります。

憲法と民法の関係について一言申し上げますと、要するに民法の問題を考える際に、単に民法だけに焦点を当てて議論すべきではなくて、全法秩序の中での民法の位置づけを考えて議論をするべきだ。そうすると、まず取り上げるべきは憲法秩序の中における民法の位置づけということになります。憲法と民法の関係がここ十数年、学界のホットな話題でありつづけたことは理由のないことではありません。

これは大きく分ければ契約法のレベルと、不法行為のレベルに分かれますが、私の理解によりますと、この議論がなされるべき本来の領域は不法行為ではないかと思います。不法行為では基本権の保護が問題になる。基本権という以上は被害者の基本権だけではなくて、加害者側の行動の自由という基本権も考えなければなりません。そうすると、憲法上の基本権や保護義務という考え方を徹底するならば、それは決して被害者の基本権の保護にだけ結びつくのではなくて、加害者の基本権をも考慮する。つまり、基本権相互の調整が最大の課題となります。憲法と民法の関係に関する新しい考え方が、ローマ法以来続いてきた民法の基本的な考え方と相容れうるものか、あるいは相容れないのかという大議論がこれから始まることと思いますが、そもそもの発想の起点が違うわけですから、そこのところを踏まえた議論を展開しなければいけないと考えます。

さらに契約と不法行為の問題。これも契約については基本的には合意の世界でして、そうすると意思自治とは何か、あるいは私的自治とは何かが問題になり、法哲学のサポートが必要となる。それに対して不法行為は合意の世界ではありません。権利の問題ですから、どういう権利が救済に値するかということを考えた場合には、民法の全体像、さらにいえば法秩序の全体像、そうしたものを踏まえて法的な判断を行う必要があります。

◆五◆　教育プログラム

以上のような問題を、具体的な教育プログラムにまとめると、以下のような教育プランになります。

（1）法学理論教育プログラム（イニシアティブ）……①法学方法論（法解釈方法論）、②実定法諸概念の思想史的展開、③法と社会の比較

（2）個別分野ごとの基礎教育……①従来型の基礎訓練、②古典の読解、外国語文献の講読、少人数演習、研究論文執筆（学術会議報告）

（3）実定法学と基礎法学の架橋

これは要するに全体像を把握するという話です。今日、私が題材とさせていただきましたのは、民法の全体像をどう把握するかというごく一般的なことだけであります。より精密な議論を展開するには、所有権、契約、担保、民事責任、家族、それぞれに全体像と今日的な問題状況がありますので、そういうこともどこかできちんと学ぶことも大事かと考えます。さらに、同じようなことが、刑法、商法、訴訟法等その他の実定法にもあろうかと思います。それは私の手に余ることですし、時間もありませんから触れませんでしたが、先ほど私が民法を中心に考えましたことを各専門分野でぜひやっていただければと思います。

憲法には、私の理解では民法その他の実定法とはやや違ったものがありますので、これは別個に扱う必要があるのではないかと考えます。さらに、国際法、ないし国際関係も民法や刑法、商法とはまた違った内容だと思いますが、ここらあたりについてはご教示をいただければと考えます。

（4）実定法学と基礎法学の相互関係

以上のことを踏まえて実定法学と基礎法学の相互関係となると、基礎法学から実定法学への注文ということとか、あるいは実定法学から基礎法学への注文ということは大いにありうると思います。

（5）権利論

権利論は、どこかで体系的に学ぶべきものです。ただ、私個人は権利「論」と「論」という言葉を最後に付けて、一般的、抽象的に論じることをあまり好ましいこととは考えておりません。なぜなら、実定法のレベルで問題になるのは権利「論」ではなくて権利です。ある条文のどういう権利あるいは利益がどういう意味をもつか、そういうことをまずはきちんと検討した上で、その結果をいわば背後から支えるのが権利論の役割だと思っております。そのため、権利論という一般論自体がインフレ気味に行われるのは私はあまり好きではないのですが、しかし権利論が法学研究の基礎的課題の一つであることは間違いありません。

◈六◈　おわりに

私は理論と実務の架橋といった問題に非常に関心をもっていますが、ここでは触れることができませんでした。

また、文字どおり余計なことかもしれませんが、法学研究科と法科大学院の連携ということが大事ですし、さらにいえば要するに法学研究科をより発展させるためには、学生の確保が必要で、すべてがここに始まるということをあらためて強調しておきたいと思います。以上の二点について、ぜひ皆さんからお知恵を拝借できればと考えています。

〈参　考〉

「環境と法」と民法

ここに〈参考〉として収録するものは、「環境と法」に関する共同研究である。本研究は、私にとっては「環境法の基本構造(1)〜(3)」(判例評論二二七、二二八、二二九号(一九七八年))の続編に当たるものであるが、本書の構成上は第三部「権利論の現代的展開」を補完する文献である。本論文は、景観利益を法認した最高裁判決(最判平成一八年三月三〇日民集六〇巻三号九四八頁)以前の問題状況を整理した上で、景観権確立のプロセスについて論じるものである。同判決にはなお検討を要する問題もあることから、権利論の視点からあらためて問題提起をおこなうことにした次第である。

環境利益の救済法理について
——景観権確立に関する一考察

須加憲子
藤岡康宏

◆一◆ はじめに

(1) 環境利益と環境権の再評価について

環境利益の保護は、いわゆる環境法の領域のみならず、今日の法律学全体の問題として、重要な焦点になっている。かかる環境利益の救済法理について、その行く末を探る切っ掛けとなると思われる興味深い判決(東京地判平成一四年一二月一八日判時一八二九号三六頁、以下「国立マンション判決」と略す)が下された。これを契機に都市景観保護の理論構築が始動したが、この判決は環境利益の保護についても今後のさまざまな考察点を提示してくれるものと考える。

たとえば、裁判例では、環境利益は反射的利益であるとしてその保護につき消極的な姿勢がとられる場合があるが、本件では景観利益を侵害する建築物に対し撤去が命ぜられた点があげられる。また、多くの学説においては環境利益は人格的利益と解されているが、景観利益は土地所有権から派生するとされた点は注意を要する。

ところで、この種の土地利用問題についての考察に先立って、従来、環境利益の侵害に対して、私法上どのように救済(差止)が行われてきたのであろうか。環境利益に対する侵害の問題は、かつては生活妨害(公害)の問題と呼ばれてきた。生活妨害に対する救済法理については、ドイツ法のイミッシオンにおいては相隣関係にある土地所有権相互の関係=相隣法の問題として、英米法においてはニューサンスの問題として不動産関係法から発展した経緯があるものとして取り扱われており、諸外国では差止の法律構成として物権的な発想を用いた救済法理を採用する立場が主流であったといえる。それに対して、わが国の議論は物権的請求権から出発し、今日では物権類似の人格権構成を採るとする見解が有力となっている。かかる点を踏まえて筆者の一人は人格権と物権（必ずしも伝統的な物権概念を意味していない）の棲み分けが必要ではないかという提案をしたことがある。[1]

さらに、環境利益の保護については、物権・人格権に加えて環境権が主張されている。今日ではこの環境権再評価の動きがあることが注目される。環境権は、大阪国際空港事件を契機として、環境破壊行為の差止めを請求する根拠として主張された。しかし、抽象的であるとして批判の対象となり、現在では多くの学説によって人格権に還元して捉え、人格権の範囲を拡大して保護を図れば足りると考えられている感がある。[2]

これに対して再評価の動きは、自動車公害問題等の複合的環境問題の解決の必要と、歴史的・文化的環境や都市環境の破壊に対してアメニティの保護が環境問題の重要課題の一つに加えられるようになったこと、生態系への影響、という環境問題への意識の高まりとに連動していると思われる。さらに、環境保護問題が公共的性格を有する点から私法上の環境権が再評価される。[3]

(2) 本稿の目的

はじめに、国立マンション判決の評価については、現段階では、[4]一方でいわゆる環境権の具体的展開とするもの、他方でことさらに環境権の展開と関連させずに土地所有権問題を背後に撤去を認めた重要な判決と評価する、二通りの考え方があるように思われる。本稿では、前者のアプローチを「環境法的アプローチ」、後者を「都市法的アプローチ」と名づける。[5]前者は、私法的規制を契機に個人的利益保護を焦点にしたところから出発し、人格権・環境権を中核に据えるという特徴を持つ。これに対し、後者は、行政法的規制を契機に公共的利益擁護を焦点にしたところから出発し、土地利用問題を中核に据えるという特徴を持つ。これらのアプローチを都市景観利益の分析道具とし、環境権の確立・再評価の可能性を探る。

次に、環境権の再評価といっても、ここで問題とされるべき景観利益は、大阪弁護士が提唱したもともとの環境権に含めうるかが問題となる。(6) なぜならば、本判決を契機として、現に存在した環境を利用することに加え、地域コミュニティがより積極的に・能動的に、主体的意思を持ってあるべき環境利益を将来にわたって形成するという新しい視点が盛り込まれたからである。(7) また、環境の共同利用権の立場からは、環境利用秩序の維持と捉える学説（原島・広中説）においては保護されるべき環境利用の内容と、保護を受けるべき主体が明確でないという批判が出されている。しかし、秩序違反構成の系譜は、国立マンション判決の評釈（吉田克己説）において環境利益保護につき新たな展開を示しているように思えるので、この点を再検討する必要があると思われる。

さらに、環境権が提唱されて以来、包括的な環境権の客体の一つに含められてきた景観権の確立およびその救済法理の考察を通じて、都市景観保護における人格的利益構成の意義を検討したい。

このように本稿では、景観保護を題材に、いままで検討の俎上に十分あがってこなかった環境法的視点と都市法的視点を用いて検討を行い、個別的環境権である景観権と包括的環境権自体について、今後の方向性を示す作業の一助となることを願って考察を試みる次第である。

(3) 環境権論の現状

ここでは、まず大阪弁護士会環境権研究会が提唱した環境権の意義を再確認する。(8)

大気・水・日照・通風・景観等という環境の素材は、従来「自由財」として権利の対象物とは考えられていなかった。しかし、これらの自然の資源は人間の生存にとって不可欠であるため、当然に万人の共有に属すべき財産である。この考え方をもとに、同研究会は受忍限度論を批判して、環境権を基本的人権の一つと考えると同時に私権の一つでもあると考え、後者の意味での環境権は一切の自然・社会的環境に対して地域住民が共有する排他的な支配権であるから、環境の汚染・破壊の段階で地域住民は直ちにその差止を求めることができる、と構成した（環境共有の法理）。この環境権には通常次のような問題点があげられる。(9)

第一に、実定法上、環境権を認める根拠がない。(10)第二に、環境権はその成立、存続、消滅等の要件や、その効力等、権利としての基本的属性があいまいであり、また、環境権の基礎となる環境の概念と、各個人の権利の対象となる環境の範囲が不明確である。第三に、個人の生命、健康、財産の侵害のおそれが生じたときには、人格権または物権等の財産権を根拠にして損害賠償請求、差止請求ができるから、環境権を認める必要がない。第四に、権利者の範囲、つまり、原告が具体的にいかなる利害関係を有し、いかなる個別的な利益を侵害されているのかという点について明確性を欠く。(11)第五に、差止訴訟提起の方法や、既判力の範囲についても問題がある。

確かに、環境権論には克服すべき点が多く見られるが、個人の具体的被害を越えた地域的被害を被侵害利益に含めるとして批判されている点につき、今日学説によって、個人主義的権利（所有権・人格権）が捉えきれなかった公益性・公共性が主張されている点にこそ、非常に重要な意義があると再評価されている。(12)

（1）沢井裕『公害差止の法理』（日本評論社、一九七六年）一〜一九頁、須加憲子「生活妨害法理に関する基礎的考察――アメリカニューサンス法を契機として生活妨害法理の再構成へ（4・完）」早稲田法学七七巻二号（二〇〇二年）一三二〜一三九頁。

（2）環境権を論じた裁判例ではすべて否定され、環境権説は「絶望的」とまでされた。沢井裕「差止請求の法的構成」自由と正義三四巻四号（一九八三年）一〇頁。

（3）淡路剛久＝阿部泰隆編『環境法〈第3版〉』（有斐閣、二〇〇四年）一二頁。
（4）二〇〇四年五月現在。
（5）大雑把であるとの批判を受けることを覚悟しつつも、ここに言う環境法とは固有の環境法に限定せず、公害・環境問題を私法的アプローチによって解決しようとしてきた経緯を持つ試みすべてを指すことにしたい。
（6）環境権を「他の多数の人々による同一の利用と共存できる内容とをもって、かつ共存できる方法で、各個人が特定の環境を利用することができる権利」（集団的権利）と定義し再構成する立場である。中山充「環境権――環境の共同利用権（4・完）」香川法学一三巻一号（一九九三年）六八頁、同「環境権の意義と今後の展開」淡路剛久教授・阿部泰隆教授還暦記念『環境法学の挑戦』（日本評論社、二〇〇二年）四五頁所収、同「環境共同利用権と持続可能な発展」香川大学法学会編『香川大学法学部創設二十周年記念論文集』（成文堂、二〇〇三年）一三一頁所収。
（7）中山充「環境権――環境の共同利用権（1）、（4・完）」香川法学一〇巻二号（一九九〇年）二二〇頁、一三巻一号（一九九三年）六七頁。
（8）大阪弁護士会環境権研究会『環境権』（日本評論社、一九七三年）。
（9）環境権論が有する一連の問題点については、淡路剛久『環境権の法理と裁判』（有斐閣、一九八〇年）第一章、石田喜久夫「公害差止請求」同『差止請求と損害賠償』（成文堂、一九八七年）三頁以下、加藤一郎「『環境権』の概念をめぐって」同『民法における論理と利益衡量』（有斐閣、一九七四年）一一三頁以下、中山充「環境権――環境の共同利用権（2）・（3）」香川法学一〇巻三＝四号（一九九一年）五〇五頁以下、一一巻二号（一九九一年）三〇六頁以下、潮見佳男『不法行為法』（信山社、一九九九年（I〈第二版〉、II〈第二版〉〔二〇〇九年、二〇一一年〕））五六～五七頁など参照。
（10）例えば「実定法上何らの根拠もなく、権利の主体、客体および内容の不明確な環境権なるものを排他的効力を有する私法上の権利であるとすることは法的安定性を害し許されない」（名古屋新幹線公害訴訟、名古屋高判昭和六〇年四月一二日判時一一五〇号三〇頁）。
（11）「環境は国民一般が共通に享受する性格のものであるから、そのようなものについて個々人が排他的に支配し得るような私法上の権利を有していると認めることには疑問がある」とも言われる（志賀原子力発電所差止請求訴訟、金沢地判平成六年八月二五日判時一五一五号三頁）。
（12）吉田邦彦「環境権と所有理論の新展開――環境法学の基礎理論序説」山田卓生＝藤岡康宏編『新・現代損害賠償法講座

2　権利侵害と被侵害利益』（日本評論社、一九九八年）二一三頁所収。

◆二◆　国立マンション訴訟第一審判決

それでは、本判決とそれをめぐる学説を採り上げて考察をすすめることにするが、本判決自体については、すでにいくつかの評釈が公刊されているので、詳細はそれらの業績に譲ることにして、ここでは本稿に必要な範囲に限って紹介することにする。

(1)　景観保護の法理論ならびに分析の視点

一口に景観といっても、大きく分けて「自然景観」と「都市景観」など種々に整理できる。本稿で問題となる景観とは都市景観を指すが、この第一級の価値を有するわけではない景観はなぜ保護されなければならないのだろうか(13)。ここでは、国立マンション判決の論評について検討する前に、景観保護の流れについて確認しておく。まず、環境法的アプローチの視点を取り上げる。

民事訴訟における景観保全には、公害訴訟により培われた法理が用いられる。公害・環境法史的には、まず私法が公害救済の役割を果たし、その後環境問題の解決には行政法が中核的位置を占めるようになる(14)。わが国では、戦前から、環境の侵害は人の生命・健康に対する侵害として現われた。一九五〇年代半ば以降に始まる高度経済成長期に、公害・環境問題がその規模・被害の程度において一層深刻化し、被害住民と支援者を中心として住民運動が展開される。このような傾向は特に一九六〇年代後半から一九七〇年代に顕著であった。立法や行政の対応は立ち遅れ、民事訴訟のリードによる被告企業や国・行政の責任追及（特に損害賠償）、これを通じての被害者救済や規制の強化が求められ、こうした過程で被害住民の権利（人格権・環境権）が提唱・確立される。他方において、一九七〇年頃までは、国に先行して地方自治体による対策が大きな役割を果たしていた。以上のような運動・政策・法を背景として一九七〇年代半ばまでに、規制の厳格化と汚染除去・環境保護技術の発達等により大きな成果が上がったが、一九七〇年代後半以降は停滞ないし後退が見られ、一九九〇年代に新たな発展を迎える。人の健康被害の防止といった最低限の課題だけではなく、生活のアメニティ保障が重要な課題として浮かび上がってくるとともに、自然環境の保全を含むより広いものに課題が広がってきた。そして、新しい問題に対応した行政的規制として例えば一九九三年に環境基本法、一九九七年には環境影響評価法と、続々と環境保護立法がなされるようになる。環境法的アプローチは、被害者・加害者の個と個の水平的関係を捉えて被害者側の権利の強化・拡大を指向する特徴を有する。

ところで、民法上景観保護に関する手掛かりはない。民事訴訟においては、景観はしばしば眺望と対比され、眺望と景観との両方を阻害する事例が多い。しかし、一般に私的利益の問題である眺望と公共空間利益の問題を孕んだ景観は区別されるべきであるとするのが大勢のようである[15]。そして、景観侵害の場合にいかなる要件が充足されたときに損害賠償ないし差止が認められるかの判断基準についての本格的な研究は今後の課題であるが、眺望阻害の場合は「受忍限度論」の枠組みで違法性を判断すればよいというのが判例および学説である。

民法上、景観について規定がない一方で、行政法上は古くから景観保全のための規制が行われてきた[16]。環境法的アプローチは主として水平的関係に照準を合わせるのに対し、都市法的アプローチは国（地方公共団体）との垂直的関係に着目し不動産所有者の権利制御を指向する特徴を有する。

わが国の景観保護法制は、①自然景観保護法制、②文化財保護法制、③都市計画関係法制の三つに大別される。都市景観利益で重要となるのは③である。景観の保全、整備さらには形成についての法律制度は、まず、開発行為から自然景観を保護するために多くの地方公共団体が自然環境保全条例を定めるようになり、次いで都市景観の価値に対して認識が拡げられてくるようになった。わが国の近代都市のはじまりは戦後を起点とする。戦災復興事業として土地区画整理事業による土地区画整理が行われ、都市計画の華として終戦以来一貫して今日まで継続されている。この事業は、初期は特別都市計画法により、それ以降は都市計画法に基づいて行われる(17)。

さて、まず景観の保護は、一九一九年の市街地建築物法以来の制度である、都市計画法における「美観地区」（建築基準法六八条）と、旧都市計画法以来の歴史を持つ「風致地区」（都市計画法五八条）が出発点となった(18)。

これらの制度は一九六〇年代以降の高度経済成長に転機を迎え、自治体の条例制定と国法制定の両面から見直される。「美観地区」の制度を利用しつつ、規制を「町並み全体」に拡大した最初のものが「倉敷市伝統美観保存条例」（一九六八年）であり、この手法は多くの自治体に広がる。さらに「美観」と「風致」を超えて「景観」を保存した最初の法律は「古都における歴史的風土の保存に関する特別措置法」（古都保存法一九六六年）である。そして景観保存を全国に広げたのが、文化財保護法（一九五〇年）の改正によって新たに創設された「伝統的建造物群保存地区」（一九七五年）である。これにより、保護対象が「点」から「面」に拡大されたと評価されているのは周知のごとくである(19)。

景観法制は一応の体系化がなされているわけだが、近年、国による開発指向の土地所有権という私的財産権を強化し、ひいては都市空間を短期的な経済観点から経済の対象とする動きと、環境保全を推進する自治体の動きという相反する二つの動きがあることが指摘されている(20)。前者の例としては、いわゆる規制緩和や都市計画法改正（二〇〇〇年五月一九日公布）などを挙げてよかろう。後者の例としては景観条例があげられる。例えば、真鶴町まちづくり条例＝「美の条例」は、景観を最も広義なもの＝コミュニティを含んだ概念とし、「美」を個人的な主観としないために、「これまで真鶴町の町民の生活と環境を成立させてきた作法・慣行といったもの」を「美の原則」ないし「美の基準」として「ルール化」し、行政指導によってではあるが、すべての建設行為にその遵守を求めている(21)。

(2) 国立マンション判決（東京地判平成一四年一二月一八日判時一八二九号三六頁）

それでは、国立マンション判決について本稿の叙述に必要となる範囲に限定してあらすじを確認しておこう。

［事件の概要］

本件は、学校法人Tや周辺住民らが原告となり、国立市のいわゆる「大学通り」と呼ばれる格調高い並木道に面してマンションの建築を行った事業者、本件建物の分譲を受けた入居者を被告とし、完成したマンションの二〇メートルを超える部分が違法であり、日照、景観について被害を受けることなどを主張して、違法部分の撤去、慰謝料の支払等を求めて訴えを提起したものである。これに対して、東京地裁は、平成一四年一二月一八日に、景観利益の侵害を理由として「大学通り」に面して建築されたマンションの高さ二〇メートルを超える部分の撤去を認める判決を下したのである。

［判旨の紹介］

本判決の特徴は以下の三点にあるとされる。①景観の権利性については、景観が土地に「付加価値」を生み出している場合には、地権者らの土地所有権から派生するものとして、「景観利益」として認めた点、

②撤去の法律構成として不法行為を採用した点、③違法性判断枠組みとして受忍限度論を採用した点である。

◆景観の権利性

「ある特定の地域や区画（以下、本号において単に『地域』という。）において、当該地域内に建築する建築物の高さや色調、デザイン等に一定の基準を設け、互いにこれを遵守することを積み重ねた結果として、当該地域に独特の街並み（都市景観）が形成され、かつ、その特定の都市景観が、当該地域内に生活する者らの間のみならず、広く一般社会においても良好な景観であると認められることにより、前記の地権者らの所有する土地に付加価値を生み出している場合がある。」

「このような都市景観による付加価値は……特定の地域内の地権者らが、地権者相互の十分な理解と結束及び自己犠牲を伴う長期間の継続的な努力によって自ら作り出し、自らこれを享受するところにその特殊性がある。」

「以上のような地域地権者の自己規制によってもたらされた都市景観の由来と特殊性にかんがみると、いわゆる抽象的な環境権や景観権といったものが直ちに法律上の権利として認められないとしても、前記のように、特定の地域内において、当該地域内の地権者らによる土地利用の自己規制の継続により、相当の期間、ある特定の人工的な景観が保持され、社会通念上もその特定の景観が良好なものと認められ、地権者らの所有する土地に付加価値を生み出した場合には、地権者らは、その土地所有権から派生するものとして、形成された良好な景観を自ら維持する義務を負うとともにその維持を相互に求める利益（以下『景観利益』という。）を有するに至ったと解すべきであり、この景観利益は法的保護に値し、これを侵害する行為は、一定の場合には不法行為に該当すると解すべきである。」

◆受忍限度

「被害が受忍限度を超えるものであるか否かは、原告らの被害の内容及び程度、地域性、被告明和地所の対応、法令違反の有無、被害回避可能性など、諸般の事情を総合考慮して検討すべきである。」

◆救済方法

以上を前提に、本判決は、「不法行為による被害の救済は、金銭賠償の方法により行われるのが原則」としつつ、本件景観利益の特殊性と、本件建物による景観利益破壊の程度を総合考慮すると、少なくとも、大学通りに面した本件棟について高さ二〇メートルを超える部分を撤去しない限り、受忍限度を超える侵害が継続することになり、金銭賠償の方法により被害を救済することはできないとして、マンションの大学通りに面した棟のうち、高さ二〇メートルを超える部分の撤去を命じた。

また、原告三名のこうむる精神的苦痛につき、撤去されるまでの間毎月各一万円の慰謝料および弁護士費用として九〇〇万円の支払が命ぜられた。

(13) 亘理格「景観保護の法と課題—アメニティ保障の視点から」森島昭夫ほか編『ジュリスト増刊 環境問題の行方』(有斐閣、一九九九年)二一五頁所収。

(14) 吉村良一『公害・環境私法の展開と今日的課題』(法律文化社、二〇〇二年)三～二七、一〇三～一八八頁、大塚直『環境法』(有斐閣、二〇〇二年)三～二五、三三頁など。ここでは、吉村教授の理解を簡略化した。藤岡康宏『損害賠償法の構造』(成文堂、二〇〇二年)四一四頁以下も参照。

(15) 吉川日出男「眺望権序説」山畠正男先生・五十嵐清先生・薮重夫先生古稀記念『民法学と比較法学の諸相 I』(信山社、一九九六年)九五頁所収、富井利安「Ⅲ 眺望・景観」牛山積編集代表『大系 環境・公害判例 7』(旬報社、二〇〇一年)一六二頁以下。

たとえば、淡路教授によると、「眺望が良き風物を享受する個人的利益の側面を意味しているとすれば、景観とは、それがより客観化・広域化して価値ある自然状態（自然的・歴史的・文化的景観）を形成している場合を意味する。景観の破壊は、眺望の阻害として個人的生活利益の侵害ともなりうるが、それ自体で、保護されるべき客観的価値の破壊である。このような景観を享受する利益は、いわゆる環境権の一つとして観念できるが、ただ、裁判上これを自己の権利の侵害として争えるかどうかは問題となる」ものとされて、裁判上救済可能な利益か否かが強く意識されている。淡路・前掲注(9)一一〇頁。また一一二頁注(6)では大阪弁護士会環境権研究会・前掲注(8)八五頁注(5)でこのような区別が初めて提唱されたことの指摘がなされている。淡路剛久「景観権の生成と国立・大学通り訴訟判決」ジュリスト一二四〇号（二〇〇三年）七二～七三頁。

(16)　五十嵐敬喜『都市法』（ぎょうせい、一九八七年）、荒秀「景観保護の法制度その1～4」法令解説資料総覧七四号（一九八八年）七五頁、七五号（一九八八年）五八頁、七六号（一九八八年）四九頁、七七号（一九八八年）五三頁、西村幸夫『環境保全と景観創造――これからの都市風景へ向けて』（鹿島出版会、一九九七年）、亘理格「景観保護の法と課題」二一四頁以下など。

(17)　五十嵐・前掲注(16)三二頁。

(18)　荒秀・前掲注(16)「景観保護の法制度その1」七八頁。美観地区は市街地の美観を維持するため定める地区、風致地区は都市の風致を維持するため定める地区。一般に「美観」とは、都市の特性に応じ建築物の配置、構造、意匠等が市街地における道路、公園等の公共施設等と調和と均衡のとれた形態、意匠を保っていることといわれる。それに対し、「風致」とは、都市において自然的景観が良好に維持されている状態と解されている。

(19)　「点」的保護とは、文化財として指定された建築物の保護およびその周辺の環境を保護することであり、「面」的保護とは、周囲の環境と一体をなして歴史的風致を形成している伝統的価値の高い建造物を群として保護することを意味する。五十嵐・前掲注(16)二七九頁、同「景観論」都市問題九四巻七号（二〇〇三年）二〇頁。

(20)　淡路・前掲注(15)七〇頁。

(21)　「町の具体的地域像・町並み像を描き切ることを重視した条例として、注目すべきである」。亘理・前掲注(13)二一八頁。また、「法の保護に値する景観と言うには第一級の価値を有する景観でなければならず、地域住民共有の地域像・町並み像を適切に表現する景観というだけでは法的保護に値しない、との考え方があると言えよう」との指摘もあることを忘れてはならない。亘理・前掲注(13)二一五頁。

◆三◆ 国立マンション判決の評価

この判決については、すでにいくつかの論評が公にされている[22]。本稿では、環境利益の保護に対するさまざまな見方について、この判決の評釈ならびにそれと関わりの深いと思われる文献を採り上げ、景観利益の救済法理について具体的に検討してみたい。

(1) 環境法的アプローチ

(a) 富井利安説――私法上の環境権

最初に、本訴訟において原告側の意見書として提出された富井教授の「意見書」を紹介する。富井教授は、景観享受利益（環境権）の私法上の権利化、ひいては行政差止訴訟などの「公法的救済」へと救済範囲を広げることを目指す立場である[23]。

富井教授によると、現存する都市景観は、市民・地域住民の共同意識のもとで社会観念上独自の生活利益の一部として承認される重要性を有するにいたった場合に、保護に値するものとなると言う[24]。

そして、市民・地域住民は共同で、公序としての環境利用秩序あるいは生活利益秩序の重大な違反（被侵害利益①）と、自らの景観享受利益の違法な侵害（被侵害利益②）とを理由として差止を求めることができる。この市民・地域住民の景観享受利益は、景観権ないし景観享受権とも称されうる私法上の権利として捉えられるものであって、その法的根拠を民法七一〇条の「自由権」にも求めるところに富井説の特徴がある[25]。かかる権利の法的性質については、「眺望利益は、人格権の一種と捉えれば足りるが、景観利益については、むしろ『景観享受権』という新しい権利構成を考えることが妥当」であるとして、新たな権利（環境権の一種）として性格づけしている[26]。

そして、景観侵害の違法性判断基準としては相関関係説が参照されており、生成途上の未成熟な権利の場合であっても一定の利益衡量の下で違法な侵害ありとされるが[27]、この点、差止請求権の法律構成に関する違法侵害説[28]と同旨とも捉えることができようか。

さらに、富井説では、違法性判断においては土地建物などの財産利用の形態が重視される。建築物が、地域の環境保全・利用秩序（原島）、生活利益秩序のルール（広中）、共存のルール（中山）に対して積極的に違反した場合には、不合理な財産使用として違法性を帯びる。そして、これは行政法規範とは異なる実質的ルールであり、その具体的内容は「『大学通り』に面する地権者相互の間で建築物の高さ制限に自主的に服するため、各人が土地所有権という財産権の自由の一部をいわば譲与して、その代償として公共空間利益ともいうべき美しい街路景観を共同してつくり上げてきたという歴史的事実」であり、ここに「『市民的公共性』のモラルを見ることができる」ことになる。なお、違法性判断における手続的アプローチの重要性が説かれている点も重要である[29]。

そして、景観享受権の行使方法については前述のごとく共同という言葉を用い、その意図は明らかでないが、権利主体の範囲については、「当該地の土地所有者、建物所有者、土地建物の占有者などの財産権者に加え、学校法人なども有形・無形損害を被ることになるのであるから、学校生活などを送る生徒、学生、教職員などの通学・通勤者も含まれ得る」ことになる。

(b)　淡路剛久説――固有の環境法

次に、私法上の環境権の限界性を意識し、その発展形としての「国有の環境法」を提唱される淡路説を検討する。[30]

淡路教授は、国立マンション判決においては景観権が認められたと賞賛を与えるが、「環境権」としての景観権が認められたわけではないとする。ここでまず、淡路教授の評釈を検討する前に、前提とされる環境権とは何かを確定する作業が必要であると思われる。

淡路教授は、私法上の現実的手段としては手続的アプローチを提唱するが、環境保護の問題については、より統合的な固有の環境法確立の必要性を提唱される。これは、従来の公害法が憲法学、行政法学、民法学、刑法学、国際法学などの既存の法学領域の一部分（寄せ集め）であったのに対して、独立の法学領域として設定されたものである。かかる環境法の領域は、環境基本法を基本法とする、すべての実質的意味での環境法である。

そして、環境権は固有の環境法のキー概念であるが、かかる環境法学が追求すべき基本理念の中の一つとして「世代を越え、国境を越えた環境権の保護」を謳い、環境権の内容については、自然環境のみならず、面的広がりを持った歴史的・文化的環境権、さらに、都市アメニティにかかわる都市計画関連法制の一部を環境法に含めるために、都市環境を対象とする社会的環境権も環境権の内容に含まれるように構成する必要があるという。[31] とくに近時の「都市再生」のスローガンを掲げて都市景観を無視して行われる無秩序な都市開発の進行に対しては、都市計画関連法制を環境法にリンクさせてアメニティ都市を目指す必要性の高まりを指摘する。[32]

しかし、実際には環境基本法体系と都市計画法体系とは別個の法体系として存在しているので、この実現のために次のような方法の可能性が指摘される。すなわち、都市計画法の目的・都市計画の理念のなかで「良好な都市環境の保全と形成」を謳い、それを実現する手法（具体的には戦略アセスメントのなかの評価項目の中に、都市景観など一定範囲の都市環境要素を含めることなど）を考案する必要がある。また、環境保護につき環境権の実現手法として、環境にかかわる開発行為の意思形成ないし意思決定および環境管理への、環境権の主体たる住民の参加と原告適格の承認が重要となる。[33] ここで注意を要するのは、これは排他的な支配権としての所有権あるいは人格権モデルで環境権を捉えることを意味せず、環境問題および環境法の性質に適合的な仕方で構成されるべきであるとされていることである。かかる環境権に期待される役割は個人的利益を保護する役割と、公益を保護する役割であり、特に後者は固有の環境法の中核となる代表訴訟（公益を守るための特別の訴訟）を提起しうる基礎となる環境権を意味しているのである。[34]

このように淡路教授が提唱する環境法と環境権の意義が明らかになったところで、本判決に対する淡路教授の着眼点を検討することにしよう。

まず、前述の注にとりあげたが、淡路教授によると、景観権とは、客観的に価値のある景観に対する住民の権利、すなわち環境権の一種であると理解できるとともに、眺望権が広域的に集積した面を併せ持つ権利ということになる。[35]

前述のように本判決は環境権としての景観権を認めたものではないが、この判決の注目点は、実質的には環境権としての景観権を一定程度実現していることにある。[36] 財産権（営業利益）の保護から人格権としての要素を含む権利に発展している眺望権と同様な発展を促すために、三つのポイントをあげる。[37]

第一に、景観利益の要保護性を判断するについて、景観利益が土地に付着するという解釈方法を採用したのは、既存の財産権保護の方法との関係で堅実であり、また不法行為構成の採用は本件の侵害が占有侵害を構成しないためであると推測し、その努力を評価する。しかし、真の争点は「景観そのものの侵害」との観点から、この構成を「過渡的な構成」と断ずる。第二に、都市景観のような人工的景観の場合には、自然景観とは異なった特色、つまり「自らの財産権行使について負担を負っているという要素」を有する。したがって、景観利益を環境権として構成する場合、景観権の司法上の主体となりうる者は、「景観の利益を得ると同時に、その形成維持上、自らの土地などの財産権の行使に制約を受け、負担を負っている者」ということになる。[38] 第三に、本判決は、差止請求の認容に当たって不法行為構成をとり受忍限度判断を行ったが、環境権としての景観権構成によった場合にはどう判断されるべきかをあげる。眺望権については受忍限度的判断が行われており、眺望権が広域化したという側面がある景観権についても、差止請求の司法的判断においては受忍限度判断が必要としている。

(2) 都市法的アプローチ

次に、環境法からの視点とは異なる都市法的アプローチを検討する。

(a) 五十嵐敬喜説——固有の都市法

まず最初に、五十嵐敬喜教授の都市法論を取り上げようと思う。その著作『都市法』（一九八七年）は、わが国で最初の都市法に関する体系書であり、この分野での先駆的業績として高く評価されている。五十嵐教授自身の言葉を引けば、「都市問題が今日的な意味での、独自の問題として意識されるようになったのは、昭和三〇年代中期のいわゆる高度経済成長以降のことである。本書では、高度経済成長以降の都市法に重点を置いて論述」されている。[39] したがって、本書やこれに続く著作を読むと、五十嵐都市法学では「経済の論理」と「生活の論理」の相互関係が一つの分析視点となっている。[40]

固有の環境法になぞらえられると、「固有の都市法」を展開する五十嵐都市法論によると、都市法は、都市の適正な容量を超えて人や物あるいは資本が集中することによって生じる、安全性、美、あるいは快適性や利便性に対する混乱という「都市問題」に対応する学問であり、「都市に関するいっさいの法現象を対象として都市の空間価値と構造に関するルールの解明をおこなおうとする学問である」と同時に、この混乱を是正するための都市政策を実施するための一種の道具である。[41]五十嵐都市法論のキー概念は、「健康の自由と不自由」、その法原理的レベルの現われである「近代都市法と現代都市法の二元対立図式」と、これを踏まえて、都市再生に向けて二一世紀を展望しつつ力説する「都市創造法」である。

日本の「近代都市法」は、従来の用語法でいえば、公法、私法そして公法と私法の中間に位置づけられる中間法としての協定からなっており、建築自由を前提とした「近代的土地所有権」に対する規制の体系＝国からの垂直的関係を表現する「規制法」として現われたが、これに対して、高度成長期に、これら近代法が都市問題を激化させているという認識が公害反対運動や都市問題に対応した住民運動によって広がるようになった。法の世界でいえば、公法分野では計画や指導要綱、私法の分野では環境権、協定の分野では任意協定に代表される新しい法現象である「現代都市法」は、建築不自由を前提として建築者に権利を付与する「創造法」として現われることになる。[42]ここでは、都市法は都市の質の確保のための重要な位置を占める。

さて、五十嵐教授は『都市問題』の特集で国立マンション判決を題材として景観論を論じている。五十嵐教授は、このなかで、まさに景観利益が土地に付着することこそを、評価するのである。

五十嵐教授は、本判決を権利論の観点から「およそ革命に近い判決」だと評価しているが、その着眼点は以下の三点にある。第一に、直接的な被害があろうとなかろうと権利として認めた点、[43]第二に、権利の理解に関し、抽象的な環境権等という形でなく、景観を「景観利益」という具体的な形で特定した点、第三に、権利実現手法に関し、建物が完成しすでに入居者がいるにもかかわらず、最も強い撤去の権利を認めた点である。

ところで、本判決は今後普遍性を持ってくる可能性があるだろうか。これについては、この判決は特別な地域の特別な判決ではなく、新しい権利論の生成過程とみている。そして、特に注意したいのは、裁判所がこの景観利益について、景観を守ることは「土地所有権の内部に含まれる義務」としたことであると指摘し、これを「日本の絶対的所有権にたいして反旗を翻すもの」であると讃美している。五十嵐教授の「創造法」のもとでは、このように権利と義務が一体化したものとして捉えられ、「公共性」の再編成へと繋がっていく。この点、若干敷衍しよう。

諸外国では、西ドイツ基本法に象徴されるように、権利と義務とが一体化したものとして公共性が考えられ、都市法は建築不自由（義務）を前提としたうえで創造法（権利）として構成される。公共性については個と個の水平的関係では処理できないことが、公に委託されて垂直的関係となっている。これに対し、日本の近代都市法は、日本国憲法二九条に象徴されるように、「権利（建築の自由）」を前提としてその規制法（権利者から見れば「義務（建築不自由）」）として構成される。かくして「公共の福祉―公共性」は、常に「権利を制限する御上」として意識され、そのようなものとして機能してきた。つまり上からの垂直的関係を表現する規制法として都市法が機能することになる。これに対して、「創造法」のもとでは、例えば川越市の「町づくり規範」を例にとると、ここでは住民を始めとする各主体が「町づくり規範」を創造する権利と義務を有し、また、個々の利害が町づくり規範となって、公的に調整される。それは「個や公のそれぞれから独立した新しい秩序」であり、これに対して援助やサービスを行うことが真の「公共性」となる。(44)

さらに、創造法は「共通の目標である優れた都市空間を積極的に実現するためのルール」という性格を持つ。(45)このルールは、地域共同体によって形成されるが、注目すべきは、このルールとそれに基づく具体的判断の内容について、住民の生活利益の擁護という実質的価値への合致性が想定されていることである。すなわち、近代都市法では建築の自由を原則に、悪質なものを排除する発想をとるが、創造法の場合、建築不自由を原則として良質なものだけが建築される方法が必要とされる。良質の判断基準は当該地域の環境への適合性であるが、この点、景観保全に関して次のような具体的提案をされている。地域の景観保全の手法は、市民まちづくり協定↓建築協定↓都市計画法の地区計画という流れになる。そして、これに都市全体の景観保全のためのまちづくり条例の制定が続くことになる。(46)

(b)　磯部力説―環境権の都市法への融合

次に、五十嵐説から示唆を受けて独自の都市法論を展開する磯部理論を取り上げたいと思う。吉田克己教授は「経済システム」からの「生活世界」への浸食に対処する方法として、地域的ルールを法源とし、秩序違反を根拠とする差止を提唱するが（後述）、評釈ということもあり、この連関がはっきりと見えてこないように感じられる。そこで、一見迂遠と思われるかもしれないが、吉田教授がその著作に引用している、土地所有権の抑制を「都市環境秩序」という観点から考察する磯部説に、少なからず、景観訴訟における地域的ルールを理解する手掛かりとしての機能を果たすことを期待するのである。(47)

磯部理論は、従来の行政法理論の概念枠組みでは十分に捉えきれない「現代の都市法現象」を包括的・体系的に説明するために「都市法学」という「新しい道具箱」を構想し、既存の行政法理を問い直すことを主眼とするものだが、「都市環境秩序」という考え方は、景観の法律構成を土地の観点から再構成するにあたって示唆に富む。(48)この理論を検討してみよう。

指導要綱や建築協定を含む都市の法現象は憲法を頂点とする既成の形式的な法源では説明できないため、現代的法現象を「可能な限り正確かつ動態的に把握」することが必要であると考え、この観点から、現に都市的土地利用に関する法的規範として妥当するルール類を「都市的土地利用に関わる法」＝都市法と定義する。

磯部教授は、このように規定した都市法を、二つのレベルに区別する。すなわち、法現象を個人の自由な意思を中心に理解する、「権利主体・契約・損害賠償」などの主観法主義的な「商品としての土地の所有や取引に関する法」の第一レベルの問題（住民の具体的な生活利益とは切り離された観念的な法の世界）と、客観的生活秩序に関わる法＝「個々の土地の利用のされ方ならびにその集合としての都市環境秩序に関わる法」の第二レベルの問題（現実に営まれている都市の事実的生活秩序の中から客観的に生じてくる法秩序の世界であり、不定形の事実上の生活利益や慣習法的ルールなどが直接問題とされる次元）とを区別する。(49)

このレベル分けは、環境利益の保護の局面では次のような展開となって現われる。例えば環境権も人格権という新しい概念の工夫も、日照利益など（現状都市環境秩序享受利益）が、単なる事実上の利益（反射的利益）とは区別され、裁判的保護に価する利益として明確化されるべきことを説明するための努力であったという。マンション建設許否の問題も、商品価値をもった土地の所有という第一レベルの問題と、いかなる用途・規模の建物を建築できるかの第二レベルの問題とは区別される。建築可能性は、所有権内在的な建築権の発現ではなく、個々の土地が都市的土地利用秩序全体の中に位置づけられることによって、集合的な住民生活秩序との関連で本質的に客観的に決定される、一つの客観的な利益状態にほかならないとする。

そして磯部教授はこのように土地利用を秩序の中で位置づけることによって環境利益・建築可能性利益等を客観的地位（利益・権利）に押し上げる構成を取るが、この構成と環境権論とを都市法の観点からリンクさせることを試みている（淡路説と逆）。環境権論者がいう「環境権という新しい権利」＝環境的権利（日照権・入浜権・眺望権など各論的な諸権利を含む）は、近代国家法の体系の中では、なお実定法的な権利としての明確な位置づけを得られにくい試みではあるが、「環境権的発想」自体は、今日の都市生活環境に関わる法状況の中で無視することのできない意味を有しているため、これを都市法学の観点から「都市環境秩序法上の権利ないし地位」と位置づけるのである。(50) これは古典的な意味での「権利」とは異質なものである。そして、秩序に関わる概念がキーワードであるとして、新しい法カテゴリー確立の必要性と関連させ、秩序概念について以下のように述べている。

形式的な法的根拠論を別にすると、現代的法現象の地域環境に関わるルールは、地域の「環境秩序」に立脚した正当性と独特の規範的拘束力を持つと考える。そこで発想を転換し、国法ルールとは別個の公序としての「地域自治的・部分社会的法秩序」があるとして、これを把握する新たな法カテゴリーないしパラダイムの開発努力があってよいはずである。この秩序は、警察秩序とは異なり、都市環境悪化を阻止するのみならず、よりよい環境を創り出すことも目標とされる「能動的動態的創造的な秩序」である。ここでは、土地利用秩序の悪化と手続的意味でフェアでない変化が排除される。

磯部教授においては、このように、われわれが無自覚無批判に用いてきた「契約・法規などの近代西洋法のカテゴリーやパラダイム」を反省的に検討し、わが国の実情や行政実務慣行に立脚した新しい理論枠組みの必要性が説かれるのである。(51)

(c)　吉田克己説――地域ルール違反に対する差止

土地所有権ならびに都市問題について精力的に一連の著作を発表されている吉田克己教授の見解を取り上げる。吉田教授は、原田純孝教授を代表とする「現代都市法論」と呼ばれる潮流に属している。(52) 吉田教授の著作を、景観問題の観点から筆者なりに読み直してみることにしよう。吉田教授が土地問題に関する分析の概念道具として用いる一つのキー概念は「経済システム」と「生活世界」の接触である。土地は生活世界の主体である市民の目から見ると、第一に住宅の支えとしてなくてはならない生活の基盤であり、第二に周辺の土地利用のあり方が生活環境のあり方を規定するという意味で生活環境の構成要素である。かかる観点から、二つの行為領域は次の形態で接触を生ずる。

第一の形態は土地や建物についての利用権原をめぐる接触である。具体的には、企業的倫理に基づく地価の形成や、企業的土地利用による生活的土地利用の直接否定あるいはその利用環境の悪化が想定されている。ここでは地価負担能力が高い経済システムが常に優位に立つことになるので、市場に土地財の公平な配分機能を発揮させようとするならば、経済システムと生活世界との間で競争関係を分断し、土地利用計画によってその棲み分けを図ることが必要である。また土地所有権に基づいて生活世界がその土地を独占的に利用し、経済システムの侵入を排除しうる（生活世界の防波堤としての土地所有権）。だが、「規制を免れた土地所有権の強大性」および「『上から』の垂直的な公共性を体現する」という日本的土地所有権の特質から、以上のことはうまく機能しない。そこで、生活世界の論理に基づいた経済システムを制御する仕組みの構築が望まれるわけだが、民法学上は、土地所有権を生活世界擁護のために人格秩序の観点から再評価することでこれる理論的営為にかかわることが可能である。制御の仕組みは、市民参加によって形成された公共性（土地利用計画）を通じて土地所有権を社会的に制約する形になる。ここに公共性の体現者としての土地利用計画とそれに適合する土地利用の実現という論理が見出される。[53]

第二の接触形態は、経済システムから環境へのアウトプットが生活世界の環境に影響を与える（人格的利益侵害）という形での接触である。

この第二の接触は環境問題である。『現代市民社会と民法学』の中で想定される環境問題は、生活世界の外部環境である「自然」を客体とした、煤煙・工場廃液・産業廃棄物・自動車の排ガスといった現代の大量生産・大量消費型の経済システムによる環境悪化である。[54] 環境問題は、生命・健康などの「人格権」としての法的保護の対象になるような人格的利益侵害の原因となる場合＝公害問題（①）と、生活環境を悪化させてはいるが、①のような人格権侵害にまでは至っていない場合（②）とに区別される。この二つの場合の区別を理論化する試みとして、広中俊雄教授[55]によって提示された、市民社会に成立する基本的諸秩序に注目する。[56]

広中理論では市民社会における秩序として、「財貨秩序」「人格秩序」の二大秩序が析出する。環境問題との関連で重要なのは、「人格秩序」であり、これは、生命、身体、自由、名誉、その他さまざまな人格的利益の帰属を保護する秩序であり、その帰属主体たる地位を「人格権」と呼ぶ。人格秩序の周辺には外郭秩序としての「生活利益秩序」が存在する。[57]

この生活利益秩序の確保＝生活世界の外部環境の質の確保は、個別的な私的利害だけの対象ではなく、市民総体にとっても重要な利害（市民的公共性）の対象である。このような公共的秩序維持の責任は、原理的には公共団体（市町村）に属し、また環境保全の実質的観点からも行政的規制の方が適合的といえる。

しかし、現代日本社会では、公共団体が期待された任務を果たさず、むしろその施策によって環境破壊が助長されてきた状況を踏まえると、市民のイニシアティブにもとづく民事訴訟の提起による生活環境形成が、現代的な意義をもって位置づけられることになるし、また、生活環境形成における市民の主体性・自律性の重視の観点からも積極的に位置づけられるべきものである。しかし、生活利益秩序における民事訴訟は、前述のように公的領域に関わるので、伝統的民事訴訟と同一の性格を持つものではない。生活利益秩序の維持は、市民総体の利害に関わる一方で、個々の市民も生活利益秩序の維持から一定の利益を享受する。つまり、外郭秩序の領域では、公共的利益（市民総体の利益）と私的・個別的利益とが、分離・対立したものではなく、オーバーラップし、二重性を帯びたものとして現われる。このような性質を持った民事訴訟は、人格的利益の排他的「帰属」を意味する「権利」を語ることが難しい点、また私的利益に加えて公共的利益の擁護も目指す点にその特徴がある。

現代民法学においては、この新たな事態をどのように理論的に受け止めるかが問われるが、本稿の考察に関わる生活利益秩序における差止については、「権利」を語ることができない以上、「権利侵害」というよりも「秩序」違反に対するサンクションとして把握すべきものである。

ところで、この領域において環境破壊行為に対する差止の承認技法はつとに環境権論によって提示されている。吉田教授は、秩序違反を根拠とする差止と環境権論の連関をこのように解する。すなわち、民事訴訟を通じた環境破壊行為の停止という公共的利益の実現は、ある環境利益を割り当てられている個別の市民によってなされるのが望ましい（原告適格の問題）。環境権は、そのような秩序維持、さらには秩序内容の形成に関する市民の参加を内容とする権利として、再構成されることになる。[58]

以上を前提として、吉田評釈を検討することとしよう。

まず、本判決の第一の意義は、「既存景観享受権」と「共同形成景観享受権」を明確に区別した点であるとする。景観利益は公共的利益であり、個別的・具体的利益である眺望利益とは区別すべきである。このように区別された景観利益を、さらに「既存景観享受権」（すでに存在している景観を享受する権利としての景観権）と「共同形成景観享受権」（自分たちが作り上げてきた景観を享受する権利としての景観権）とに分類・命名する。すなわち前者は抽象的な環境権・景観権であるが、後者は、地域住民の自主的努力・相互拘束（景観利益の核心）の積み重ねによる良好な景観の形成と土地への付加価値の付与を根拠に成立する、法的保護に値する景観利益であると規定する。[59] そして、本判決の第二にして最大の意義は、この理論構成を踏まえた、「受忍限度を超えた景観利益の侵害→不法行為の成立→金銭賠償による被害救済の困難性→高さ二〇メートルを越える部分の撤去請求の一部認容」という結論であるとする。

次に本判決の限界についての分析に論が進む。本判決の問題点は、（a）景観利益の私人帰属の媒介項として「付加価値」を理由とした土地所有権を選択したこと、（b）撤去の法律構成としての不法行為の採用、の二点である。（a）については二つの観点から限界がある。第一に「付加価値」の具体的内容が明らかでない。判決のいう付加価値は地価上昇とは理解しがたいので、景観享受利益そのものとし、むしろ人格的利益や人格権のレベルで把握すべきである。そして第二に、より根本的には、土地所有権を媒介項として選択したことによって公共的性格を切り落としたことが問題である。判旨からは、景観利益を私的性格を特徴とする眺望利益を同様に捉えていることが読みとれるが、景観利益は住民の私的利益に解消されない公共的性格を有することは否定しがたい。景観利益は、住民の相互拘束によって形成され、生活上の利益にかかわる一の秩序（外郭秩序としての生活利益秩序）によって確保されている。前述のように、生活利益秩序においては、私的・個別的利益と公共的利益とがオーバーラップしたものとして現われるため、個々の市民の私的・個別的利益実現の行動が同時に公共的利益の実現に繋がるという関係をみとめることができる、ということになる。(60)

さらに、（b）の不法行為構成は、景観一般の解決法理としては、やはり二つの観点から限界がある。第一に、景観紛争における事態適合的な解決は事前の建築差止であるが、「損害」発生を要件とする不法行為法理は本来的に不適合である。第二に、不法行為による被害救済の原則的形態は金銭賠償であるが、撤去は金銭賠償の代替措置と捉えるべきではない。不法行為に基づく救済は個人的権利・私的利益を前提とするが、公共的利益にかかわる景観侵害に対する本来的救済は事前においては差止、事後においては撤去と見るべきである。

このように問題点を踏まえて、「あるべき法律構成」が展開される。すなわち、判旨が打ち出した景観利益の背後にあるのは、法源としての性格を付与された、景観保護を内容とする土地利用に関する地域的ルールである。したがって、完成したマンションの一部撤去も、不法行為の効果ではなく地域的ルール違反に対するサンクションとして違反是正（事前には、「秩序」違反に対するサンクションとしての差止）が認められたと把握すべきということになる。(61)

なお、次の留意点も記しておきたい。吉田教授において、景観利益の救済法理は環境権や一見第二の接触形態に含まれるものと思われる。しかし、一方で『現代市民社会と民法学』の中で想定される環境問題は自然を客体とする現代型の経済システムによる環境悪化であり、他方で本事案は土地利用計画にかかわる第一形態の経済システム（企業的土地利用）の制御と密接な関係を有している。したがって、都市景観利益の救済法理において、第一形態の法理と第二形態の法理は不即不離の関係にあると思われる。つまり、土地所有権の社会的制約法理、企業的土地利用の制御の視点が投影されていると読むことも可能であろう。

(22) 淡路・前掲注(15)六八頁、吉田克己「判例評釈『景観利益』の法的保護」判例タイムズ一一二〇号（二〇〇三年）六七頁、金子正史「判例解説　国立マンション事件違法部分撤去等請求訴訟」法令解説資料総覧二五四号（二〇〇三年）一一四頁、西村幸夫「転換点にある日本の都市景観行政とその今後のあり方」都市問題九四巻七号（二〇〇三年）三頁、五十嵐・前掲注(19)一七頁、角松生史「判例評釈」磯部力＝小幡純子＝斎藤誠編『地方自治判例百選〈第3版〉』（二〇〇三年）八〇頁、関智文「判例研究　景観利益の侵害を理由とする建物の一部撤去請求の可否」不動産研究四六巻一号（二〇〇四年）二四頁、富井利安「判例評釈」淡路剛久＝大塚直＝北村喜宣編『環境法判例百選』（二〇〇四年）一六二頁。

(23) 環境権の私法上の具体的権利を直接論じるのではなく、「包括的な環境権の客体に含められてきた景観を手がかりに」景観利益の法的保護を論じる。富井利安「意見書：景観の法的保護について」広島法学二七巻一号（二〇〇三年）一四三頁。富井・前掲注(15)一八〇～二二二頁。

(24)　したがって、将来に向かった積極的景観形成は、あまり意識されていないとも読める。また、これに関連して、原島教授、広中教授、吉田克己教授の環境ルール・秩序違反説を引用していることから、これらの学説と見解を一にすると思われる。富井・前掲注(23)一四六～一四七頁。
(25)　富井・前掲注(23)一四七頁。
(26)　富井・前掲注(23)一四五頁。ただ、一五〇頁において、個々人の景観享受利益は人格的利益ないし生活利益でもあるとするので、この性格づけは地域住民集団の利益を問題とする場合のみに限定されてくる可能性もあろう。同「4眺望・景観訴訟判決の分析と法理論上の課題」環境法政策学会編『温暖化対策へのアプローチ』(商事法務、二〇〇二年)一八〇～一八一頁も参照。
(27)　富井・前掲注(23)一四九頁。
(28)　藤岡・前掲注(14)三〇頁参照。
(29)　富井・前掲注(23)一五〇頁。
(30)　淡路・前掲注(9)、同「環境法の課題と環境法学」・前掲注(6)『環境法学の挑戦』九頁所収、同・前掲注(15)。
(31)　淡路・前掲注(30)二一頁。
(32)　淡路・前掲注(9)二九頁以下では、人権としての環境権には自然的環境権、文化的環境権、社会的環境権があり、なかでも自然的環境権の確立に最大の力点が注がれてきたことから、環境権の具体的展開については自然的環境権のみが視野に入れられている。同・前掲注(30)二一、二六頁（注(24)）。
(33)　淡路剛久「自然保護と環境権――環境権への手続き的アプローチ」環境と公害二五巻二号（一九九五年）八頁。
(34)　私権としての環境権の公益保護を目指すアプローチについては、共同利用権として構成する中山説、共同体的・環境主義的所有権論から環境権へアプローチする吉田邦彦説が主張されている。淡路剛久「環境と開発の理論」宮本憲一教授還暦記念『二十一世紀への政治経済学――政府の失敗と市場の失敗を越えて』（有斐閣、一九九一年）二〇五頁所収。代表訴訟については大塚・前掲注(14)五一九頁。
(35)　注(15)参照。淡路・前掲注(15)七二～七三頁。同・前掲注(9)一〇六～一二六頁、特に一〇七頁では、両者を「程度の違い」と述べている。
(36)　眺望権が営業利益という財産権の保護から出発し、人格権の要素を含む眺望権に発展しつつあるように、これと同じような発展が景観権においても見られる可能性があるとする。

(37) 淡路・前掲注(15)七七～七八頁。

(38) 市村コート判決（東京地判平成一三年一二月四日判時一七九一号三頁）との共通性を指摘している。

(39) 五十嵐・前掲注(16)三頁。

(40) 五十嵐敬喜「土地臨調答申から土地基本法へ」甲斐道太郎教授還暦記念『土地法の理論的展開』（法律文化社、一九九〇年）一一六頁。

(41) いわゆる「環境法」と同じように、「都市法」は、都市問題に対応するさまざまな法が集まって、全体としての都市法を形成している。都市法と領域を共通にする学問として、土地法や公害法あるいは環境法、農業法といったものがある。これらそれぞれ独自の問題の発生に対応して生まれた学問のうち、問題別に組みたてられたのが、土地法や公害法あるいは環境法であり、地域的に組み立てられたのが都市法と農業法である。五十嵐・前掲注(16)四頁。

(42) 五十嵐・前掲注(16)二～一六、八六頁以下、四一一頁以下。都市法との関係で、土地所有権論の歴史的パラダイム転換がつぎの三段階を経ると説明されている。①民間が権利主体となり、建築自由を前提とした絶対的かつ自由な土地所有権に対して所有者自身のもっている内在的制約の論理によって消極的かつ最小の規制が行われる第一段階（制限内在説）、②公共が権利主体に躍り出て、建築自由の否定を前提として、計画の策定（法）によって初めて建築権が与えられる第二段階（可能性外部説）、③計画策定・土地の利用・開発利益の吸収等の一切の権限を土地所有者等が形成する各コミュニティに帰属させる第三段階。五十嵐・前掲注(40)八六～九〇頁、同『検証 土地基本法――特異な日本の土地所有権』（三省堂、一九九〇年）八～一二、三六～三七頁。吉田克己『現代市民社会と民法学』（日本評論社、一九九九年）三四頁。

(43) 被侵害利益を、(i)生命侵害及び健康侵害、(ii)疾病に至らない潜在的な健康侵害ないし重大な精神的侵害、(iii)単なる不快感をはじめとする軽微な精神的侵害、とに分類し、(iii)の救済について厳格に解するのが有力説の立場である。大塚直「生活妨害の差止に関する基礎的考察――物権的妨害排除請求と不法行為に基づく請求との交錯（八・完）」法学協会雑誌一〇七巻四号（一九九〇年）五二四頁。

(44) 五十嵐・前掲注(42)一〇二～一一四頁、同・前掲注(40)一一五頁。

(45) 五十嵐・前掲注(40)八九頁、同・前掲注(42)一一、三六頁。

(46)　五十嵐・前掲注(16)四二七頁以下、同・前掲注(42)一五六～一七一頁、同・前掲注(19)三三～三四頁。吉田・前掲注(42)三六～三七頁。
(47)　ここで取り上げる磯部力教授の文献は「論説　都市法学の課題」法律時報六一巻一号（一九八九年）六四頁、「都市の土地利用と『都市法』の役割」石田頼房編『大都市の土地問題と政策』（日本評論社、一九九〇年）一九九頁所収、『都市法学』への試み」雄川一郎先生献呈論集『行政法の諸問題　下』（有斐閣、一九九〇年）一頁所収。
(48)　磯部・前掲注(47)「都市法の役割」二一五～二一六頁。
(49)　第二レベルでは、都市の生活環境秩序の内に自立的に生成するさまざまの微妙な客観的法状態を、そのまま正確に規範倫理の世界に反映させることこそが主要な関心事なのである。磯部・前掲注(47)「都市法の役割」二〇二～二〇三頁。
(50)　磯部・前掲注(47)「都市法の役割」二一四～二一五頁。
(51)　磯部・前掲注(47)「都市法学の課題」六八頁、同「都市法の役割」二二三～二二六頁。なお、磯部説においては、地域環境の改変可否の実体的基準の解明は今後の課題に残されている。前掲注(47)「都市法の役割」二二四頁。
(52)　これは、五十嵐都市法論と多くの点で問題意識を共有しつつも、西欧諸国における現実の都市法の歴史的実証的研究のなかからあるべき都市法の論理を析出するという観点をより前面に押し出し、それをもって日本の都市法と土地所有権論の批判的検討を行おうとする理論的潮流である。吉田・前掲注(42)三七～三八頁。
(53)　吉田克己「土地所有権の日本的特質」原田純孝編『日本の都市法　Ⅰ』（東京大学出版会、二〇〇一年）三六五頁以下を参照。
(54)　吉田・前掲注(42)一五〇、二四二頁。
(55)　広中俊雄『民法綱要　第一巻　総論　上』（創文社、一九八九年）。
(56)　特に、吉田・前掲注(42)二四二～二五〇頁を参照。
(57)　外郭秩序は、「現代市民社会」において初めて、一の「法秩序」すなわち法によって社会関係が規律されるべき領域として登場した。吉田・前掲注(42)二六七頁。
(58)　吉田・前掲注(42)二四二～二五七、二六九頁。
(59)　吉田・前掲注(22)六九～七〇頁。
(60)　吉田・前掲注(22)七〇～七一頁。

(61) 吉田・前掲注(22)七一〜七二頁。

◈四◈ まとめ

ここまで、本稿は景観保護をめぐる学説を紹介してきたが、最後に今後都市景観法理についてさらに検討しなければならない点を若干指摘して、筆をおくことにしたい。

(1) 都市景観固有の法理

まず、私法上の救済法理として、都市景観保全に関する固有の法理の確立が要請される。私法上の景観保全には、もっぱら自然景観あるいは宗教的・歴史的・文化的景観が中心的考察対象とされ、眺望利益の保護法理と対比されたり、人の生命・身体を守るため自然環境の破壊の段階で阻止することを念頭において構築された環境権論の当てはめが行われている。そこで、本件のような公共的利益を含んだ都市景観利益侵害に対して、どう法的に対応すべきかが問われていた(環境権構成が都市景観保全に関する法的規準を提供しうるか)(62)。

公共的利益の取り込みに関する理論構築の系譜には、視点を異にする二つのアプローチがあった。まず、環境法的アプローチである。人の生命・身体の保護をめざして、環境破壊段階で差止を認めさせようとした公害法理を受け継いでいる性格上、都市景観法理においても被害者の権利強化・拡大という要請がまさに重要な課題となる。この要請が、公序としての環境利用秩序あるいは生活利益秩序という実質的ルール維持を取り込んだ「景観享受権」という新たな権利(環境権の一種)(富井)、景観の客観的価値に対する住民の権利を導入した環境権としての「景観権」の一定程度の実現(淡路)、となって現われる。

これに対し、都市法的アプローチでは、景観保全に関する国家法体系の不完全さを新しい法現象が補うという発想を有している。したがって、当然に住民の公共的利益を体現する土地利用秩序と親和的である。地域社会の秩序維持と加害者の権利制御が、環境法的アプローチより一歩手前に出る。これが、土地所有権論そのもののパラダイム転換によって経済の論理の側の土地所有権に景観保護を義務づける手法を用いた住民側からの公共性の実現（五十嵐）、環境利益やマンション建築可能性を都市環境秩序全体との関連で客観的権利ないし地位にひきあげる考え（磯部）、景観利益を私的利益と公共的利益の二重の利益を含むものとし、加害者が土地利用に関する地域的ルールに違反した場合にサンクションを与える考え（吉田）[63]、として現われてくる。

私権への公共的利益の取り込みは、つとに環境共有の法理が主張してきたことであり、環境権の特徴の一部実現といえるが、注目すべきは建築者側の所有権・利用権を問題として新しい権利を構築する五十嵐教授と磯部教授の考え方である。これらは本判決の考え方と親和的である[64]。(3)でも述べるが、この新たな展開をどう受けとめるか、今後検討すべき事項の一つと考える。

また、救済法理の背後にある経済システム制御の観点を強調する点については、たとえば個人が地域の街並みにそぐわないデザインの建築物などを建築する場合に、これをやめさせる理論としては不都合であると思われるので、この点さらに考察が必要になると思われる。

なお、都市景観にかかわる行政的規制との関係も考えなければならないだろう。都市景観保護については行政的規制が第一義的であるとよくいわれる[65]。本稿でとりあげた環境法的アプローチの立場でもこの関係は十分に意識されている。すなわち、富井教授は「景観破壊の事例ではその歴史も比較的浅く、しかも行政訴訟、住民訴訟などの公法的救済手続を求める場合が多い」旨を指摘し[66]、淡路教授は環境法と都市計画関係法

4　まとめ

制とのリンクを主張している（その逆の発想で、都市法に環境権を取り込むのが磯部説）。この場合、都市景観に関する行政的規制は、本稿の都市法的アプローチが提唱するように、住民が下から創り出す公共的秩序を体現するものとなるべきである。(67)

次に、これらの学説が使っている、秩序や地域的ルールの内実が問題となる。これを検討しよう。

(2) 環境利用の内容と主体

ところで、本判決では長年にわたり形成されてきた街並みを害する建築物の撤去が命ぜられたが、学説はその法的根拠を秩序・地域的ルールに求めている。ここでは、地域的な秩序ないしルールといわれるものの内実を確認しようと思うが、その前に、「秩序」違反に対するサンクションとしての差止という考え方についての系譜の確認をしておきたい。その実質は前述のように地域的ルール違反に対する差止にあると考えられるが、秩序違反に言及されていることからすると、①外郭秩序としての生活利益秩序を構想する広中説とつながる考え方であり、(68)また②差止請求権の法律構成に関する伝統的な枠組みからみると、権利の概念にとらわれない発想（違法侵害説ないし不法行為説に親和的）ということができる。(69)

このように「秩序」違反に対するサンクションとしての差止には二つの見方を設定することが可能である。もっとも、広中説においては生活利益秩序とは社会的意識に結実しているものとしての、環境からの生活利益の享受の仕組みとされているように、(70)秩序の成り立ちにおいて社会的意識が重視されていることに注意を要する。このような意味における秩序の違反に対して差止が認められるべき場合がありうることは否定しえないとしても、これは差止請求権の法律構成とは直接には結び付かない別のレベルの問題だと考えることもできる。(71)すなわち、差止許否の実質的判断がせまられるときに意味をもつ判断規準ではないだろうか。ところが、吉田説においてはこのような意味での社会的意識を広中説と共有しているかは明確ではない。法源としての性格を持った地域的ルールの違反が問題にされそのサンクションとして差止請求権が付与されるのだから、ここでは差止請求権の法律構成として唱えられたものと位置づけておく。

さて、秩序違反を根拠に差止を認める見解に対し、中山教授が、「環境利用に関する法秩序の違反が差止請求権の成立根拠になるという構成は、全く正当」[72]と評価しているように、地域的慣行として行われてきたルールに違反する行為者に対して差止的救済が認められることに異論を唱える者は少ないであろう。問題は、なぜ秩序違反が都市景観侵害に対する差止的救済の法律構成（裁判規準）として許されるのかの根拠づけである。これは、実定法上環境権を認める根拠がないとする、環境権に対する批判に通じる問題設定である。

ここで、民事裁判は、法を取り出すべき源泉すなわち法源＝民事裁判の規準に依拠した判断でなければならない[73]。ところが、本件の場合には、制定法には欠缺がある。そうすると、裁判にあたって裁判官にかかる欠缺補充がゆだねられることになる。

そこで、長年地域の慣行とされてきた、土地利用に関するルールを具体的内容とし、それを制定法に代わる法源とする方法が選び出されることがありうる。この点、磯部教授が現代的法現象の地域環境にかかわるルールは、地域の「環境秩序」に立脚した正当性と独特の規範的拘束力を持つと考えていることは、重要な視点を提供していると思われる。これを本件に適用した形になっているのが、吉田教授の見解であり、公共的利益の内容形成を社会の自己決定という手続的正義に根拠づけ、土地利用に関する地域的ルールに法源としての地位を付与するものと思われる[74]。これは、たとえば契約法について内田貴教授が、法源論における国家法の独占的地位を否定し、社会規範＝共同体内在規範に法源としての地位を認める方向を示したのと同様の理論枠組と見ることができるのではないだろうか[75]。

ここに、地域住民によってよりよい環境を創り出すことも目標とされる都市環境秩序ないし地域的ルールが成立するのである。

さらに、秩序の概念は景観権の主体をいかに考えるかの問題に繋がっていく。これについては、秩序の及ぶ地域社会または共同体の実体・範囲は何か、の問題設定がなされることになる。例えば吉田教授は、「たとえば土地所有権論のように、想定している『社会』の実体がきわめて透明なものもある。それは地域住民のコミュニティ以外のものではない」というが[76]、本件においては地権者相互の十分な理解と結束および自己犠牲を伴う長期間の継続的な努力による景観形成という要素を目安に、主体・その範囲が一定程度枠づけられることになった[77]。権利主体・その範囲が不明確という環境権論と秩序違反構成への批判を克服しているといえよう。

(3) 景観利益の権利性について

ところで、本件で問題となった景観利益につき、学説は景観享受権、景観権、共同形成景観享受権といった権利概念を提唱している。しかし、差止の法律構成としては、各学説において、伝統的な権利的構成が選択されていないことは明らかである。これらの権利概念の機能、法的性質について考察しておこう。

権利的構成はもともとは古典的な権利の概念を基礎として組み立てられたものであり、絶対性、排他性、支配性といった自由領域の画定に必要な属性が権利の概念を特徴づけるものであった[78]。環境利益の保護に際して、このような概念に依拠することは必ずしも事態適合的な解決を導けるとはいえない。しかし、権利の概念のもつ力強さをあながち看過することはできない[79]。

前述のように、諸学説の検討から、景観利益の保護のためには、古典的権利とは異質の新しい権利の確立が要請されると考える点で、コンセンサスが得られていることが明らかになった。これは、個人的利益のみならず公共的利益を市民が自らのイニシアティブによる民事訴訟で実現するという新しい法現象に対しては、「新たな法技術」が必要であることを意味する。[80] これは、環境権論の特徴の一定程度の実現、環境権確立への地道なワンステップであろう。

問題は、環境権が人格権の延長と捉えられてきたこととの関連性である。人格権の延長（人格権の拡大領域）にあるものと理解すべきものであろうか。[81]

ここでいう景観権は、仮に人格権が古典的個人主義的なものと想定されるのならば、人格権の延長と捉えるのは妥当でないと思われるが、一方で、人格的利益の鵺的性格から、共同体的利益にも配慮するコンテクスチュアルな自我としての「人格」を捉えるならば、環境利益は人格と隔たるものではない。[82] 他方で、五十嵐教授が土地所有権に景観保全義務を導入し概念転換をはかったことや、磯部説が建築可能性利益を都市的土地利用秩序全体に位置づけることで客観的な地位を付与することが参考となる。この意味で、自然環境保護について共同体的な所有権論を提唱される吉田邦彦教授の見解は示唆に富んでいる。今後、所有、人格の内実の研究が重要な課題となる点を指摘しておきたい。[83]

景観権について論じた国立マンション判決は、環境利益に対する救済法理の議論を深化させる契機を含む有益な素材であった。さらに、私法・公法にわたる都市景観保全の法理についても検討を重ねていくことを今後の課題としつつ、筆をおきたいと思う。

(62)　淡路・前掲注(9)三〇、一二六頁。
(63)　吉田教授は「住民にどのような法的救済手段があたえられるべきか」という形で問題設定をするが、社会的制約という側面と不即不離の関係と捉えるべきであろう。吉田・前掲注(22)七一頁、同・前掲注(53)三九〇~三九二頁。

(64) 牛山積『公害法の課題と理論』(日本評論社、一九八七年)九七頁。

(65) 環境保全に関してすでに次のように指摘している。「環境保全は、まず、環境に対する国家的な枠組設定の問題であることを再認識するべきであると思われる。この認識によって、私法は、かえって、その本来の、自由で、活き活きとした法領域を形成することができるのである」。藤岡・前掲注(14)五〇六頁。吉田・前掲注(42)二四五~二四六頁。

(66) 富井・前掲注(15)一八一頁。

(67) 大阪弁護士会環境権研究会・前掲注(8)五四~五六頁。

(68) 広中説においては、生活利益秩序では環境からの生活利益の享受が問題になるのであって人格秩序で問題となるような帰属が問題になるのではない。したがって、帰属の確保に奉仕する差止請求権が成立する余地はないが、「他人の享受しうべき生活利益を『生活利益秩序』に反して害する者または害するおそれのある者が生活妨害を停止または避止すべき立場におかれることはありうる」。広中・前掲注(55)一九~二〇頁。

(69) 伝統的な議論との接合を図る必要があることにつき、藤岡・前掲注(14)三一頁。

(70) 広中・前掲注(55)一五頁。

(71) 藤岡・前掲注(14)三〇~三一頁参照。

(72) 中山充・前掲注(6)「環境権(4・完)」六四頁。

(73) 広中・前掲注(55)四一~五四頁。

(74) 吉田・前掲注(42)四〇~四一、二六九~二七〇頁、吉田・前掲注(22)七一頁。

(75) 吉田・前掲注(42)七八~八二頁。内田貴『契約の再生』(弘文堂、一九九〇年)一六〇頁以下、同『契約の時代』(二〇〇〇年)四三頁以下。地域的ルールを慣習のように捉えるとするならば、「規準命題への構成という作業が不可欠になる」。広中・前掲注(55)四一頁以下、五〇頁。

(76) 吉田・前掲注(42)八〇~八一頁。

(77) 吉田・前掲注(22)七二頁。

(78) 最大判昭和六一年六月一一日民集四〇巻四号八七二頁(北方ジャーナル事件)参照。

(79) 須加・前掲注(1)一三八頁参照。なお、本稿と趣旨は異なるが、民法七〇九条の権利侵害の要件について権利論の視点からの再考を促すものとして、山本敬三「不法行為法学の再検討と新たな展望――権利論の視点から」法学論叢一五四巻四＝五＝六号（二〇〇四年）二九二頁以下がある。山本論文については、（本共著論文初出時の）校正段階で接した。

(80) この点磯部教授の考えは言葉の上では本稿と矛盾するように見えるが、温故知新的に捉えているので、考え方の筋道としてはあながち外れてはいないだろう。磯部・前掲注(47)「都市法の役割」二〇六～二〇七頁。

(81) 牛山・前掲注(64)九七頁。

(82) 吉田邦彦・前掲注(12)二〇七頁所収によって提示された見解。

(83) 藤岡・前掲注(14)四九四頁。

附記

◈景観権保護のさらなる発展のために

一　(1)　国立景観訴訟については、本共同研究のあと、控訴審判決（東京高判平成一六年一〇月二七日民集六〇巻三号一一七七頁）および最高裁判決（最判平成一八年三月三〇日民集六〇巻三号九四八頁）が出された。一連の民事裁判のプロセスを振り返ると、まず、第一審判決は、本文中にて検討したように、「土地所有権から派生するものとして、形成された良好な景観…の維持を相互に求める利益」としての「景観利益」侵害にもとづく不法行為の成立を認め、さらにこれに基づき、完成マンションの一部撤去の請求を認容した。ところが、控訴審判決はこのような第一審判決を取消し、その理由において、そもそも「景観権・景観利益」の存在そのものを否定した。これに対して、最高裁判決は、「良好な景観に近接する地域内に居住し、その恵沢を日常的に享受している者」が有する「良好な景観の恵沢を享受する利益」を「景観利益」と捉え（第一審判決にいわゆる景観利益との内容上の違いに注意を要する)、これは、法律上保護に値するものであるとした。

ところで、被侵害利益に関する民法七〇九条の文言は、二〇〇四年民法改正により、従前の「権利」から、「権利」および「法律上保護される利益」(法益)へと変更された。最高裁判決は、前述のような「景観利益」を法認する一方で、「景観権」についても判示し、「現時点においては、私法上の権利といい得るような明確な実体を有するものとは認められず、景観利益を超えて景観権という権利性を有するものを認めることはできない」とした。これは、七〇九条改正規定の趣旨は権利侵害と法益侵害とを区別することにあると考え、「景観利益」の保護は「権利の保護」の問題ではなく、「あらたな法益の保護」の問題であるとの理解に立つものといえよう。

また、最高裁判決によると、景観利益が「違法な侵害」を受けたと認められるかどうかは、①「景観利益の性質と内容、当該景観の所在地の地域環境、侵害行為の態様、程度、侵害の経過等を総合的に考察して判断すべきである」ところ、景観利益の性質やその保護は第一義的には行政によってなされることが予定されていることなどからすれば、②景観利益の侵害が違法と判断されるためには、「少なくとも、その侵害行為が刑罰法規や行政法規の規制に違反するものであったり、公序良俗違反や権利の濫用に該当するものであるなど、侵害行為の態様や程度の面において社会的に容認された行為としての相当性を欠くことが求められる」とされる。

(2) まず、最高裁判決(以下、本判決という)が「景観利益」を「あらたな法益」として認めたことは注目に値する。これは、景観の「客観的価値」(判旨)を私法を通じて実現する上で重要である。しかしながら、本件は、結論としては、マンション建設が「行為の態様その他の面において社会的に容認された行為としての相当性を欠くものとは認め難［い］」（景観利益を違法に侵害する行為にはあたらない）として、原告の差止請求を棄却するものである。この判断をどのように受けとめるかが、これからの法形成にとって重要な課題である。

すなわち、景観利益が認められたとしても、あらたな法益であるがゆえに侵害行為の違法性が容易に認められないのであれば、私法的救済の効果は減殺してしまう。これは違法性判断基準の評価の問題であるが、本判決は不法行為の成立を「限定的に」捉えているとの見方（吉田克己「景観利益」中田裕康＝潮見佳男＝道垣内弘人編『民法判例百選Ⅱ　債権〈第６版〉』〔二〇〇九年〕一五七頁。なお、上野暁「本件解説」法律のひろば五九巻八号〔二〇〇六年〕七九頁参照）には肯けるものがある。

なるほど、景観利益の保護にとっては、本判決は重要な一歩を踏み出すものである。しかし、それによって私法的救済の見通しがつけられたとはいえないのではないか。門戸が開かれたとしても通り抜けが困難であるとすれば、景観が十分に保護されることにはならない。その意味で、これからの議論の手掛かりとなるのは、本判決が「景観利益」との対比で「景観権」に言及していることである。

すでに確認したように、本判決は、「景観権」というものを現時点では認めることができない、と判示した。しかし、なぜそのことをあえて取りあげる必要があったのであろうか。直接の理由は、景観権の存在をおよそ否定した原審（控訴審）判決の判断に対応する判断がもとめられたからであろう。だが、法の継続的発展にとって示唆的であるのは、本判決が、景観利益の内容について、それは「社会の変化に伴って変化する可能性のあるものであること」を指摘していることである。これは本判決によってなされた、景観利益の規範創造にかかわる問題提起であると受け止めることはできないか。真に議論されるべきはこの点である、と思われるのである。

二　このような最高裁判決の問題提起を発展させるためには、権利論と差止論という二つの視点を持つことが必要であると思われる。「景観利益」は「あらたな法益」であるため、どのように保護されるべきかについては権利保護のあり方に関する議論（権利論）が必要とされる。これが第一の視点であるが、具体的な救済方法としての差止については民法には明文の根拠規定が存在しない。本判決が差止請求の認容に慎重であったのは、「景観利益」が「あらたな法益」であることのほかにも、この「あらたな法益」に対する侵害を確固たる根拠に基づいて差し止め得るほどの強固な差止論が当時、見当たらなかったこともまた一因ではなかったかと思われる。もしそうであるとすると、景観保護をより前に進めるためにも差止論をさらに展開させる必要がある。これが第二の視点である。

(1)　第一の権利論の意義であるが、本判決は民法七〇九条の被侵害利益を二元的に把握するもの（権利侵害と法益侵害とに区別するもの）である。しかし他方で、景観利益の内容が変化する可能性に触れていることからすると、両者の関係を発展的に捉えているものと解される。すなわち、景観利益が景観権として保護される段階があることを認めるものであり、その意味では権利概念の内容を動態的に捉えるものであると考えることができる（動態的権利概念については、藤岡康宏『損害賠償法の構造』（成文堂、二〇〇二年）二四頁）。そのような動態的権利概念の下では、景観利益保護の発展的段階に応じて違法性判断基準が変化することになる。

本判決によると、景観利益の特質は生活妨害や健康被害との違いから理解されるべきものである。この点、本判決の違法性判断は受忍限度基準によるものではないが、これは被侵害利益としての生活利益（生活妨害）と景観利益（環境侵害）の違いから説明することが可能である。すなわち、本判決の言わんとすることは、本件のような事案においては、既に存在する権利利益が侵害されることの受忍の限度が問題とされるべきなのではなく、保護を要する「あらたな利益」（景観利益）の法認が重要だということである。

ところで、景観利益については、公共的利益と私的利益の「二重構造」を持つものとして説明されることがある（この意味での二重構造については、吉田克己『現代市民社会と民法学』（日本評論社、一九九九年）二四六頁）。景観利益に公共的側面があることはそのとおりであるとしても、二重構造を過度に強調すると、規範創造の機会が失われることにもなりかねない（たとえば、私法的側面としての景観利益は認めるが、公共的側面に鑑みて景観権の承認には消極的になる、というように）。つまり、誰のための二重構造か、ということであるが、われわれにとっての課題は私法的救済の実現である。そのために何をすべきかが問われるべきであって、これは「二重構造」論によってあらかじめ制約を受けるものではない、と考える。

(2)　第二は、景観利益もそうであるが、環境利益や生活利益など多様な保護法益が錯綜する領域では差止論のさらなる発展が必要ではないかということである。

伝統的な議論の下では、差止めは、権利（排他的支配権）の効力として（権利説）、あるいは不法行為の効果として（不法行為説）認められるべきものとされてきた。しかし、これらにとどまるかぎりは、景観利益などの「あらたな法益」に対する（違法な）侵害を的確に排除することは難しく、差止要件についても差止めに固有の法理を見つけることはできないと思われる。差止めについてあらたな基礎理論が必要とされるゆえんであるが、第三の道として考えられるのは、差止めを損害賠償（制度）とならぶ「一つの救済制度」と捉えることである。

これは「制度としての差止め」という考え方である（この考え方については、根本尚徳『差止請求権の理論』〈有斐閣、二〇一一年〉二〇〇～二〇一頁、四一七頁。また、救済方法としての差止めの総合的研究として、大塚直「生活妨害の差止に関する基礎的考察――物権的妨害排除請求と不法行為に基づく請求との交錯（一）～（八・完）」法学協会雑誌一〇三巻四号〈一九八六年〉一頁～一〇七巻四号〈一九九〇年〉一頁）が、これによると、前述のような伝統的差止論は、「制度としての差止め」を運用するさいの差止要件として機能する、すなわち差止要件の衡量問題において意義を有することになろう（この点に関する詳細については、本書第七章などを参照されたい）。

景観利益の私法的救済はどのようにあるべきか。本判決を下すにあたって、最高裁判所は二〇〇四年民法改正の結果である七〇九条の文言における被侵害利益の二元化および伝統的差止論の発展に支えられながら、ぎりぎりの判断を迫られたものと思われる。その意味で、本判決は「環境と法」にとって継続的法発展の一里塚として評価に値する。しかしながら、それにとどまることは許されない。

われわれができることは、法実務に対するあらたなはたらきかけを行うことである。それは差止めの制度的基礎をより強固にすること、そのための制度的差止論ではないかと思われる。（藤岡記）

なお、二〇〇四年に、景観（保護）に関する包括的な法律として、景観法が制定された（その概要については、たとえば、大塚直『環境法〈第三版〉』〈有斐閣、二〇一〇年〉六三一～六三四頁）。景観法が私法上の景観保護に対してどのような理論的・実際的影響を与えるか。この点に関する検討も、今後の重要な課題である。

〈初出・原題一覧〉

◈第1部　法の国際化と法理論の創造

◇第一章◇法の国際化と法理論の創造――法実務・法理論・基礎法学の統合と課題
……曽根威彦＝楜澤能生編『法実務、法理論、基礎法学の再定位
――法学研究者養成への示唆』（日本評論社、二〇〇九年）

◇第二章◇日本型権利論の法実現と民法理論
……藤岡康宏編『民法理論と企業法制』
〔早稲田大学二一世紀COE叢書　企業社会の変容と法創造③〕（日本評論社、二〇〇九年）

◈第2部　権利の法実現と民法

◇第三章◇不法行為と権利論――権利論の二元的構成に関する一考察……早稲田法学八〇巻三号（二〇〇五年）

◇第四章◇日本型不法行為法モデルの提唱――新時代の展望……法律時報七八巻八号（二〇〇六年）

◇第五章◇差別撤廃の法実現……国際人権二〇号（二〇〇九年）

◈第3部　権利論の現代的展開

◇第六章◇〈コメント〉競争秩序の基本枠組み……吉田克己編著『競争秩序と公私協働』（北海道大学出版会、二〇一一年）

◇第七章◇ 競争秩序と差止論……NBL八六三号（二〇〇七年）

◈第4部　契約法と不法行為法

◇第八章◇ 私法上の責任1──不法行為責任を中心として……早稲田大学大学院法学研究科編『法学研究の基礎──法的責任』（成文堂、二〇〇八年）

◇第九章◇ 私法上の責任2──契約責任を中心として……早稲田大学大学院法学研究科編『法学研究の基礎──法的責任』（成文堂、二〇〇八年）

◈第5部　混合法としての民法

◇第一〇章◇ 法の国際化と比較法の課題──五十嵐報告へのコメント……早稲田大学比較法研究所編『比較法と法律学』（成文堂、二〇一〇年）

◇第一一章◇ 法伝統の創造力と民法改正……戒能通厚＝石田眞＝上村達男編『法創造の比較法学』（日本評論社、二〇一〇年）

◇第一二章◇ 法理論と法実践の相互連関──ローマ法（学）からの問い掛け──小川報告へのコメント……早稲田大学比較法研究所編『比較と歴史のなかの日本法学──比較法学への日本からの発信』（成文堂、二〇〇八年）

◈第6部　法的判断の三層構造

◇第一三章◇法理論創造時代における研究者養成――教育内容を中心に
……本論文は早稲田大学大学院法学研究科主催シンポジウム講演(二〇〇七)にもとづく研究報告である。

◇第一四章◇〈講演〉法の体系性と「法学理論教育プログラム」の課題
……早稲田大学大学院法学研究科大学院教育改革支援プログラム実施委員会編『法科大学院時代における法理論の役割』(日本評論社、二〇〇九年)

◈参　考

〈資　料〉環境利益の救済法理について――景観権確立に関する一考察
……『環境・公害法の理論と実践』牛山積先生古稀記念論文集〔須加憲子と共著〕(日本評論社、二〇〇四年)

◈ま　行◈

◈や　行◈

◈ら　行◈

◈わ　行◈

事項索引

〈著者紹介〉

藤 岡 康 宏（ふじおか やすひろ）

1939年　広島県生まれ
1967年　北海道大学法学部卒業
1969年　北海道大学大学院法学研究科修士課程（民事法専攻）修了
　　　　北海道大学法学部助手
1978年　北海道大学法学部教授
1992年　北海道大学評議員
1994年　早稲田大学法学部教授
1995年　北海道大学名誉教授
2004年　早稲田大学大学院法務研究科教授
2009年　早稲田大学名誉教授
現在、北海道大学名誉教授・早稲田大学名誉教授
　　法学博士（北海道大学）

〈主要著作〉

『損害賠償法の構造』（成文堂、2002年）
『民法理論と企業法制』（編著、日本評論社、2009年）
『新・現代損害賠償法講座２　権利侵害と被侵害利益』
　（共編著、日本評論社、1998年）
『ヴァイヤース＝ヴァント　保険契約法』（監訳、成文堂、2007年）
『民法Ⅳ　債権各論』（共著、有斐閣、1991年初版・2009年第３版補訂）
『基本判例民法』（共著、有斐閣、2001年）

法の国際化と民法

2012（平成24）年２月25日　第１版第１刷発行
1170-2：P328 ¥4800E-012-010-002

著　者　藤　岡　康　宏
発行者　今井　貴　今井　守
発行所　株式会社　信　山　社
〒113-0033　東京都文京区本郷6-2-9-102
Tel 03-3818-1019　Fax 03-3818-0344
info@shinzansha.co.jp
笠間才木支店　〒309-1600 茨城県笠間市才木515-3
笠間来栖支店　〒309-1625 茨城県笠間市来栖2345-1
Tel 0296-71-0215 Fax 0296-72-5410
出版契約 2012-1170-01010 Printed in Japan

 印刷・製本／亜細亜印刷・渋谷文泉閣
ISBN978-4-7972-1170-2 C3332　分類324.000-b011
1170-0101:012-010-002

◆穂積重遠
法教育著作集
われらの法
全3集　【解題】大村敦志

■第1集　法　学

◇第1巻『法学通論(全訂版)』／◇第2巻『私たちの憲法』／◇第3巻『百万人の法律学』／◇第4巻『法律入門―NHK教養大学―』／◇正義と識別と仁愛　附録―英国裁判傍聴記／【解題】(大村敦志)

■第2集　民　法

◇第1巻『新民法読本』／◇第2巻『私たちの民法』／◇第3巻『わたしたちの親族・相続法』／◇第4巻『結婚読本』／【解題】(大村敦志)

■第3集　有閑法学

◇第1巻『有閑法学』／◇第2巻『続有閑法学』／◇第3巻『聖書と法律』／【解題】(大村敦志)

◆来栖三郎著作集

《解説》安達三季生・池田恒男・岩城謙二・清水誠・須永醇・瀬川信久・田島裕
利谷信義・唄孝一・久留都茂子・三藤邦彦・山田卓生

■Ⅰ　法律家・法の解釈・財産法　財産法判例評釈(1)〔総則・物権〕
■Ⅱ　契約法　財産法判例評釈(2)〔債権・その他〕
■Ⅲ　家族法　家族法判例評釈〔親族・相続〕

信山社

日本民法典資料集成

第一巻 民法典編纂の新方針

広中俊雄 編著

〔協力〕大村敦志・岡孝・中村哲也

【目 次】

信山社